中国高等院校旅游管理专业研究生系列教材

海南大学教材建设奖（研究生）培育项目（HDYJC2024002）

当代
旅游管理导论（第二版）

袁国宏　著

中国旅游出版社

编审委员会名单（排名不分先后）

刘人怀　中国工程院工程管理学部院士，暨南大学旅游管理专业博士生导师

文　彤　暨南大学管理学院教授、博士生导师

刘民坤　广西大学工商管理学院副院长、教授、博士生导师

郭　强　海南大学国际旅游与公共管理学院党委书记、教授、博士生导师

郑敏庆　泉州华光学院副校长，台湾亚太休闲创意产业智库理事长

张健中　澳门酒店旅业商会会长

周玲强　浙大城市学院教授、博士生导师

曲　颖　浙江工商大学旅游与城乡规划学院教授、博士生导师

任国才　旅游百人会创始人，上海百旅会集团董事长

谢祥项　海南大学国际旅游与公共管理学院副教授、博士生导师

再版前言

作为教材的《旅游学概论》已经有多个版本了。而本教材是一个突出了旅游管理学主要成就的教材，与其他版本相比，具有突出的管理学色彩。从发现优点的角度来评价，与旅游管理学的学科属性更加贴近，也与目前旅游管理学界一致努力建设一级学科的目标一致，符合当前旅游管理学科建设和教改方向，并具有较强的针对性和较好的适用性。与国内同类教材相比，表现了一定的先进性和优越性。本教材第二版作了如下修改：

（1）增加一些内容。由于教材第一版存在内容组织的松散性、局限性，内容体系间有明显的跳跃，内容间的逻辑关系把握有欠缺，第二版进行了梳理和补充。

（2）删减一些内容。譬如有些表格的内容缺乏时效性，删除更具有"当代"特色。

（3）反复修改一些章节。作为教材第二版，语言表达更流畅，更具有简洁明快的文风，力图深奥知识，通俗表达，利于读者理解。理想的状态是，既有理论高度又有可读性，既有研究深度又有生动性；这次修改努力达到这个状态。

（4）调整一些内容。譬如：文中多次出现"旅游吸引物(Attractions)、旅游设施(Amenities)、旅游服务(Ancillary Service)和可进入性(Accessibility)"，第二版教材调整了这些重复内容。即在第五章第三节"三、旅游资源的特点"中详细论述这四个"A"，其他地方只是简单提及。

（5）修改一些措辞。譬如："社区增权（empowerment）"改为"社区赋权"；"行政上授权当地社区管理"改为"行政上赋权当地社区管理"；"环境平衡页（Environmental Balance Sheet）"改为"环境资产负债表"；将管理学视角下的旅游系统模型中的"旅游系统"改为"旅游系统环境"；等等。

（6）把笔者新写的三篇论文（《基于比拟思考法的旅游系统模型构建》《体验共创视角下旅游可持续发展的动力机制与管理政策》《旅游全面产品质量感知研究综述——理论、测量与机理》）加进去，并将本教材各章节内容原载于21篇论文标明了资料来源，使教材内容的合理性、科学性有所加强。教材内容应该全面介绍旅游管理学的基本理论问题和最核心的学术问题，最好是比较成熟的理论和得到学术界认同的具有共识的知识，然而，旅游研究没有公认的概念体系和旅游学科基础理论，是目前旅游学科面临的一大难题，也是教材内容选取的一大难题。

本书在编写过程中得到行业、企业及院校专家的大力支持与指导，特别感谢中国工程院工程管理学部院士，暨南大学旅游管理专业博士生导师刘人怀；暨南大学管理学院教授、博士生导师文彤；广西大学工商管理学院副院长、教授、博士生导师刘民坤；海南大学国际旅游与公共管理学院党委书记、教授、博士生导师郭强；泉州华光学院副校长，台湾亚太休闲创意产业智库理事长郑敏庆；澳门酒店旅业商会会长张健中；浙大城市学院教授、博士生导师周玲强；浙江工商大学旅游与城乡规划学院教授、博士生导师曲颖；旅游百人会创始人、上海百旅会集团董事长任国才；海南大学国际旅游与公共管理学院副教授、博士生导师谢祥项等专家对本书进行的审核与建议。

袁国宏
2024年6月

前　言

"旅游学概论"课程在旅游类专业教育中的地位是举足轻重的。"旅游学概论"是旅游管理、酒店管理、会展经济与管理和其他相关旅游类专业的基础课程。它是学生系统接受旅游学科基础知识，宏观认识和把握旅游活动，全面了解旅游行业，并为后续专业课程的学习打下良好基础的重要课程，被喻为旅游类专业所有课程中的"宪法"。它深刻地影响着学生对专业的理解、培养体系的把握、知识体系的掌握，以及对未来职业的选择。在旅游学学科体系中，"旅游学概论"与其他专业课程的关系是一般与特殊、共性与个性的关系。

"旅游学概论"课程的教学内容不仅直接关系到学生对旅游学科基本概念、范畴和理论的掌握，运用所学知识解决旅游实践中的问题，而且会影响到他们对专业学习内容框架的清晰、合理认识和专业学习目标的科学确立，使学生了解旅游管理类专业课程体系与脉络。"旅游学概论"课程建设的思路和目的概括为：以"面向现代化、面向世界、面向未来"为指导，更新教育思想和教育观念，把握最新的学科成果和社会需求，拓宽专业口径，改革教学内容和教学方法；注重学生对旅游学科基本概念、基本理论的理解和掌握，形成逻辑体系清晰的旅游基础理论框架结构；关注学术研究最新动态和旅游领域的热点问题，着重培养和提高旅游管理专业学生的专业素养以及对专业的学习热情和分析思考能力；加强教学管理，强化实践教学，重视培养学生创新精神，全面提高人才培养质量。

1."旅游学概论"教研论文的回顾

笔者收集了近10年有关"旅游学概论"的教研论文83篇，其中英文6篇。

谢彦君（2008）在《中国旅游高等教育中的教材建设问题》中指出：有些教材是传统学科的简单移植，基本上是照搬照抄原有学科的框架和内容，没有总结出旅游现象的特殊性，因此难免显得知识牵强，观点肤浅，与传统的渊源学科相比，还显得幼稚。致使很多人认为，这样的学科在教学组织上，干脆将"旅游"二字去掉算了。如果不能将旅游现象的特殊性抓住，这些学科的存在就没有意义，勉强移植一些概念和命题，只能误导学生。这个问题能否解决，又和旅游学基础理论研究的水平密切相关。

谢彦君（2008）强调了旅游理论研究的重要性，他呼吁，旅游类学科应存在一个审视旅游现象的"可通用"的视角，而且这种通用性应该直抵各个分支学科。"倘若这个视角不能够找到，旅游学各分支学科的散乱状态就将一如既往地存在下去，而为我们大家所至为关切的学科地位就变成只能靠呐喊来求得其他学科的垂怜，因为这与我们的教材出了多少无关，也与我们有多少院校数无关。"因此，我们需要为旅游现象寻找到一个共同的基础、一个内在的核心。要想克服旅游类专业各分支学科之间存在的重复问题，最根本的办法就是深化对旅游现象本质属性的认识，通过寻找这种现象的"硬核"，借以整合各种相关分支学科的知识体系。

2008年袁国宏和刘人怀在《商业研究》第1期上发表了《旅游供应系统与求学供应系统的类比研究》，依据"读万卷书，行万里路"的古训，将人们的"行路活动（或旅游活动）"类比成人们的"读书活动（或求学活动）"，将"大学管理"类比成"旅游目的地管理"的"实验室"或者"模型"，比较分析旅游供应系统与求学供应系统的相似之处，从而对旅游学领域若干基础概念有了一个全新的认识。

在"旅游学概论"教材中，李天元、王洪滨、谢彦君、吴必虎的教材经过多次修订，再版重印，覆盖面广，影响大。下面对这几位作者的典型教材进行梳理：

李天元编著的《旅游学概论》、王洪滨主编的《旅游学概论》是旅游学的"经济学版本"，其旅游哲学是旅游者的购销模式，即旅游活动三要素：旅游者（主体）、旅游资源（客体）、旅游业（媒介）。类似于说，求学者购买课程，其他活动都是媒介，大学学历这个"求学者产品"是由求学者自己生产出来的。虽把复杂系统简单化，却把造成复杂性的根源也删减了。因此，该教材的编著也是按照旅游发展史、旅游者、旅游资源、旅游业、旅游市场、旅游影响这个逻辑思路来处理章节内容的。李天元认为实现旅游可持续发展的关键是控制旅游承载力。绝大部分"旅游学概论"教材的章节安排是按照这个逻辑顺序的，因而也是按照这个旅游哲学来认知旅游的。

谢彦君所著的《基础旅游学》是旅游学的"心理学版本"，其旅游哲学是旅游体验。因此，其专著是按照旅游发生、旅游体验、旅游观赏、旅游交往、旅游消费、旅游流这个逻辑思路来处理章节内容的。他认为旅游可持续发展的实现路径是控制旅游容量。Liu（2003）认为，旅游可持续发展本质上是一个宏观问题，控制旅游容量或旅游承载力只是一个微观解决办法。

吴必虎编著的《旅游学概论》是旅游学的"地理学版本"，其旅游哲学是吴必虎在《旅游学刊》上发表的旅游系统模型，该模型是利珀（Leiper）的旅游地理系统模型的修改本，旅游系统构架包括客源市场系统、出行系统、目的地系统和支持系统四个部分；因此该教材编著是按照旅游活动、访客与旅游需求、旅游产品与供给、旅游目的地与旅游城市、移动性与旅游交通、旅游中介服务、旅游接待服务、旅游支持行业、旅游公共管理这个逻辑思路来处理章节内容的。

2. 对现行"旅游学概论"教材的评价

"超星发现"中近30年"旅游学概论"教材出版229部，其中1990年至1999年18部，2000年至2009年90部，2010年至2019年121部。"旅游学概论"教材总被引频次8057次，被引频次超过100次的作者有：李天元（2793次）、马勇（768次）、田里（674次）、王洪滨（375次）、苏勤（350次）、谢彦君（286次）、张立明（265次）、傅云新（192次）、李肇荣（164次）、赵长华（110次）、陶汉军（107次）（检索时间：2019年3月12日）。

现行"旅游学概论"教材的不足之处表现在以下方面。一是未能架构完整的知识体系。由于旅游学是一门综合性的边缘学科，其知识体系来源于经济学、管理学、地理学、民族学、环境科学、市场学、心理学、文化学、历史学、美学等多学科知识，"旅游学概论"的知识框架是这些学科理论在旅游现象和旅游关系下映射的结果。由于我国旅游学者分别从各个成熟学科的理论视角切入旅游研究，因而在概念体系上无法对话。例如，"旅游产品"的概念，面红耳赤的双方最后发现争论的不是同一个问题。这种现象给学习旅游学相关课程的教师和学生带来极大的困惑。二是理论与实际相脱节，教材内容滞后于实践的发展，无法满足学生对旅游业最新发展动态和旅游热点问题的了解与分析。例如，谢彦君教授特别强调旅游的自然属性，即旅游的本质之一是一种高层次的消费活动，正在发展成为人们生活中的一种基本需要；就构成现代旅游主要组成部分的消遣旅游而言，旅游是一种以审美、教育、逃避现实和娱乐为突出特征的休闲活动，是综合性的体验实践。然而，我们的"旅游学概论"教材很少涉及旅游体验的内容。自从派恩和吉尔摩（2002）提出"体验经济"理论以来，"旅游体验/阅历/经历"问题持续受到中外学者的高度关注，难忘旅游体验（Memorable Tourism Experience, MTE）已成为旅游研究热点领域和重要的研究方向。三是教材中各章节缺乏紧密的联系，使整个"旅游学概论"课程更像是旅游管理专业各门专业课程的大杂烩，而有些无后续课程的内容又缺失或只是蜻蜓点水。"旅游学概论"教材内容的设计就必须全面反映旅游学科的全貌，而不能将其定位为后续专业课程的简介版、浓缩版和简单拼凑，否则会导致教材内容与后续专业课程无谓重复的问题。

3.《当代旅游管理导论》教材介绍

（1）《当代旅游管理导论》教材的编写原则：教科书的知识，应来自足够数量的专著，而专著的知识，应来自更多数量的探索性学术论文，学术论文是专著的根基和前提，即知识转换链条是"论文→专著→教科书"。而在中国旅游学术界，这三者之间的转换链条是很不确切的。论文作者的研究深度不够，专著作者的整合能力不强，导致教科书编写者取材无门，这是旅游类教科书质量不高的症结所在。

作为旅游类各专业的基础课程，"旅游学概论"不仅介绍了旅游学的基本概念和基本理论，而且其他一系列后续专业课程，如旅游地理学、旅游市场学、旅游资源学、旅游开发与规划、旅游饭店管理、旅游史等都是以此为基础的，因此，正确处理和把握"旅游学概论"课程与系列课程的关系，既要避免重复，又要为后续课程学习提供铺垫。

旅游理论与旅游实践相契合，不能是"两张皮"。譬如"旅游经济学"教材，抓住了经济学的一般性，忽略了旅游学的特殊性，几乎与"微观经济学"的知识重复，只是把"企业"标签置换成"旅游"标签；对旅游购物回扣、旅游零负团费、旅游社区居民参与、政府主导型旅游发展战略、旅游扶贫、旅游卫星账户等旅游特殊经济现象视而不见。"旅游学概论"教材中凡涉及的旅游产业经济理论知识，理应对特殊的旅游经济现象做出回应。

(2)《当代旅游管理导论》教材的总体框架。《当代旅游管理导论》是旅游学的"管理学版本"，其旅游哲学是"社会组织""系统工程"和"复杂适应系统（CAS）"；因此教材的编著按照"适应性主体""社会组织"，即旅游者、旅游产业、旅游社区、旅游目的地政府、旅游客源地政府这个逻辑思路来处理章节内容的。

①在"概念篇"，依据"读万卷书，行万里路"的古训，将旅游供给系统与求学供给系统进行类比，将"旅游系统"类比成"高等教育系统"，将"旅游目的地"类比成"大学"，作为旅游学若干基础概念的理解模型。

②在"主体篇"，《当代旅游管理导论》认为，旅游适应性主体活动的基本矛盾是其根本动力，各适应性主体之间的外部联系是各旅游分支学科的理论依据。《当代旅游管理导论》还认为，大学学历产品是由求学者、大学教师、求学者的同学们、大学行政管理人员和学生家长等共同生产出来的，是一种"价值共创"活动；类似地，旅游者的阅历产品是由旅游者、旅游企业、旅游社区居民、旅游目的地政府（目的地管理组织）、旅游客源地政府等共同生产出来的，也是一种"体验价值共创"活动。旅游者和旅游服务诸行业/企业在旅游核心性产品的生产中发挥基础性作用，随着旅游发展水平的提高，旅游社区、目的地政府、客源地政府在旅游核心性产品的生产中起着越来越强的主导性作用。

③在"系统篇"，《当代旅游管理导论》认为，旅游系统是由旅游动力系统、旅游产品供给系统、旅游价值链协调系统、旅游目的地协调系统四个子系统构成的，每个子系统下面还可以细分成许多个子子系统。其中：旅游动力系统是战略子系统，应用系统哲学观念来思考，使旅游系统和系统环境一体化；旅游产品供给系统是作业子系统，应用系统分析技术来建立模式，以有效利用资源和完成目标；旅游价值链协调系统是产业协调子系统，应用系统管理方式来综合，协调产业内部相互之间的关系；旅游目的地协调系统是区域协调子系统，应用系统管理方式来综合，协调区域内部相互之间的关系。

④在"可持续发展篇"，《当代旅游管理导论》认为，旅游可持续发展的

核心思想是五个目标，即生态意识、公平发展、居民生活、旅游经历、环境质量。旅游可持续发展的实现路径是旅游动力系统、旅游产品供给系统、旅游价值链协调系统、旅游目的地协调系统四个子系统的协同发力。单纯地做好某一个方面，并不能取得应有的效果，协同可以产生更大的价值。实证研究的结果表明，旅游系统管理是旅游可持续发展战略的重要组成部分，是实现旅游可持续发展的首要路径。

（3）《当代旅游管理导论》教材的适用范围。根据1963年联合国罗马国际旅游会议，无论对哪种类型的游客，按其主要访问目的分为度假、商务、医疗保健、访学、公务会议、家庭事务（即探亲访友）、宗教、体育活动、其他旅游者9种类型。在"旅游学"教科书中，通常根据旅游者出游的动力机制，将旅游者分为以"自我利益"为动力机制的消遣型旅游者、以"命令"为动力机制的差旅型旅游者、以"爱"为动力机制的家庭及个人事务型旅游者。《当代旅游管理导论》教材的理论模型不仅适合消遣型旅游者，也适合差旅型旅游者、家庭及个人事务型旅游者。而传统的"旅游活动三要素"理论只适合消遣型旅游者，并不适合差旅型旅游者、家庭及个人事务型旅游者。

袁国宏
2020年10月

目 录

概念篇

第一章　旅游学若干基础概念的理解模型 ·················· 3
　第一节　衡量旅游产品供给系统的游客全面感知质量 ·········· 4
　第二节　旅游产品供给与求学产品供给的比拟思考 ············ 9
　第三节　旅游管理学科几个核心概念界定 ···················· 18

主体篇

第二章　旅游者 ·· 31
　第一节　旅游者活动的根本动力 ···························· 32
　第二节　旅游者概念 ······································ 36
　第三节　决定个人旅游需求的客观因素 ······················ 42
　第四节　决定个人旅游需求的主观因素 ······················ 48
　第五节　旅游者类型及其需求特点 ·························· 56

第三章　旅游产业 ································· 60
第一节　旅游产业活动的根本动力 ······················ 61
第二节　我国旅游产业链管理的现状 ······················ 64
第三节　旅游中间产品转移价格的确定和旅游零负团费现象剖析 ········ 67
第四节　旅行社的外部经济效应和政府的对策 ··················· 77

第四章　旅游社区 ································· 86
第一节　旅游社区活动的根本动力 ······················ 87
第二节　旅游对目的地社区的社会文化影响 ··················· 89
第三节　旅游对目的地社区的生态环境影响 ··················· 104
第四节　社区参与旅游发展和社区赋权 ······················ 107

第五章　旅游目的地政府 ······························ 112
第一节　目的地政府活动的根本动力 ······················ 112
第二节　旅游业对目的地的经济影响 ······················ 114
第三节　目的地的旅游资源 ··························· 124
第四节　旅游景区及旅游线路的形成 ······················ 133

第六章　旅游客源地政府 ······························ 139
第一节　客源地政府活动的根本动力 ······················ 139
第二节　旅游对客源地积极方面的影响 ······················ 140
第三节　旅游对客源地消极方面的影响 ······················ 148
第四节　文明旅游 ······························· 152
第五节　教育旅游与旅游教育 ·························· 155

系统篇

第七章　旅游动力系统 ····· 163
- 第一节　旅游动力系统概述 ····· 164
- 第二节　旅游动力系统的集合性 ····· 167
- 第三节　旅游动力系统的状态与权变管理 ····· 169
- 第四节　旅游动力系统结构的分析 ····· 175
- 第五节　旅游动力系统结构的演化 ····· 181

第八章　旅游产品供给系统 ····· 188
- 第一节　旅游产品概述 ····· 189
- 第二节　体验经济理论及其在旅游中的应用 ····· 193
- 第三节　旅游产品供给系统优化的分析技术选择 ····· 202
- 第四节　基于游客视角的旅游产品深度开发 ····· 209

第九章　旅游价值链协调系统 ····· 219
- 第一节　旅游价值链管理概述 ····· 221
- 第二节　旅游价值链系统的协调机制 ····· 226
- 第三节　我国旅游价值链管理的战略思路 ····· 237
- 第四节　我国旅游供应链管理的策略选择 ····· 239

第十章　旅游目的地协调系统 ····· 243
- 第一节　旅游目的地管理概述 ····· 244
- 第二节　旅游目的地系统管理理论 ····· 248
- 第三节　目的地系统管理框架的构建程序 ····· 253
- 第四节　全域旅游实践——以广州市为例 ····· 260
- 第五节　全域旅游实践——以海南省为例 ····· 269

可持续发展篇

第十一章 旅游可持续发展 …………………………………………… 289
  第一节 可持续旅游产生的背景 ………………………………… 289
  第二节 可持续旅游概述 ………………………………………… 291
  第三节 旅游系统管理框架的构建 ……………………………… 293
  第四节 旅游系统管理与旅游可持续发展的关系 ……………… 307
  第五节 旅游系统管理对实现旅游可持续发展的作用 ………… 310

参考文献 ……………………………………………………………… 313

概念篇

　　由于我国旅游学者分别从地理学、经济学、管理学、民族学、环境科学、心理学、社会学、历史学、人类学等学科的理论视角切入旅游研究，因而在概念体系上无法对话。共同概念的缺失，导致面红耳赤的双方静下来会蓦然发现原来争论的并不是同一个问题。本篇依据"读万卷书，行万里路"的古训，将旅游供给系统与求学供给系统进行类比，将"旅游接待业系统"类比成"高等教育系统"，将"旅游目的地管理"类比成"大学管理"，作为旅游学若干基础概念的理解模型。

第一章　旅游学若干基础概念的理解模型

　　物理学根据相似性建立研究对象的模型，如机械系统与电路系统可以互相模拟（孙东川和林福永，2005）；同样地，旅游供给系统与求学供给系统极为相似，也可以互相模拟。作者依据"读万卷书，行万里路"的古训，由已知的"求学供给系统"属性推测未知的"旅游供给系统"属性。例如，将已知的"求学供给系统"状态与权变管理，推测未知的"旅游供给系统"状态与权变管理；将已知的"求学供给系统"结构及其演化，推测未知的"旅游供给系统"结构及其演化。此举不仅可以梳理旅游学领域基础概念体系，而且可以模拟仿真旅游供给系统的运动规律和发展趋势。

　　类比分析旅游供给系统与求学供给系统的相似之处，从而将旅游接待系统与高等教育系统，旅游目的地管理与大学管理联系起来，对于发挥旅游的社会文化教育功能、澄清旅游概念体系的混淆状况、指导旅游系统的建模与仿真、实现可持续旅游管理创新、为"提升中国公民旅游素质行动"提供理论指导、对未来旅游发展趋势进行设想等都具有很重要的意义。例如，一个人外出旅游的次数达到一定数量时，可以申请"阅历认证"，并授予其"旅行家"称号和相应的"游位"品牌，从而获得相应的地位和声望，受到别人的尊重。世界上许多诸如"独步周游世界""跑遍中国"的探险家受到社会的尊重和景仰。再如，借鉴大学"校园一卡通"的经验，未来社会将出现"旅游一卡通"。

第一节　衡量旅游产品供给系统的游客全面感知质量[①]

尽管一些研究旅游地理的学者指出，为消费者提供旅游服务和创造完美旅游体验是旅游供给研究的新方向，但是几乎没有相关的研究能够为旅游供给建立一个概念性的框架。对于"旅游是什么"这个基本理论问题，旅游学术界一直存在类似"盲人摸象"式的争议。本节基于游客全面感知质量构建的旅游产品供给系统理论，其内容齐全程度、整合创新程度等，非常有利于业界人士捕捉一个既定旅游产品的真相和本质。

一、旅游产品供给系统的概念界定

旅游产品供给系统是指在计算旅游阅历产品价值时，所涉及的有关内容，它由旅游者活动中所获取的一切经济价值所组成，包括从自然界和人类社会中直接提取的初级资源、制造出的有形商品、无形的服务、难忘的体验，卓有成效的转型。一是初级资源，如自然资源中的阳光、沙滩、海水、植物、动物、空气，人文资源中的历史古迹、纪念地、标志物、典故、民俗等；二是有形商品，如旅游设施的折旧部分、餐饮食品、旅游购物品；三是无形服务，如导游服务、问讯服务、交通运输服务、餐饮服务、卫生服务、住宿接待服务、游览娱乐服务、购物服务、邮电通信服务、护照签证服务等；四是难忘的体验，如娱乐体验、教育体验、逃避现实体验、审美体验等；五是卓有成效的转型，如体能和智能得到恢复和发展、个人的精神世界获得一种"满足感"、激发出对物质世界的探索兴趣、改变对他人的看法与态度等。在旅游产品的价值构成中：初级产品把地球变成一个顺从的星球，并受居住者的影响；商品把购买者变成使用者；服务把客户变为接受者；体验不管长期效果的好坏，使人们成为冲突的参与者；转型使有志者成为"一个全新的人"，其中蕴含道德、哲学、宗教的概念。一切交易都涉及道德选择。

游客是旅游产品的消费者，游客对旅游产品的看法和满足程度将决定今后

[①] 资料来源：袁国宏，刘人怀. 旅游者阅历产品供给系统的初步研究[J]. 社会科学家, 2006(4)：121-123.

的购买行为，从而影响旅游业的成败，所以评价旅游产品质量的最终决定者是游客，而不是旅游业自身。这样，旅游产品质量在很大程度上是游客的一种主观判断，这就是游客所理解的质量，或者叫"全面感知质量"。有关旅游产品供给系统的模型必须以旅游者为导向，必须包括旅游者感知阅历产品的各个方面。

全面感知质量包括两个方面：一方面是衡量"产出（what）"的技术性质量；另一方面是衡量"过程（how）"的职能性质量。旅游业若想提高旅游产品质量，必须提高旅游产品的技术性质量和职能性质量。"衡量产出的技术质量"是旅游者接受的内容；"衡量过程的职能质量"是旅游者感知到的、同旅游产品供给系统相互作用的形式。两者都必须加以考虑。此外，目的地形象、接待业形象、口碑宣传和促销等旅游营销信息产品的感知质量也要考虑。

二、衡量旅游产品供给系统状态的技术性质量（What）

服务作为一种产品，首先由基本服务包组成，包括核心性服务、便利性服务和支持性服务；其次，包括一个从基本包拓展到扩大服务供给的过程，增加了可接近性、相互作用和顾客的参与；再次，因为形象是顾客感知服务质量的一部分，通过营销沟通提高形象也是总供给的一部分；最后，给出了一个扩大的服务供给动态模型，服务产品具有动态性是不言而喻的，因为服务是生产和消费同时进行的活动或过程。扩大的服务供给动态模型如图1-1所示。

衡量旅游产品供给系统状态的技术性质量，需要从三个层次上进行研究：核心性产品（Core Product）、便利性产品（Facilitating Product）、支持性产品（Supporting Product）。

1. 核心性产品

核心性产品要回答这样的问题：购买者真正要买的是什么？每一种产品都是一个解决问题的"服务包"。核心利益是游客真正所购买的基本利益。例如，在旅馆，过夜的游客真正要购买的是"休息与睡眠"；对于唇膏，妇女们真正要购买的是"希望"；对于钻头，购买者真正要买的是"孔"；对于牛排，购买者真正要买的是"滋滋声"；对于牙刷，购买者真正要的是"清洁"。对于经营者来说，核心性产品提供了企业关注的焦点，它是企业存在的基础。营销人员必须找到每种产品给消费者带来的核心利益，并且出售这些利益，而不是仅仅出售各种外部特征，这样可以避免"营销近视症"。

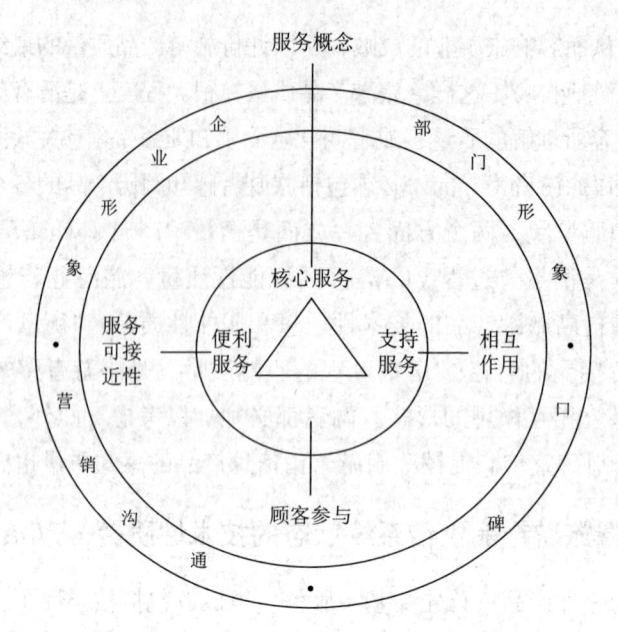

图 1-1　扩大的服务供给动态模型

资料来源：克里斯蒂·格鲁诺斯．服务市场营销管理［M］．上海：复旦大学出版社，1998．

旅游者获得的最终产品是"目的地阅历"，它由体验、转型、地位声望和受人尊重等构成。旅游产品供给系统中的核心性产品才是真正的旅游阅历产品，只有它才能让旅游者在行程归来时获得"满足感"，不会"乘兴而来，败兴而归"，不会"不到某旅游地终生遗憾，到了某旅游地遗憾终生"。

2. 便利性产品

便利性产品是那些在游客使用核心产品时必须存在的实物或服务，具有方便核心产品使用的作用。对于经营者来说，便利性产品是向目标市场提供核心性产品时所必不可少的。在设计产品时，需要了解目标市场，以及他们对便利性服务的要求，因为它们如果缺少必要的便利服务，核心产品就不能被游客所获取。

便利性产品主要有旅游资源（Attractions）的损耗部分、旅游设施（Amenities）的折旧部分、旅游服务（Ancillary Service）和目的地的可进入性（Accessibility）。此外，目的地的旅游线路、旅游者的日程安排（Tourist Itinerary）也应属于便利性产品。

在旅游者阅历产品的价值构成中，虽然有1/4的部分是实物产品的价值，如旅游设施、设备的折旧费等，但这些旅游设施、设备等有形物品不能算作"旅游者阅历产品"的构成部分，只能算作"旅游者阅历产品供给"的构成部分。正如一台计算机产品的价值构成中，有相当大的比重是生产计算机的工厂厂房、机器设备的折旧费，但我们并没有把工厂厂房、机器设备看作计算机产品，计算机产品仅仅指消费者最终获取的价值提供物。

3. 支持性产品

核心性产品要有便利性产品与之相匹配，但并不要求必须有支持性产品。支持性产品是针对核心性产品所追加的代表额外利益的产品，也起到与竞争产品相区别的作用。不过，便利性产品与支持性产品之间的区别并非非常清晰，对于一个市场而言是便利性产品，对于另一个市场就可能是支持性产品。理想一点的话，企业应该选择那些不容易被竞争者抄袭的支持性产品，还应该善于以专业的手法提供这些支持性产品，因为，提供非专业性的支持性产品，效果可能是"弊多利少"。总之，支持性产品如果计划不周和实施不力，就不能提供竞争优势。它们必须满足甚至超越游客的期望，才能收到积极的效果。支持性产品涉及目的地政府活动、客源地政府活动和旅游社区活动。

三、衡量旅游产品供给系统结构的职能性质量（How）

扩展性产品（Expansion Product）包括可进入性、氛围、顾客与服务机构的互动、顾客参与、顾客之间的互动等。具体而言，衡量旅游产品供给系统结构的职能性质量包括以下六个方面：

（1）旅游接待单位提供服务的可接近性。如旅游零售商、旅游问讯中心、旅游餐馆、旅游厕所、旅游住宿、旅游交通、旅游景区、旅游商店、旅游娱乐、投诉中心等组织的网点布局，地理位置，营业时间，信息发布，员工业务技能等。

（2）旅游氛围，包括硬件环境和场所氛围。氛围是服务的关键因素，氛围是通过视觉、听觉、嗅觉和触觉等感官感知的，各种可感知的项目构成了某个特殊环境的氛围。

（3）游客与接待业的互动，包括游客与员工之间的信息沟通、游客与组织中各种物质和技术资源的互动、游客与规章制度之间的互动。管理人员必须考虑游客在三个相关阶段中是如何使用产品的，即加入阶段、消费阶段和离开阶段。

（4）游客彼此之间的互动。因为"其他游客""游伴"成了接待业组织所提供的产品的一部分，会影响"某个游客"的感知质量。许多游客在一起玩耍能增进感情，就是旅游团所产生的"涌现性"。

（5）游客与社区居民的互动。这是"客人"与"主人"之间的互动关系。甚至可以说，主人的生活状态、生产状态、态度和行为是旅游吸引物的重要组成部分，它决定了旅游者的选择，因为没有哪位客人愿意成为主人的"不受欢迎的人"。

（6）游客参与。即游客可以影响周围环境、作业和事件。如游客经常要填写表格、提供有关个人偏好的信息、操作接待业的设备，让游客参与到产品提供过程中，可以增加生产能力、提高游客满足程度并降低成本。

四、旅游产品供给系统的动态模型

旅游阅历产品的生产、交换和消费是同时开始、同时进行、同时结束的，因此旅游产品供给系统就是一个动态的过程。

（1）确定目标市场所寻求或购买的核心性产品。"顾客损失＝顾客真正期望所得－顾客不得不接受的所得"。当我们在理解顾客损失的时候，我们必须辨别顾客接受的和顾客真正所需之间的差别。"较少的顾客损失"会把一种普通的服务转化为一个值得记忆的事件。

（2）对旅游产品供给系统进行整体规划。若要使旅游业获得成功，必须将诸多要素合理搭配，创造一个积极的旅游环境。"利益相关者（Stake-holder）"是共生的，伙伴关系是旅游业未来成功的关键，因此目的地的各"组织单元"，如目的地政府、旅游接待单位、社区居民等必须联合起来，才能实现旅游业发展的目标。

（3）对接待业企业形象、促销的管理。在接待企业，员工是产品的一部分，产品链上的每个员工都要承担大部分促销职能，即大多数促销活动是由销售部以外的人员完成的，而不是专职销售人员。

（4）目的地形象的管理。从经济规律而言，综合性、信息性、公共性的产品在很大程度上要靠政府来开发和生产。旅游促销需要国家品牌、地方品牌和事件品牌，而"形象宣传"必须由政府出面，形成政府主导。旅游产品供给系统模型如图1-2所示。

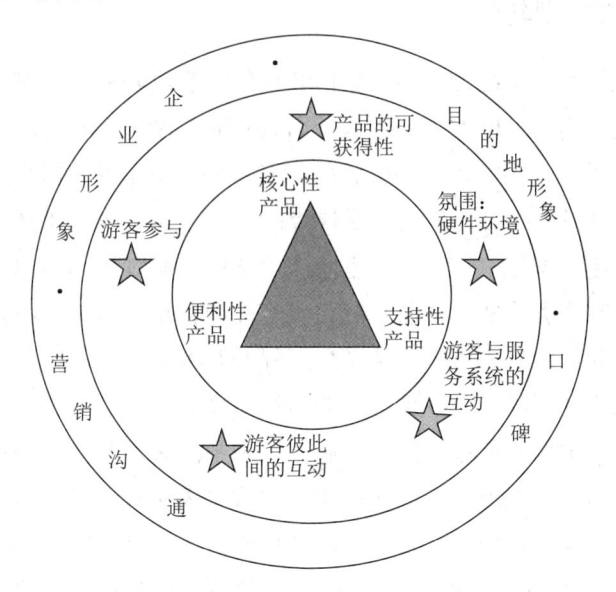

图1-2 旅游产品供给系统模型

第二节 旅游产品供给与求学产品供给的比拟思考[①]

"读万卷书、行万里路"是古训，人们往往只注重将"读书"和"行路"的需求侧进行比较，本节创造性地将两者的供给侧进行比较，将旅游供给系统与求学供给系统进行类比，将"旅游接待业系统"类比成"高等教育系统"，将"旅游目的地管理"类比成"大学管理"，作为旅游学若干基础概念的理解模型。此外，本节还系统地比较旅游供给系统与求学供给系统在核心性产品、便利性产品、支持性产品、扩展性产品和营销信息产品五个产品层次的异同，解决旅游研究没有"公认的概念体系和旅游学科基础理论"的难题。在英文文献中，"tourism product"与"tourist product"这两个概念经常混淆使用，一般

---

① 资料来源：袁国宏，刘人怀. 旅游供应系统与求学供应系统的类比研究[J]. 商业研究，2008（1）：198-202.

笼统地翻译成"旅游产品"。"求学产品"是作者创造的中文名词。

一、系统模型与仿真

系统模型是对于系统的描述、模仿和抽象，它反映系统的物理本质与主要特征。系统模型高于实际的某一个系统而具有同类系统的共性。所谓同类，其意义是比较广泛的，例如，一个机械系统与一个电路系统，似乎很不相同，但是在相似系统的意义上，它们可以是同类的，可以用一个便于建造的系统去代替另一个系统进行研究。旅游供给系统与求学供给系统极为相似，两个截然不同的领域却由同样类型的方程所支配，事实证明，这不是出于巧合，而是有更基本的原理在起作用。模型方法是系统工程的基本方法。研究系统一般都要通过它的模型来研究，甚至有些系统只能通过模型来研究。

模拟模型是根据相似系统原理，利用一种系统去代替另一种系统。这里说的相似系统，是指物理形式不同而有相同的数学表达式，特别是相同的微分方程的系统。在工程技术中，常常是用电学系统代替机械系统、热学系统进行研究。模拟模型，就是在不同性质的系统之间建立起同构或同态关系，如电路振荡与机械振动的模拟模型。

比拟思考法又称类比法或移植法。在科学研究中，人们发现了相似性规律：自然界和人类社会活动的若干现象纵有外表形态的种种不同，却常常寓有相同的或近似的内在规律，例如，电路振荡与机械振动，单摆简谐运动与LC振荡等，这表明机械系统与电路系统可以互相模拟。还有一些相似系统，如电路系统、直线机械运动系统、回转机械运动系统、液压系统、气流系统之间在参数和方程中存在着对应关系。

系统仿真（system simulation）又称系统模拟，是用实际的系统结合模拟的环境条件，或者用系统模型结合实际的环境条件，或者用系统模型结合模拟的环境条件，利用计算机对系统的运行进行实验研究和分析的方法。其目的是力求在实际系统建成之前，取得近于实际的结果。通过系统仿真，可以估计系统的行为和性能；可以了解系统各个组成部分之间的相互影响，以及各个组成部分对于系统整体性能的影响；可以比较各种设计方案，以便获得最佳设计；可以对一些新建系统的理论假设进行检验；可以训练系统的操作人员。仿真过程包括两个阶段：建立模型和对模型进行实验、运行（孙东川和林福永，2005）。

二、旅游产品供给质量与求学产品供给质量的系统比较

约瑟夫·派恩在《体验经济》一书中说：在现下的体验经济中，公司必须意识到他们创造的是值得记忆的经历，而不是商品。他们是在创造产生巨大价值的舞台，而不是提供服务。工作就是剧场。剧场不是一种比喻，而是一种模型。直接被消费者接触到的活动，都必须被理解为戏剧表演。表演行为将值得记忆的体验与日常活动区分开来。迪士尼甚至编写了自己的工作信条来保证员工牢记基本原则：剧作＝策略；剧本＝工作过程；剧场＝工作；表演＝提供物；后台＝幕后范围；表演成员＝迪士尼员工；戏服＝制服；迪士尼主题表演＝主题公园及度假区的全部体验；游客＝顾客；男主人/女主人＝每位迪士尼员工；舞台＝顾客基础范围；提供表演＝服务和娱乐游客；角色＝工作岗位。

将人们的"行路活动（或旅游活动）"类比成人们的"读书活动（或求学活动）"，将"大学"类比成"旅游目的地管理"的仿真模型，就会对旅游学领域若干基础概念有一个深刻的认识，从而澄清旅游管理学科概念体系的混淆现状，解决多学科介入旅游研究但融合度不够的问题。旅游者的阅历∽求学者的学历（本章中的"∽"表示"类比于"）；大学建设与管理∽目的地建设与管理；大学建设规划∽旅游开发规划（Tourism Developing Planning）；编制大学发展规划∽编制旅游发展规划（Tourism Development Planning）；建造教学楼、实验室、图书馆、学生宿舍、编写教材∽旅游开发（Tourism Developing）；大学教育系统的管理∽旅游接待系统的管理（Tourism Hospitality Management）；大学招生∽目的地营销（Destination Marketing）；求学产品∽旅游产品（Tourist Product）；培养学生拥有某专业学历∽协助游客拥有某目的地阅历；学生∽旅游者（Tourist）；教室里上课∽旅游设施的配套服务（Ancillary Service）；大学校园∽目的地（Tourist Destination）；学生"生源地"∽客源地（Origin）；班级∽旅游团队（Tourist Group）；班长∽领队；学生上自习∽游客自主活动；校园环境容量∽旅游环境容量；学生家长∽客源地政府；大学行政管理部门∽目的地政府。旅游学科若干基础概念的理解模型如表1-1所示。

表1-1 旅游学科若干基础概念的理解模型

比较项目	高等教育系统若干基础概念	旅游接待系统若干基础概念
区位	某大学	某目的地
	学生的"生源地"	游客的客源地（Origin）
主体	大学行政管理部门	目的地旅游主管部门
	学生家长	客源地政府
	学生	旅游者（Tourist）
	教师	讲解员、地方导游（Local Tour-guide）
	学生辅导员、班主任	全程陪同
	班级	旅游团队（Tourist group）
	班长	领队
	校园其他学生和社区居民	旅游社区居民
活动	学生上自习	游客自主活动
	教室、食堂、寝室里的配套服务	旅行社、景点、饭店等的配套服务（Ancillary Service）
	学生主修的专业	旅游活动的类型
	吃、住、行（区间）、学、购、娱、厕	吃、住、行（区间和区内）、游、购、娱、厕
产品	求学者的大学学历	旅游者的目的地阅历（tourist's experiences）
	培养学生拥有某专业学历	协助游客拥有某目的地阅历
	求学产品	旅游产品（Tourist product）
规划与开发	大学建设规划	旅游开发规划（Tourism Developing Planning）
	大学发展规划	目的地发展规划（Tourism Development Planning）
	建造教学楼、图书馆、学生宿舍	旅游开发（Tourism Developing）
管理与营销	校园环境容量	旅游环境容量
	大学管理	目的地管理
	大学建设管理	目的地建设管理
	高等教育系统的管理	旅游接待系统的管理
	大学招生	目的地营销（Destination Marketing）

需要注明的是，求学产品供给系统的宗旨是教书育人、培养人才，而旅游产品供给系统的宗旨是展示体验、游客满足；求学产品供给系统管理强调教化功能，而旅游接待系统管理强调服务功能；大学教育的对象是需要"长期经历"的学生，而旅游接待的对象是需要"短暂经历"的游客；求学者在大学里一般逗留几个月，而游客在目的地一般逗留几天，两者的"流动性"是不能同日而语的；求学供给系统涉及地理空间范围小，而旅游供给系统涉及地理空间范围大；大学校园有明确的边界、学生活动范围小并对其有严格的管理，而目的地没有明确的边界、旅游者活动范围大且对其管理松弛（尤其是散客），所以学生和游客对社会、自然等环境的冲击是不同的。此外，大学教育系统属于上层建筑的范畴，旅游接待系统属于经济基础的范畴。

但是求学活动与旅游活动同属人们的活动，它们有两点相同之处。其一，系统投入的是"人"，经过系统转换后，系统产出的也是"人"。高等教育系统产出的是"拥有某大学学历的人"，旅游接待系统产出的是"拥有某目的地阅历的人"。其二，旅游者活动与求学者活动都具有三个特点："异地性"即离开惯常环境，游客要离开客源地，类比于大学生要离开生源地；"暂时性"即停留期在一个特定时间以内，游客在目的地短暂停留，类比于大学生在毕业后要离开校园；"综合性"即这种活动涉及许多现象和关系。"书山有路勤为径，学海无涯苦作舟。"对于大学生来说，"书山""学海"就是非惯常环境。旅游产品供给质量与求学产品供给质量的系统比较模型，如表1-2所示。

表1-2　旅游产品供给质量与求学产品供给质量的系统比较模型

全面感知质量	产品供给内容	求学产品供给系统（长期经历）	旅游产品供给系统（短暂经历）
衡量产出的技术质量（What）	核心性产品	最终价值提供物（知识、能力、素质）	最终价值提供物（体验、转型）
		学位品牌（地位声望、受人尊重）	到此一游声誉（地位声望、受人尊重）
		毕业证书、教科书、校徽、校服等耐用品	目的地购物品（包括纪念品、照片）
		某大学学历	某目的地阅历

续表

全面感知质量 \ 产品供给内容		求学产品供给系统（长期经历）	旅游产品供给系统（短暂经历）
衡量产出的技术质量（What）	便利性产品	课程	旅游吸引物（Attractions）
		教室、图书馆等教育专门设施和基础设施	旅游专门设施和基础设施（Amenities）
		教学设施、科研设施、后勤设施等的配套服务	交通运输设施、食宿接待设施、游览娱乐设施、旅游购物设施等旅游设施的配套服务（Ancillary Service）
		大学的可进入性（入学考试、区间交通等）	目的地的可进入性（护照签证、区间交通等）（Accessibility）
		某年级某专业的教学计划	某目的地的旅游线路（Tourist Route）
		某个班在某个学期的每周课程表	旅游日程安排（Itinerary）
		某教师某学期的课程教学进度表	某个景区的具体游览路线
	支持性产品	校园内的其他学生、教职工、附近居民	旅游社区居民（Community Resident）
		大学行政管理部门	旅游主管部门（Destination Management Organization）
		学生家长	客源地政府
衡量过程的职能质量（How）	扩展性产品	学生获得学习机会的可接近性（如大学招生点和大学的地理位置、招生日期）	服务的"可接近性"（如旅游零售商和旅游接待单位的地理位置、营业时间）
		校园文化（硬件环境、价值观念等）	旅游氛围（硬件环境、场所精神等）
		学生与高等教育系统的互动	游客与旅游接待系统的互动
		同学彼此之间的互动	游客彼此之间的互动
		学生参与	游客参与
		学生与校园其他学生及社区居民的互动	游客与社区居民的互动

三、对旅游产品概念泛化的解释

在旅游界，每一个人对旅游产品的认识是不同的，而且每一个人的回答似乎都有一定的道理，都反映了旅游产品的某一个方面。

（1）从旅游规划与开发的视角看，目的地、旅游吸引物是旅游产品，类比如大学、课程是求学产品。我国旅游地理研究者一般称旅游吸引物为旅游产品。例如，谢彦君（1999）认为，最典型、最核心的旅游产品形式是旅游地，它是指出于交换目的而开发出来的、能够向旅游者提供审美和愉悦的、客观凭借的空间单元。吴必虎（2001）认为，"旅游产品在理论上是指旅游者出游一次所获得的整个经历。在旅游规划工作中，我们将其区分为广义、中义和狭义三种情况：广义的旅游产品是由景观（吸引物）、设施和服务三类要素所构成；中义的旅游产品是指景观（吸引物）和设施构成的集合体，它带有较强烈的物质产品特点；狭义的旅游产品仅指景观（吸引物），它有时可以粗略地等同于旅游景区，以及一部分非具象的人文景观"。旅游促销者常常将旅游吸引物印刷在宣传小册子上称"旅游吸引物"是旅游产品，类比如大学招生人员将课程印刷在招生简介中，称课程是求学产品。

（2）从旅游企业管理的视角看，旅游服务是旅游产品，类比如教师、学生辅导员、后勤职工等的"服务"是求学产品。旅游服务是一个整体概念，它是由各种单项服务组合而成的"一条龙"服务，主要包括入境签证服务、翻译导游服务、住宿服务、餐饮服务、交通运输服务等。我国许多学者认为，旅游服务是旅游产品的核心。有的学者甚至认为，旅游产品就是各种服务的综合。

（3）从旅游批发商的视角看，目的地的旅游线路是旅游产品，类比如某专业教学计划是求学产品。我国许多学者认为，"一条旅游线路就是一个单位的旅游产品"，并且有许多学者将目的地的旅游线路与旅游者的日程安排混同起来。旅游线路是旅游批发商的产品，它类比如高等教育中"某年级某专业的教学计划"。事实上，一条旅游线路可以提供给许多个旅游者使用，类似地，一个某年级某专业的教学计划可以培养出许多个大学毕业生。

（4）从包价旅游团的视角看，旅游日程安排（Itinerary）是旅游产品，类比如某个班在某个学期的每周课程安排是求学产品。对于不委托组团社的自助游客来说，旅游日程安排通常是由游客自己预先或临时安排完成的，当然游客也可能在目的地委托当地旅行社代办一些业务，也可能加入目的地的"自助旅游团"。自助游客通常包括家庭及个人事务型旅游者、背包旅游者、自驾车旅游者等。

（5）从产业经济的视角看，旅游产品的生产主体是旅游经营者，类比如求学产品的生产主体是教职工。旅游学界对"旅游产品"生产主体有不同的说法：有的人认为旅游产品是旅游经营者生产的；有的认为是目的地国家或地区生产的；有的认为是旅游者生产的。梅奥（Mayo）和贾维斯（Jarvis）提出消遣旅游是由于好奇心，以及人类对"生产"的基本需求，共同激发起来的。对"生产"的需求解释了人们为什么选择通过旅游，而不是看不同地方的电视节目来满足他们的好奇心（史蒂芬·佩吉等，2004）。

（6）从旅游卫星账户经济统计的视角看，旅游产品是指旅游活动所涉及的各产品的总和。它包括吃、住、行、游、购、娱、厕七方面的产品。在TSA中，所有的旅游产品（即商品和服务）被划分成两大类：旅游特征产品（Tourism Characteristic Product）和非旅游特征产品（Non-tourism Characteristic Product），其中旅游特征产品又分为旅游特定产品（Tourism Specific Product，TSP）和旅游相关产品（Tourism Connected Product）。被视为"旅游产品"的产品，只是部分地销售给游客，更确切地说，只是部分地依赖于旅游需求。例如：饭店的餐饮产品既满足外地游客的消费需求，也满足本地居民的节庆、婚宴等方面的消费需求；商店的服装既可销售给外地游客，又可销售给本地居民。

四、"旅游工程学"概念的提出

国际上普遍认为，对于旅游产品的概念，需要从两个层次上去理解和认识：总体旅游产品（the total tourist product）和单项旅游产品（the specific tourist product）。因为在不同的情况下，旅游产品既可以用指总体性旅游产品，也可以用指单项性旅游产品。

（1）总体旅游产品概念是从需求方面提出的，在旅游者看来，其外出旅游全过程中的全部必要开支等于是该次旅游的价格，因此，旅游者通过这一价格的支付而获得的一次旅游的全程经历也就是他所购买的旅游产品。所以，从需求角度来看，总体旅游产品就是旅游者从"离家外出开始"直到"全程旅游活动结束并返回家中"为止，这一期间的全部旅行经历的总和，即总体旅游产品是指以在旅游目的地的活动为基础所构成的一次完整的旅游经历。所谓"总体旅游产品"就是：旅游者在离家外出期间，以在旅游目的地访问活动为核心，构成一次完整旅游经历的各种有形因素和无形因素的集成或总和。在这里，为了对接"全面质量管理（Total Quality Management，TQM）"，作者建议将"总体旅游产品"翻译为"旅游全面产品"。

（2）单项旅游产品，也称具体的旅游产品，是基于旅游企业的立场去认识而提出来的。毫无疑问，如果一个企业是旅游企业，那么它面向旅游市场出售的产品和服务，理所当然地也是旅游产品，例如饭店企业为旅游者提供的住宿接待服务、航空公司为旅游者提供的交通客运服务、旅行社为旅游者提供的导游服务等。只不过它们各自提供的这些旅游产品和服务并不能单独构成旅游者一次完整的旅游经历，而只是构成这一完整经历的总体旅游产品的组成部分。所以在这个意义上，同时也是为了与总体旅游产品相区别，人们在旅游研究中将单个旅游企业所提供的旅游服务产品称为单项旅游产品。因此，从一般意义上讲，特别是从供给角度看，所谓"单项旅游产品"就是指旅游企业面向旅游市场提供的设施和服务，更准确地说，是指旅游企业借助一定设施、设备面向市场提供的服务项目。

现实生活中，每一个问题的正确答案不是一个而是多个。因为同一个问题从不同的角度分析，可以得出不同的答案，而这种答案的回答常常可使我们对某一问题或事物有更为全面的认识。学者们对旅游产品定义的多样性，既反映了人们研究立场、方法、角度的不同，也反映了人们对旅游产品认识的逐步深入。当我们面临"旅游产品是什么"这一问题时，只有当我们能够从多种角度对这一问题进行思考时，才能比较全面地了解旅游产品，真正掌握旅游产品的实质，避免犯"盲人摸象"式的错误。

研究旅游现象和旅游关系不宜采用"功能主义范式"，而应采用"诠释范式"，因为研究的服务对象不同，研究的视角也会不同。从心理学、历史文化、美学的视角研究旅游现象，主要是为旅游者服务的；从经济学、工商管理学科的视角研究旅游现象，主要是为旅游企业服务的；从人类学、社会学的视角研究旅游现象，主要是为目的地社区居民服务的；从地理学、法学、公共管理学科的视角研究旅游现象，主要是为目的地政府服务的；从政治学、伦理学的视角研究旅游现象，主要是为客源地政府服务的；然而，从系统工程的视角研究旅游现象，主要是为旅游学科的发展服务的。

为了将可持续旅游研究转变到更加科学的水平，系统观点和跨学科方法是必要的。中国工程院工程管理学部刘人怀院士结合旅游方面的研究和实践提出"旅游工程学"概念，强调以系统论的视角去重新认识旅游发展，对旅游系统的构成要素、组成结构、信息交换和反馈控制等问题应用系统工程的方法，进行综合分析、设计、试验、实施，以便最充分地发挥人力、物力和财力，达到最合理、最有效、最经济地实现旅游系统的整体效益优化。简言之，旅游系统工程就是用系统的观念来考虑问题，用工程的方法来解决问题。"旅游工程学"将推进各种学者的理论、技术、信仰和态度更加连贯地发展，并推进可持续旅游研究朝向一个更加科学的平台。

第三节 旅游管理学科几个核心概念界定[①]

旅游、旅游活动、旅游产品、旅游系统等旅游管理学科的基础概念界定一直是令人感兴趣的主题，准确地给它们下定义是这一领域的研究者孜孜以求的目标。

一、问题的提出

多学科介入旅游研究但融合度不够，是目前旅游学科面临的一大难题。作为一门综合性的交叉学科，旅游学科的发展非常活跃。例如，2003—2005年，中国社会科学引文索引（CSSCI）的463种来源期刊中有197种登载了旅游论文，即42.55%的期刊已经介入旅游研究；人文/经济地理、经济学、民族学、管理学、环境科学5大类学科门类是旅游研究文献的五大载体（刘人怀和袁国宏，2007）。Echtner等（1997）在《旅游研究的学科困境》中认为，旅游是一个跨许多学科的复杂现象，研究者往往从他们被培训的主要学科的具体界限以内接近旅游研究，因而现有的旅游理论是割裂的和薄弱的；他们介绍了该领域现行的争论状态，考察了影响旅游研究的几个学科，并对推进旅游研究演变

---

① 资料来源：袁国宏，周婷. 旅游管理学科几个核心概念界定：基于系统管理的视角[C].中国旅游科学年会论文集，2017：14-22.

和整合提出了建议。Tribe（1997）在"旅游无纪律（indiscipline）"中开发一个新模型，以揭示旅游研究的认识论特征；这个模型提供了洞察力，通过它可以了解旅游研究是怎样发展的，旅游世界被看到的方式，学术界内部、学术界与实业界之间发生分裂的原因；他主要围绕学科/领域争论，提出了关于旅游认识论的各种各样的要求和框架；他拒绝了关于旅游研究是"一个"学科的想法，提议旅游被界定为两个领域（旅游商业方面与非旅游商业方面）。

旅游研究没有公认的概念体系和旅游学科基础理论。由于研究目的、专业背景、研究视角、研究内容、研究方法的不同，造成旅游研究的高度分散与相对独立，旅游学科的"艺术状态"使学术群体之间缺乏认同感，从而严重影响了旅游研究的发展和科学的形成（Smith，1996）。旅游基础理论研究薄弱，首先表现为旅游学研究中的专业术语概念很不规范，在概念上就无法对话。核心概念一直未能有效建立，从而不能确立概念体系，导致旅游基本概念的混淆情况比较严重，例如，不仅"旅游"有多种不同的定义，而且其他一些基本概念如旅游活动、旅游产品、旅游服务、旅游对象、旅游资源等的表述也是复杂多样，并表现出对相关学科的依赖性与寄生性，甚至有些概念只是把地理学、心理学、经济学、管理学、社会学、民族学、环境科学等相关学科的概念移植过来，贴上"旅游"的标签。共同概念的缺失，导致面红耳赤的双方静下来会蓦然发现原来争论的并不是同一个问题。

一些有识之士注意到系统科学对旅游可持续发展研究的重要性，如 Liu（2003）在《可持续旅游发展：一个批判》中认为可持续旅游理论是补缀的、脱节的，并且因为错误的假设和论点而存在缺陷，表现在概念误解、错误测量和不适当方式上。为了将可持续旅游研究转变到更加科学的水平，"系统观点"和"跨学科方法"是必要的。为了增进我们理解旅游的特征和变化模式，以及旅游与自然、技术、社会和经济环境的动态相互作用，系统观点是必要的。系统方法不仅是"我们看世界的方式"和"思想框架"，而且"不可否认是一种精神态度或哲学"。它从全面的角度，使分析、描述和综合不同的观点成为可能。系统方法将可持续性视为一道练习题（exercise），对发展系统中的所有要素进行条件优化和调整，使系统作为一个整体保持它的意义，而不是其中一个要素汹涌向前并损害其他要素。因此，将系统管理理论中的系统哲学、系统分析和系统管理结合进旅游可持续发展管理研究中，既可以丰富系统管理理论的研究范围（不只是应用于工商企业的管理和信息系统的管理），又可以对理解旅游可持续发展的实现路径问题提供新颖而恰当的分析视角。

二、旅游

窦群（2001）认为，旅游概念的界定一直是全球旅游理论界一项"哥德巴赫猜想"式的难题，这同时也是旅游业产业定位问题中最底层的难题。关于这个概念的争论，旅游理论界一直没有停止过，尽管世界旅游组织为了统计上的方便，对旅游者及其分类进行了较为明确的定义，但仍然不可能停止各国学者对旅游概念问题的热烈讨论，政府各部门对于旅游产业的理解，争议更加复杂；焦点在于"旅游活动的外延到底有多大"这一主题上。

这里列举三个作者赞赏的旅游定义。旅游的艾斯特（AIEST）定义：旅游是非定居者的旅行和暂时居留而引起的现象和关系的总和。这些人不会导致长期定居，并且不牵涉任何赚钱的活动。这是从理论抽象出发而下的定义，最初由瑞士学者汉泽克尔和克拉普夫于1942年提出，后来到1970年被"旅游科学专家国际联合会"采用为该组织对旅游的标准定义。美国文化人类学者Jafari（1977）认为，旅游是离开常住地的游人、满足游人需要的产业，以及游人、产业和旅游地三者的社会交换给旅游地带来综合影响的一种社会文化现象。Goeldner和Ritchie（2005）将旅游定义为，在吸引和接待旅游者及访客过程中，由游客、旅游企业、当地政府、当地居民相互作用而产生的现象与关系的总和。

张凌云（2008）对于目前国际上流行的30种旅游定义和概念做了梳理和归纳，指出旅游定义的多义性，以及由此给旅游学科建设造成的"困境"。他借鉴了胡塞尔的现象学哲学方法，从两个层面重新定义了旅游：从第一层次看，旅游是人们一种短暂的生活方式和生存状态，是人们对于惯常的生活和工作环境或熟悉的人地关系和人际关系的异化体验，是对惯常生存状态和境遇的一种否定；从第二层次看，旅游是由人的这种与生俱来的需要和行为得到满足和释放时，所产生的社会关系和现象的总和。

本节将旅游的概念性定义扩展为：旅游是人们出于移民和就业任职以外的其他原因离开自己的惯常环境前往异国他乡的旅行和逗留活动，以及为向旅游者提供高质量的完整旅游经历所引起的现象和关系的总和。第一，这个定义的前半部分是讲"旅游活动",后半部分是讲"旅游系统",可以认为,旅游是旅游活动与旅游系统的总和,即"旅游＝旅游活动＋旅游系统"。第二,旅游活动与旅游系统是有区别的。旅游活动主要与旅游经历"数量"有关,一般用"人次数"来测量;而旅游系统主要与旅游经历"质量"有关,一般用"游客满意度"和"游客忠诚度"来测量,游客满意度是指游客的真实感受相对于其预期感受而言的,游客忠诚度是指游客的重游意愿、推荐意愿和不寻找替代性旅游地。游乐性旅行活动古已有之,但旅游系统诞生于1845年托马斯·库克组织团体包价旅游（首次出现了旅游者和旅游业两个要素）。个人旅游活动是暂时的,而旅游系统是长期的。旅游活动具有环境运动性和环境异质性,而旅游系统具有社会、技术等多重属性。旅游活动的内涵涉及人脑系统和人体系统,而旅游系统涉及人脑系统、人体系统、社会系统、地理系统,甚至星系系统。第三,旅游活动与旅游系统是有联系的。没有旅游活动就没有旅游系统,旅游系统由两个或两个以上的子系统构成。作者认为,旅游活动是旅游动力系统中的一个子系统,是旅游系统的一个子子系统。

系统具有集合性、层次性和相关性。众多的学者之所以在旅游概念问题上众说纷纭,这是因为:一是没有认识到旅游系统的集合性和层次性,因而不能把旅游活动与旅游系统区分开来;二是没有对旅游系统的层次性进行外延拓展,即对旅游系统没有整体认识（没有上升到地理系统层次）;三是没有对旅游系统的层次性进行内涵挖掘,对旅游系统的核心问题认识不清楚（没有下降到人脑系统层次）。

三、旅游活动

1991年6月,世界旅游组织在加拿大渥太华召开会议,将旅游的概念性定义描述为:一个到惯常环境之外的地方旅行,停留期在一个特定时间以内,且旅行的主要目的,不是通过从事某项活动从被访问地获取报酬的人的活动。世界旅游组织出于旅游统计工作的需要,而对旅游活动做出了技术性定义:旅游活动是为了消遣、商务和其他目的到其惯常环境之外的地方旅行且连续逗留时间不超过1年的人们的活动。

为了旅游研究的需要,本节将旅游活动定义扩展为:到惯常环境之外的地方旅行,停留期在一个特定的时间以内,旅行的主要目的不是通过从事某项活动从被访问地获取报酬，并且在活动过程中与其接触的周围环境发生主动的、反复的、相互的作用的人们的往返活动。这个定义的后半部分既强调了旅游的本质是一种体验/阅历/经历，又强调了旅游的本质也是一种社会交往活动。

旅游活动具有异域性、暂时性、环境适应性、环境冲击性（impact）和回路性五个特点。①异域性是指人们离开自己的惯常环境，去异国他乡访问的活动。②暂时性是指人们前往目的地，并在那里作短期停留的访问活动。③环境适应性是指人们在活动过程中，通过与之接触的周围环境发生主动的、反复的、相互的作用而不断地"学习"或"积累经验"，并且根据学到的经验改变自身的结构和行为方式；所谓"自身的结构"是指人体的身心状态，所谓"行为方式"是指旅游者的游后行为意向，指旅游活动之后的决策活动、消费活动和行为活动，以及对事物的看法等。④环境冲击性是指人们在旅游活动过程中，对与之接触的经济、社会、文化、自然等环境会产生影响。⑤回路性是指人们离开自己的惯常环境并且要返回自己的惯常环境，这种往返活动有别于移民性的旅行活动，这里的"回路"是借鉴物理学中的电子回路概念。

从事这类活动的人们，从离开惯常环境开始到返回惯常环境的这段时间所扮演的角色，统称为游客。过夜的游客就叫"旅游者"，不过夜的游客就叫"一日游游客"。

四、旅游产品

复杂适应系统理论认为，"活的"、具有主动性的个体会接受教训，总结经验，并且以某种方式把经历记住，使之固化在自己以后的行为方式中。如果个体是"活的"，有主动性和适应性，以前的经历会固化到它的内部，那么它的运动和变化就不再是用一般的统计方法所能描述的。

产品是指能够提供给市场，并引起人们的注意、获取、使用或消费，以满足某种欲望或需要的任何东西。它包括各种有形物品、服务、地点、组织和想法。试图通过对旅游者旅行原因的探索来精确描述旅游者是不现实的，旅游者购买的旅游产品只有当他经历了整个旅程后才能完整地体验。

正如一个大学生经过四年的学习过程，获得的最终产品是"大学学历"和"学位品牌"，最终提高了自己的知识、能力和素质，获得了体验、转型及其物化（如文凭、校徽、教材、实用物等耐用品），但他必须由大学教育系统提供舞台。从核心性产品的视角看，旅游产品（Tourist Product）就是一个人需要的最终产品，然而，这个"旅游产品"必须由旅游接待系统提供舞台。各旅游接待单位提供的产品是旅游中间产品，通常称为"旅游要素产品"。

从旅游者角度定义的旅游产品，或者称"旅游阅历产品"，是指旅游者花费一定的时间、费用和精力所获得的目的地阅历和"到此一游"称号。这个目的地阅历是旅游者从离开客源地开始、在目的地逗留、直到返回客源地的全部过程所产生的最终结果，即一个人结束旅游活动，归来时仍然可记忆、可回味、可持续的经济价值提供物，如体验、转型、地位声望、受人尊重、旅游购物品（包括纪念品、照片等，它是目的地阅历的物化和凭证）。

这个定义明确了旅游产品具有无形性、不可储存性、生产与消费的不可分离性、品质差异性、可回忆性等特性，属于体验经济的范畴。旅游产品的生产与消费表现为一个时间过程。在国际旅游中，以"旅游人次数"表示推销出的旅游阅历产品数量。旅游阅历产品不是出自生产装配线，每个产品都具有独特性，因时间、地点和参与人群而异。

物质、能量、信息是构成客观世界的三大要素，旅游阅历产品的本质是信息。一人次旅游阅历产品就是一个人在离开客源地、逗留目的地、返回客源地期间所发生的人体系统状态改变量，即一个人在返回客源地时的人体系统状态，减去离开客源地时的人体系统状态。状态是表征一个事物的存在，使一个事物的存在有别于另一个事物。对于给定的时间域 T，当 $t \in T$ 时，返回客源地时的旅游者状态 $S_Z(t=T)$，离开客源地时的旅游者状态 $S_Z(t=0)$，一人次旅游阅历产品量计算公式如下：

一人次的旅游阅历产品量 = 返回客源地时的旅游者状态 – 离开客源地时的旅游者状态

用公式表示为：$Q = S_Z(t=T) - S_Z(t=0)$

游客价值是旅游者在其活动中所获取的一切经济价值，包括从自然界和人类社会中直接提取的初级资源、制造出的有形商品、无形的服务、难忘的体验、卓有成效的转型。约瑟夫·派恩（2002）认为：对什么收费，你就是什么类型的公司。如果你就初级资源收费，则你是资源企业；如果你就有形商品收费,则你是商品企业;如果你就你的行动收费,则你是服务企业;如果你就你与游客相处的时间收费,则你是体验企业;如果你就顾客所获得的成就收费,则你是转型企业。那么,旅游业则是提供五种经济价值的"综合性产业",属于现代服务业的范畴。

五、旅游系统

所谓系统,是由相互联系、相互作用的许多要素结合而成的、具有特定功能的统一体。旅游系统最重要、最根本的功能是满足旅游者的需求,整个旅游系统的存在依赖于旅游者需求的存在。旅游系统会对其外部环境产生各种影响,如经济影响、社会影响、生态与环境影响等。

史蒂芬·佩吉等(2004)认为,研究者理解旅游现象本质的方法是系统论方法。这种方法的主要目的是将现实世界复杂的旅游活动合理化和简单化,并用很多强调旅游内在联系的要素来表示。一个"旅游系统"就是一个涵盖了旅游者完整旅行经历的框架。这种方法的分析价值在于:它能够使人们分别从供应商和购买者的角度来理解旅游的全过程,同时明确地认识一些能够影响和控制旅游活动的相关组织。李永文等(2005)提出,旅游系统的功能是促进系统运转、表现系统特质、参与系统竞争和实现系统价值增值。

旅游系统可以概括为:一个通过向旅游者提供高质量的完整旅游经历,而使各组成要素相互联系、相互作用构成的统一体,它是一个由许多子系统组成的开放的、复杂的巨系统。这个定义强调了旅游系统与旅游经历"质量"的相关性。借鉴企业系统管理理论,旅游系统管理的内涵如下:

1. 在旅游各部分的相互关系中,"人"是主体,其他不过是被动的组成部分

管理学视角下的旅游系统模型如图 1-3 所示,旅游系统是由旅游动力系统、旅游产品供给系统、旅游价值链协调系统和旅游目的地协调系统四个子系统构成。首先,旅游系统的核心是"高质量的完整旅游经历"。其次,旅游系统中最大的变量是旅游者的行为变量。最后,旅游系统环境是指旅游子系统外的人、财、物、时间、信息、士气、技术、市场八大资源。

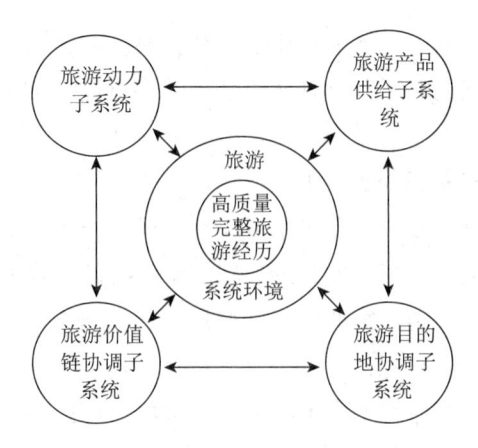

图 1-3 管理学视角下的旅游系统环境模型

2. 旅游系统是一个统一体

旅游动力子系统位于旅游系统管理的决策层，旅游产品供给子系统位于操作层，旅游价值链协调子系统和旅游目的地协调子系统位于控制层，共同促进旅游系统的运转。旅游系统的4个功能是：促进系统运转，主要由旅游动力系统完成，要应用"系统哲学"的观念来理解；表现系统特质，主要由旅游产品供给系统完成，要应用"系统分析"的技术来处理；参与系统竞争主要由旅游价值链协调系统和旅游目的地协调系统完成，要应用"系统管理"的方式来实现；实现系统价值增值主要由旅游阅历产品质量体现出来，由旅游系统的4个子系统共同完成，要应用"旅游可持续发展"的五个目标来指引。

3. 旅游系统是一个开放的系统

旅游是一个系统，同时还是一个更大系统的子系统。旅游系统不仅受到环境的影响，还影响环境，它是在与环境的相互影响中达到动态平衡的。旅游从周围环境系统中接收物质、能量和信息，然后经过其内部的转化系统，将形成的旅游阅历产品输出，返还给环境系统。在这一过程中，旅游的最终目标不是单纯地与环境相适应，而是积极地、有成效地与环境相适应，即旅游按照环境系统的要求，在遵守其准则的前提下，执行其所赋予的职能，并最终完成目标、做出贡献（旅游可持续发展）。

旅游涉及人脑系统、人体系统、社会系统和地理系统。所以，旅游产品供给子系统强调旅游与人脑系统的关系；旅游动力子系统强调旅游与人体系统的关系；旅游价值链协调子系统强调旅游与社会系统的关系；目的地协调子系统强调旅游与地理系统的关系。这种旅游系统的层次性被称为旅游的"系统升降机"原理。

4. 旅游是由许多子系统组成的

这些子系统又由许多子子系统组成，在子子系统下还能细分，这样就构成了旅游系统的等级结构。层次的多寡应视旅游系统的规模而定，同时还应注意层次间内在的关系。旅游系统的5个结构是：动力结构、产品供给结构、行业结构、空间结构和客源结构。

（1）动力结构是指旅游动力系统的内部构成，可以按旅游适应性主体的根本动力来细分，如旅游者活动、旅游产业活动、旅游社区活动、目的地政府活动、客源地政府活动的根本动力。

（2）产品供给结构是指旅游产品供给的内部构成。它可以按产品的层次来细分，如旅游核心性产品、便利性产品、支持性产品、扩展性产品、营销信息产品。

（3）行业结构是指旅游价值链系统的内部构成，可以按满足游客的需求来细分，如旅行社、旅游餐饮、旅游厕所、旅游住宿、旅游交通、旅游景区、旅游购物、旅游娱乐等。

（4）空间结构是指旅游目的地系统的内部构成，可以按旅游流的流向和流量来细分，如国际、国家、跨省区域、省级地区、城市、乡村和其他旅游地（如国家公园/古镇/海岛/遗产地/湖泊/山岳等）。

（5）客源结构是指旅游阅历产品质量的内部构成，形式上表现为客源市场的结构，可以根据游客出行目的来细分，如观光游览、探亲访友、会议/商务、度假/休闲、文化/教育/科技交流、健康医疗、宗教/朝拜和其他目的。

■ 思考与习题

1. 什么叫旅游产品供给系统？
2. 描述旅游产品供给系统的动态模型。
3. 描述旅游学科若干基础概念的理解模型。
4. 描述旅游产品供给质量与求学产品供给质量的系统比较模型。

思考与习题答案

5. 如何看待旅游产品概念的泛化现象？
6. 世界旅游组织对旅游的定义是什么？本书对旅游的定义是什么？
7. 什么叫旅游活动？它有哪些特征？
8. 什么叫旅游产品？它有哪些特征？
9. 什么叫旅游系统？旅游系统的特点是什么？
10. 描述管理学视角下的旅游系统模型。

主体篇

　　旅游适应性主体活动的基本矛盾是其根本动力,各适应性主体之间的外部联系是各旅游分支学科分类的理论依据。正如大学学历产品是由求学者、大学教师、求学者的同学们、大学行政管理人员和学生家长等共同生产出来的,是一种"价值共创"行为;类似地,旅游者的阅历产品是由旅游者、旅游企业、旅游社区居民、旅游目的地政府(目的地管理组织)、旅游客源地政府等共同生产出来的,也是一种"旅游体验价值共创"行为。旅游者和旅游服务诸行业/企业在旅游核心性产品的生产中发挥基础性作用,随着旅游发展水平的提高,旅游社区、目的地政府、客源地政府在旅游核心性产品的生产中起着越来越强的主导性作用。

第二章　旅游者

旅游是人们的活动（Activities of persons），是人类社会实践活动的一部分，正是由于这种活动规模的扩大，使得外出旅游的人们形成具有一定规模的市场，从而造就出借以经营的商业机会。因此，不仅旅游本身是人们的活动，而且旅游业的一切接待服务工作，无一不是针对和围绕参加旅游活动的人们提供的。即没有旅游者便没有旅游活动，更不能使旅游活动成为社会现象，从而也就不会有旅游业。

正如同，没有求学者，就没有高等教育系统一样。所以，作为旅游者的人乃是旅游阅历产品生产最重要的主体，也是旅游学的首要研究对象。旅游者是一种社会角色，是一个人在某个片段时间里（通常为几天）所扮演的社会角色。大多数国家都采用了国际通用的三个要素来度量这种角色，即出游的目的、旅行的距离、逗留的时间，另外，还有两个尺度有时也被用来定义旅游者，其中一个经常使用的是旅游者的居住地，另外一个不大经常使用的是交通方式。

旅游者是旅游阅历产品的唯一载体，但并不等于说，旅游者是旅游阅历产品生产的唯一主体。事实上，旅游阅历产品是由旅游者、旅游企业、旅游社区居民、目的地政府、客源地政府等众多主体共同生产出来的。类比于，求学者是大学学历产品的唯一载体，但学历产品并不是求学者独立生产出来的，事实上，学历产品是由求学者、教职工、同学们、大学管理人员、学生家长等众多主体共同生产出来的。

第一节 旅游者活动的根本动力[①]

一、作为一个系统的旅游者活动

之所以将"旅游者活动"而不是"旅游者"作为一个系统,是因为旅游者活动的人体系统环境在不断地发生着变化。运动着的旅游者,不断地接收到人体系统环境的物质、能量、信息的输入或刺激,不仅人体系统的内部状态处于不断变化之中,而且惯常环境之外的旅游活动具有"异地性""暂时性""回路性"所表现出的运动性,使人体系统的外部环境也处于不断变化之中(运动是相对的)。单个旅游者活动系统的外在表现是"游客回路",总体旅游者活动系统的外在表现是不同地域之间的人员流动,通常概括为"游客流"。

旅游者活动的一个重要特点是它的环境适应性,这一点不同于电子运动。旅游者是活的、生动的、可变化的。将单个旅游者活动作为一个系统来考察,就是一个处于平衡状态的人,离开惯常环境,接收到异域环境变量(不断变化的时间、空间、事件、人势)的输入或强烈刺激,引起人体系统内部结构原平衡状态的打破,通过人体系统的自组织,不断建立起新的平衡状态:一是人脑系统结构的变化。所谓"人心的变化",是指人脑系统状态的改变,通过旅游活动使人脑系统结构发生变化决定了旅游者活动的本质和旅游系统的核心。二是人体系统结构的变化。古人云:人挪活,树挪死。这是因为作为"远离平衡态的系统",人挪动后人体系统"自组织"能力强,而树挪动后树体系统"自组织"能力弱。通过旅游活动使人体系统结构发生变化决定了旅游者活动的出游动机。

游客回路的另一个重要特点是它的环境冲击性。旅游者活动犹如陨石在大气层中而不是真空中的运动。陨石在运动过程中,与周围介质发生摩擦,既使自己发热和燃烧,又使与之接触的介质发生离解和电解。同样地,旅游者活动系统在与周围介质"摩擦"过程中,通过主动的、反复的、相互的作用,既使

[①] 资料来源:袁国宏. 旅游现象矛盾论[J]. 桂林旅游高等专科学校学报,2004,15(4):17-21.

自己完成"神圣游程",又对与之接触的当事人/适应性主体及其所属系统产生了很大的冲击:一是社会系统结构的变化。单个旅游者活动可视为一个社会系统的"搅动针",多个旅游者活动可视为一个社会系统的"搅动棒",亿万个旅游者活动可视为一台社会系统的"搅拌机",通过旅游活动使社会系统结构发生变化决定了社会各界对发展旅游事业的态度。二是地理系统结构的变化。这是由旅游者活动系统以及为向其提供高质量的旅游经历而引起的其他系统与地理系统之间的相互联系、相互作用引起的,通过旅游活动使地理系统结构发生变化决定了人类对未来的关怀。

总之,人作为一个具有适应性的主体,在旅游活动的过程中,能够在人脑系统、人体系统、社会系统和地理系统之间建立新的适应/和谐/协调/平衡关系。

根据林福永教授的定理:设在环境 $E(S)$,$S \in B$,系统 $Z(n)$ 在 t 时刻具有系统结构 $R_z(t)$、系统状态 $S_z(t)$ 和系统行为 $H_z(t)$,那么,恒有如下固有关系:

$$\Psi_1(S, R(t), R_z(t)) = 0 \qquad (2-1)$$

$$\Psi_2(S, R_z(t), S_z(t)) = 0 \qquad (2-2)$$

$$\Psi_3(S, R_z(t), H_z(t)) = 0 \qquad (2-3)$$

式中,S 和 B 分别表示 $E(S)$ 的状态和状态空间;$R(t)$ 表示在 t 时刻环境 $E(S)$ 与系统 $Z(n)$ 之间的关系。

将上述定理应用于旅游者活动系统,可用图 2-1 表示。

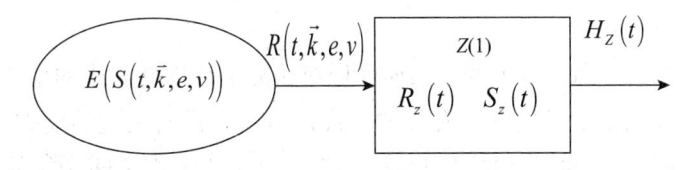

图 2-1 旅游者活动的系统结构示意

旅游者活动系统恒有如下固定关系:

$$\Psi_1\left(S(t,\vec{k},e,v),R(t,\vec{k},e,v),R_z(t)\right)=0 \quad (2-4)$$

$$\Psi_2\left(S(t,\vec{k},e,v),R_z(t),S_z(t)\right)=0 \quad (2-5)$$

$$\Psi_3\left(S(t,\vec{k},e,v),R_z(t),H_z(t)\right)=0 \quad (2-6)$$

其中：$S(t,\vec{k},e,v)$ 表示异域环境的状态，$R(t,\vec{k},e,v)$ 表示异域环境的输入，$R_z(t)$ 表示人体系统 Z 的结构，$S_z(t)$ 表示人体系统 Z 的状态，$H_z(t)$ 表示人体系统 Z 的行为。其中，$t\in T$，t 表示时间，T 为时间域；$\vec{k}\in(k_0,k_t]$，表示空间；$e\in[e_0,e_t]$，表示事件；$v\in(v_0,v_t]$ 表示人势。

$\dfrac{dS}{dt}\neq 0$，即人体系统环境是动态的，随着时间的变化而变化；$\dfrac{dR_z(t)}{dt}\neq 0$，$t\in$ 时间域 T，即人体系统结构是动态的，也随着时间的变化而变化。

二、旅游者活动的基本矛盾

旅游者活动是指旅游者通过得到完整的旅游经历而实现心理上和身体上的最大享受与满足。旅游者活动是其他旅游适应性主体活动产生的前提和基础。旅游者活动通常概括为"吃、住、行、游、购、娱、厕"七大要素。人们生活在时间、空间、人势方面的有限性与客观世界在时间、空间、人势方面的无限性之间的矛盾是旅游者活动的基本矛盾。当旅游什么也没有的时候，最先要求统一的矛盾就是旅游者活动的基本矛盾。例如，2020年新冠疫情期间，我国严格控制人员流动，可以认为那段时间就是"旅游什么也没有的时候"。因此，旅游者活动的基本矛盾是旅游的"奇点"和旅游系统复杂性的"奇怪吸引子"。

首先，人的生命是有限的，然而人们对历史、现在和未来的事物存在好奇心。其次，人们生活的空间是有限的，人们对自己没有去过的地方有神秘感，"百闻不如一见"，总希望能"到此一游"。再次，人们之间交往的范围是有限的，人们对异地居民如何生产生活有着神秘感和浓厚的兴趣。最后，人自身的知识、能力、素质不是尽善尽美的，人们对能促进其身心健康和发展的事物有趋向性。人们对人文事象是最感兴趣的，这使旅游者活动表现出强烈的文化性。人对自然感兴趣的深层次原因还是对他人感兴趣，这里的"他人"包括古人、今人和未来人。例如，人们对杭州西湖感兴趣，主要是与杭州西湖历史积淀的人文事象有关。"西湖明珠从天降，龙飞凤舞到钱塘。""江山也要伟人扶，神化丹青即画图；赖有岳于双少保，人间始觉重西湖。"中国四大民间传说是许仙与白娘子、梁山伯与祝英台、牛郎与织女、孟姜女与万喜良，其中两个与杭州西湖有关。西湖中有两个堤，"白堤"是纪念唐代的白居易，"苏堤"是纪念宋代的苏东坡，他们都当过杭州市"市长"。

三、旅游者活动的基本矛盾在现实中的表现

1. 由对立而致的统一

旅游作为人类身心状态与外部环境之间相矛盾并在追求调和的过程中产生的一种行为。一是追求人与自然的和谐。表现为：回归自然，即由于城市生活节奏的加快和环境污染的产生，人们对现实的逃避；认知自然，即由于人类对自然界中其他事物的未知而表现出的好奇心；征服自然，即由于人类对自然界中其他事物的控制欲望和占有欲望。二是追求人与人之间的和谐。表现为：今人与古人之间的和谐，促使人们对历史遗产进行探索、发现、认知；今人与今人之间的和谐，促使人们对异地居民生产生活充满了好奇心，渴望进行体验、认知，从而使旅游成为人们之间普遍性社会交往的一种活动。三是追求人自身的和谐。通过旅游调剂生活方式，提高生活质量。

2. 矛盾运行的动力

首先，满足身心愉悦（包括审美愉悦、世俗愉悦等）的需要，旅游者活动表现为一种消费行为。旅游消费是在人们的基本生存需要得到满足后，产生的一种高层次消费需要。其次，满足自我实现的需要，旅游者活动的产出物包括难忘的体验和卓有成效的转型，这是一种人力资本的投资行为。

3. 旅游者的旅游动机

一是寻求或购买"体验"，获得身心愉悦的最大满足。表现为以获得生理、心理快感为目的的审美过程和自娱过程。二是寻求或购买"转型"，获得自我实现的最大满足。面对惯常环境之外的空间，人们总是渴望了解，充满好奇，加上远方信息的经常刺激，人的探索欲望便经常处于激发状态。因此，旅游者活动在本质上是人们非职业性地前往异地，寻求或购买体验和转型的行为。对

于不同的旅游者活动来说，它是一个由不同比例的体验和转型组成的混合体。借鉴普洛格的心理特征模型，我们可以将旅游者的旅游动机划分为五种类型：体验型、近体验型、中间型、近转型型、转型型。

4. 旅游者活动系统的表现特质

旅游活动有五大特点：异域性、暂时性、环境适应性、环境冲击性和回路性。或者说，旅游者活动的本质特征是人体系统环境的运动性和异域性。旅游活动不同于人们的休闲活动，因为休闲活动的人体系统环境不是异域的；旅游活动也不同于电子运动，因为运动的电子对与之接触的周围环境没有适应性。

四、旅游者活动子系统的根本性质

主要矛盾的主要方面决定了事物的性质。游乐性旅行活动古已有之，但没有旅游系统。旅游者活动的本质是体验自然界和人类社会在文化上的差异性，进一步表现为对文化深度和广度的探索。因此，旅游者活动的性质是它的文化性。这一点将在第八章第二节"三、旅游阅历产品的价值构成"中进行实证研究。

第二节 旅游者概念

一、国际旅游者

什么样的人才算是旅游者？简单地讲，旅游者就是离家外出到异国他乡旅行的人。过去曾有人解释旅游者就是出于一种好奇心，为了得到愉快而进行旅行的人。这种解释显然有悖于科学的旅游定义，因为它并未包含非消遣性旅游。然而这种说法不论其确切与否，都属概念性定义。对于旅游业以及国家政府部门来说，所需要的乃是旅游者技术性定义，即将一些量化区分的"限定标准"纳入旅游者的定义，以便统计和研究工作。但是由于旅游学科发展得较晚，大多数有关旅游和旅游者的定义都是人们出于不同学科角度，为了开展各自的工作或研究目的而提出来的，因此很难统一。不过，对旅游者的定义问题多年来一直为一些权威机构所重视。从国际联盟到联合国组织、世界旅游组织乃至各国政府有关部门，都曾为旅游者定义做了大量的努力。对于国际旅游者的定义，目前世界各国在理论上已形成共识。1937年，国际联盟统计作家委员会曾对"外国旅游者"做如下解释：外国旅游者就是离开自己常住国，到另一个国家访问至少24小时的人。

可列入旅游者的人员包括：①为了消遣、家庭事务及身体健康方面的目的而出国旅行的人；②为出席会议或作为公务代表而出国旅行的人（包括科学、管理、外交、宗教、体育等会议或公务）；③为工商业务而出国旅行的人；④在海上巡游过程中前来访问的人员，即使停留时间不足24小时，也视为旅游者（停留时间不足24小时应分开作为一类，必要时可不管其常居何处）。

不能列为旅游者的人员包括：①抵达某国就业任职，不管是否订有合同，或者在该国从事经营活动者；②到国外定居者；③在国外学习，膳宿在校的学生；④凡属边境地区居民及落户定居而又越过边界去工作的人；⑤临时过境不停留的旅行者。

1963年，联合国在罗马召开国际旅游会议，会议也对旅游者下了一个定义，并建议联合国统计委员会对这个定义进行研究。会议出于统计工作的目的，提出采用"游客（Visitor）"这一总体概念。然后把游客划分为两大类：一类是过夜的旅游者（Tourist），另一类则是不过夜的短程游览者（Excursionist）。其具体定义分别如下：

游客是指除为获得报酬的职业以外，基于任何原因到一个不是自己常住的国家去访问的任何人。(1) 过夜的旅游者，指的是到一个国家作短期访问至少逗留24小时的游客。其旅行目的可属下列之一：①消遣（包括娱乐、度假、疗养保健、学习、宗教、体育运动）；②工商业务、家庭事务、公务出差、出席会议。(2) 短程游览者，指的是到一个国家作短暂访问逗留不足24小时的游客，包括海上巡游旅行者。这一定义不包括，那些在法律意义上并未进入所在国的过境旅客，例如没有离开机场中转站的航空旅客。

1967年，联合国统计委员会召集的专家统计小组采纳了1963年罗马会议对游客所下的定义，并建议各国都采用这一定义。

这个定义具有如下几个特点。①这一定义以来访者的旅行目的区分其是否旅游者。尽管在关于游客的定义中，提到其旅行访问是基于就业以外的任何原因，但在对旅游者进行解释所做的技术性限定中，还是具体规定了消遣和事务者两类目的。世界旅游组织在1980年"马尼拉会议"之后，曾提出要用"人口流动（Movement of persons）"一语取代"旅游（Tourism）"一词，其定义是指，人们出于非移民及和平的目的，或者出于导致实现经济、社会、文化及精神等方面的个人发展，以及促进人与人之间的了解与合作等目的而作的旅行。②此定义根据访问者的定居地，而不是根据其所属国籍来区分是否算作旅游者，从而与旅游的异地性相吻合。③此定义还根据来访者的停留时间到达和超过24小时，划为过夜旅游者；停留时间不足24小时者划为当日往返旅游者，联合国统计委员会专家小组建议，也可使用"一日游游客（Day visitor）"一语。此外，由于这一定义明确将非消遣目的的旅行者纳入旅游者的范畴，因而它的采纳还在将旅游（Tourism）和旅行（Travel）的概念同化方面明显地向前迈进了一步。此后，"旅行"和"旅游"很快便成为人们常用以互换的同义词。根据这个定义，旅游业的旅游收入乃是在为各类游客提供旅游服务过程中，所获取的全部收入，而不应仅指接待狭义的"过夜旅游者"所获取的营业收入。

当然，"旅游者"的这个定义仍有不足之处，因为它本身所指的乃是国际旅游者，并未将国内旅游者考虑在内。随着1978年我国对外开放政策的实施和入境旅游的发展，旅游统计工作也着手进行。1979年，我国国家统计局对国际旅游者的解释作了如下规定：旅游者是指来我国参观旅行、探亲、访友、休养、考察，或从事贸易、业务、体育、宗教活动、参加会议等的外国人、华侨和港澳同胞。

旅游者不包括下列八种人：①应邀来我国进行访问，由部长以上人员率领的党、政、议会、军队代表团成员；②各国驻华使馆人员；③常驻我国的外国专家、留学生、新闻记者等；④乘国际班机直接过境的旅客、机组人员和在口岸逗留不过夜的铁路员工和飞翔船船员；⑤过境地区往来的居民；⑥归国定居的华侨、港澳同胞；⑦到我国定居的外国人和原已出境又返回我国定居的外国侨民；⑧归国或出国人员。我国国家统计局的上述规定，实际上也是从入境者的定居地和来访目的等方面，来区分其是否应列为来华旅游者。因而这些规定同"罗马会议"和世界旅游组织对国际游客的定义内容基本相符。

我国国家统计局对来华旅游者的范围所作的最初规定中，当然也存在一些不妥之处。例如，在划分非旅游者的第⑧条中，规定我国出国人员中有不少应划为我国的出境旅游者。实际上，后来在统计工作中执行这些规定时，我国有关部门针对原规定中的有关词句做了新的改动或限定。例如，在来我国大陆旅游者的定义中，增列了台湾同胞。在不属于旅游者范围的八类人员中，规定第③类人员的常驻期为一年以上；第⑥类人员改为"回大陆定居的华侨、港澳台同胞"。第⑧类人员改为"归国的我出国人员"，等等。

对这些规定中的一些用语限定如下：①外国人：指非我国国籍的人，加入外籍的中国血统华人亦包括在内；②华侨：指持有中国护照，但侨居外国的中国同胞；③港澳台同胞：指居住在我国香港、澳门和台湾的中国同胞。

目前，虽然各国在旅游统计、特别是在对入境旅游人数的统计方面，由于方法途径的不同而影响到对"罗马定义"遵循的严格程度不一，但世界各国基本上都对这一定义表示赞同。由于罗马定义讲的是国际旅游，因而可以认为，对于国际旅游者，目前世界上已经有了原则上公认的定义。

二、国内旅游者

对于国内旅游者的范围划定或定义问题，目前人们的看法则远远没有统一。加拿大政府部门在划分国内旅游者时使用的定义是：旅游者指到离开其所居社区边界至少25英里以外的地方去旅行的人。这个定义同美国劳工统计局（USBLS）在其"消费者开支调查"中所使用的旅游者概念基本一致。美国劳工统计局虽然没有明确规定离家外出的距离，但也强调了这些人的外出食宿消费必须是在"自己所定居的城市境外"的地方进行。

在美国使用较广的国内旅游者定义是1973年美国国家旅游资源评审委员会提出的定义：旅游者是指为了出差、消遣、个人事务，或者出于工作上下班以外的其他任何原因，而离家外出旅行至少50英里（单程）的人，而不管其在外过夜还是当日返回。美国人口统计局（US Census Bureau）在其每五年一度的"国民旅游调查（National Travel Survey）"中也规定，一次旅游是指"一个人外出到某地，其往返路程至少为100英里"。美国旅游资料中心（USTDC）在其调查工作中也使用了外出往返距离至少100英里这一规定。美国人口统计局和旅游资料中心都还规定，下述情况不能列为旅游：①火车、飞机、货运卡车、长途汽车和船舶的驾驶及乘务人员中的工作旅行；②因上下班而往返于某地的旅行；③学生上学或放学的日常旅行。

上述这些定义的突出特点是，以"外出路程"为标准区分是否为旅游者，而不论其是否"在外过夜"。在一般情况下，外出单程50英里即约80公里的旅行都已越出一个人居家所在的社区或者城市，这样其外出期间的消费便会发生在其他地区。从旅游应具备的经济影响来考虑，作出这种规定还是有可取之处的。当然，这一规定标准也有其不足之处，假定一个人居住在某城市的边缘区域，那么很可能他无须旅行50英里便已越出其常住地的行政边界。在这种情况下，即使他在50英里之内的目的地停留一周，甚至一个月，也不会被列为旅游者。所以按照这种定义去统计旅游，难免使结果低于实际数字。

同美国的相反，英国在国内旅游统计方面所强调的是必须在外过夜，而不管旅行距离如何。英格兰旅游局在其每月一次的"英国旅游调查"中对国内旅游者的定义是：基于上下班以外的任何原因，离开居住地外出旅行过夜至少一次的人。对于外出旅行的距离则未做任何明确规定。事实上，这乃是一个关于狭义的过夜旅游者的定义。这一定义的可取之处在于，以它为标准统计国内旅游人次，基本上可真实地反映国内旅游发展情况。因为在通常情况下，一个人外出旅行的路程如果没有超出足够远的距离，或者说没有超出自己居家所在地区的范围，他一般是不会在外过夜的。因此，这个定义虽然没有明确提到旅行距离，但实际上已间接地涉及了旅行距离问题。如果一个人外出旅行的距离很远，已经超出了其居家所在地区的行政边界，但如果他并不在外过夜而是当日返回，那么他是否应算作旅游者？答案当然是肯定的。因为他在访问地区虽无住宿消费，但其他消费是很有可能发生的。事实上，在英国的旅游统计中将这类人员列为一日游游客或当日往返游客（Day visitor），也就是不过夜的游客。所以，英国上述做法的又一可取之处便是，它同联合国罗马会议及世界旅游组织针对国际旅游者所下的定义要旨基本一致。

国内旅游与国际旅游的根本区别在于是否跨越国界。除了"国际"或"国内"这些限定性定语之外，作为对旅游者即游客的定义不应有什么区别。既然联合国罗马会议及世界旅游组织对旅游者的定义已为世界各国所公认，便不应再为国内旅游者另下定义。即使在需要根据情况修订国内旅游定义的情况下，也应参照罗马会议及世界旅游组织对游客的定义。为了求得国际的一致性和可比性，1984年世界旅游组织（WTO）又给国内旅游者下了一个定义："任何以消遣、闲暇、度假、体育、商务、公务、会议、疗养、学习和宗教等为目的，而在其居住国，不论国籍如何，所进行24小时以上、一年以内旅行的人，均视为国内旅游者"。

在对国内旅游者定义的理解上，容易产生混乱的关键问题是，对"居住地"或"常住地"一词区划范围的认识。这一点突出地表现在，对当日往返的国内一日游的认识上。一般来说，城市居民前往郊区远足，不宜算作旅游，而应划入娱乐范围，因为一个城市的郊区与市区在地域和经济上有着密不可分的整体性联系。也就是说，在旅游研究中，对来自城市的国内旅游者的居住地的界定范围包括其定居城市的市区和郊区。而城市市区居民前往该城市下辖县访问活动则应列入旅游范围，这不仅是因为其旅行距离相对较远，更重要的是，这些下辖县在经济上具有较大的相对独立性。就来自农村地区的国内旅游者而言，他们的居住地范围一般应以其日常生活所在的县为界。

应该指出的是，上面列举的对旅游者定义的认识差异，都是就旅游者的技术性定义（Technical definitions）而言。人们对于旅游者的概念性定义（Conceptual definitions）的认识，并不存在大的差异。可以这样认为，不论是国际旅游者还是国内旅游者，都是出于就业和移民以外的任何原因，暂时离开常住地去异国他乡访问的人。

三、我国国内旅游统计中的界定

在我国的国内旅游统计中，对纳入国内旅游统计范围的人员统称为国内游客。根据我国旅游统计中的解释，国内游客是指任何因休闲、娱乐、观光、度假、探亲访友、就医疗养、购物、参加会议，或从事经济、文化、体育、宗教活动而离开常住地，到我国境内其他地方访问，连续停留时间不超过 6 个月，并且访问的主要目的不是通过从事的活动获取报酬的人。在这个定义中，所谓常住地是指，一个人在近一年的大部分时间内所居住的城镇（乡村），或者虽然在这个城镇（乡村）只居住了较短的时期，但在 12 个月内仍将返回这个城镇（乡村）。根据这一解释，国内游客中也应包括那些在我国大陆境内住满一年之后，离开其常住地到我国大陆境内其他地方去旅游和访问的外国人、华侨和港澳台同胞。

在我国的国内旅游统计中，对国内游客也分为两类。①国内旅游者，指我国大陆居民离开常住地，在我国大陆境内其他地方的旅游住宿设施内停留至少一夜，最长不超过 6 个月的国内游客；②国内一日游游客，指我国大陆居民离开常住地 10 公里以外，出游时间超过 6 小时但不足 24 小时，并未在我国大陆境内其他地方的旅游住宿设施内过夜的国内游客。

此外，我国的国内旅游统计中还规定，下列人员不在国内游客统计之列：①到各地巡视工作的部级以上领导；②驻外地办事机构的临时工作人员；③调遣的武装人员；④到外地学习的学生；⑤到基层锻炼的干部；⑥到其他地区定居的人员；⑦无固定居住地的无业游民。

从以上我国在国内旅游统计方面所作的界定中可以看出，这些解释和规定同世界旅游组织的有关建议基本上是吻合的。但是，与我国在国际旅游统计方面所作的解释一样，国内旅游统计中似乎并未将在外地亲友家中过夜的国内旅游者包括进去。由此不难推知，我国关于国内旅游人数的统计数字难免会低于其实际的规模。

第三节　决定个人旅游需求的客观因素

一、足够的可随意支配收入

影响旅游需求的因素很多，就产生旅游需求和实现旅游活动的条件来看，这些影响因素至少可以划分为两大部分：一是旅游者本身即需求方面所具备的条件；二是旅游目的地方面即供给方面的影响因素。正如人们早已认识到的那样：如果没有具有吸引力的旅游目的地，如果这些目的地不能提供必要的食宿及娱乐条件，则旅游需求不可能首先产生。这里仅就旅游者方面讨论影响旅游需求和实现旅游活动的条件。

从需求方面来看，一个人能否成为旅游者和实现旅游活动，往往取决于多种社会经济因素的影响。旅游发展的历史证明，国际性大众旅游的兴起是与世界各国，特别是西欧和北美各国国民收入水平的提高分不开的。因此，收入水平是影响一个人能否成为旅游者的最重要的因素，也是实现旅游活动的首要条件。

一个人的收入水平，更确切地说是其家庭的收入水平和富裕程度，决定着他能否实现旅游活动及其消费水平的高低。所以，家庭收入达到一定的水平既是实现旅游活动的前提之一，也是实现旅游活动的重要物质基础。然而，一个家庭的收入并非全部可用于旅游，所以决定一个人能否出游的家庭收入水平，实际上指的是其家庭的可支配收入，或者更确切地说是其家庭的可随意支配收入的水平。"可支配收入"和"可随意支配收入"是西方旅游研究中经常使用的两个术语。所谓可支配收入（Disposable income）是指扣除全部纳税后的收入。可随意支配收入（Discretionary income）是指扣除全部纳税及社会消费（如健康人寿保险、老年退休金和失业补贴的预支等），以及日常生活必须消费部分（衣、食、住、行等）之后所余下的收入部分。很多研究表明，当一个家庭的收入不足以购买基本生活必需品时，该家庭很少会外出旅游。然而，一旦这个家庭的收入水平超过这一临界点，该家庭用于旅游的消费便会迅速增加。当然，这一临界收入约为年收入 15 000 美元。美国人口统计局、美国旅游资料中心以及很多市场调研公司的调查结果都表明，人们的外出旅游与家庭收入水平有直接的关系。例如，在美国，年收入在 15 000 美元以上的家庭外出旅游的可能性，比年收入低于这一水平的家庭大两倍。年收入在 25 000 美元以上的家庭外出旅游者更多，相当于年收入在 5000 美元以下家庭外出旅游数量的 5 倍。

收入水平这一因素的重要性，不仅表现在一个家庭外出旅游的经济条件，而且还在于超过这一临界水平后，每增加一定比例的收入，旅游消费便会以更大的比例增加。据英国有关方面估计，旅游消费的这种收入弹性系数为 1.5。国际官方旅游组织联盟（世界旅游组织前身）则估计这一系数为 1.88。即收入每增加 1%，旅游消费便会增加约 1.9%。

此外，收入水平不仅影响着人们的旅游消费水平，而且会影响到人们的旅游消费构成。例如家庭富有的旅游者会在食、宿、购、娱等方面花较多的钱，从而使交通费用在其全部旅游消费中所占的比例较少；而在经济条件次之的旅游者消费构成中，交通费用占比更大，原因在于食、宿、购、娱等方面节省开支比较容易，而在交通代步方面省钱则较为困难。

总之，收入水平意味着支付能力。它影响着一个人能否成为旅游者，影响着旅游者的消费水平及消费构成，还会影响到旅游者对旅游目的地及旅游方式的选择等。所以，收入水平是影响旅游需求的最重要的经济因素。当然，并不是说凡收入达到一定水平者都会外出旅游；事实上，即使在最主要的旅游客源国中，也会有一些人收入虽然相当高，但却不曾也不愿外出旅游。因此，收入水平只是在经济方面影响旅游需求的必要条件，并非一个人能否实现外出旅游活动的充分条件。

需要说明的是，上述关于收入水平的论述，主要是针对以消遣旅游者为代表的广大自费旅游者而言。对于各类公费旅游者、奖励旅游和社会旅游的参加者来说，由于其费用报销或享受资助的缘故，个人或家庭的收入水平则不再是构成实现旅游活动的必要条件。

二、足够的余暇时间

在影响人们能否外出旅游的客观因素中，余暇也占有重要的地位，是实现旅游活动的又一个必要条件。何谓余暇？这首先要从人生的时间构成说起。在现代社会生活中，人生时间可分为以下五个部分：①法定的就业工作时间，例如我国实行的八小时工作制；②必要的附加工作时间，例如必要的加班加点，必要的第二职业工作时间等；③用于满足生理需要的生活时间，如吃、喝、拉、撒、睡、干家务等；④必需的社会活动时间，如出席必要的社交约会，学校召开的学生家长会等；⑤余暇，也称"自由时间"或者"可随意支配的时间"。根据上述时间构成，我们可以将全部时间划分为两大类，即工作时间和非工作时间。同时也可将人们在这些不同时间内的活动划分为"必需的限制性活动"和"自由的随意性活动"两大类。

一些专门研究休闲问题的学者指出："就时间而论，余暇是指人生除谋生和自我生存所需时间以外的时间，是用于追求闲情逸致的自由时间。""余暇同娱乐时间远远不是同义语，而是在满足了工作、睡觉、吃饭及必要的日常琐事的需要之后所剩余的时间。""所谓余暇，就是个人从工作岗位、家庭、社会义务中解脱出来的时间；为了休息，为了消遣，或为了培养与谋生无关的技能，以及为了自发地参加社会活动和自由发挥创造力，是随心所欲活动的总称。"这些论述都说明，余暇并非只可用于娱乐，而是随心所欲地"自由支配的时间"，因而也可用于读书、学习等。可以认为，余暇就是在日常工作、学习、生活及其他必要时间之外，可用于自由支配、从事消遣娱乐或自己乐于从事的任何其他事情的时间。余暇的分布情况可划分为：

（1）每日余暇，这部分余暇很碎片化，虽可用于娱乐和休息，却不可用于旅游。

（2）每周余暇，即周末工休时间。我国现在实行每周五日工作制，周末假日为两天，全年周末假日累计 104 天，但由于分散，难以用于外出进行长距离的旅游。在经济发达的工业化国家中，例如美国，有关法案规定，每年有四次为期三天的周末假日。加拿大和法国的某些地区也已经实行全年每周三天休假的规定。由于这些国家的交通条件便利，所以不少人成为周末时间外出旅游度假的受益者。

（3）公共假日，即人们通常所说的节假日。各国公共假日的多寡不一，大都与各国民族传统节日的多少有关，我国的公共假日包括国庆节、五一劳动节、清明节、端午节、中秋节、春节，每次假期 1~3 天。西方国家最典型的公共假日是圣诞节和复活节。由于节日期间假期的延长，往往是家庭外出旅游度假的高峰时期，这是旅游季节性强的主要原因。

（4）带薪假期，目前经济发达的工业化国家中，大都规定对就业员工实行带薪休假制度。法国是第一个以立法形式，规定就业员工享有带薪假期的国家，在 1936 年宣布劳动者每年可享有带薪假期至少 6 天。在 20 世纪 80 年代，各国实行带薪假期的情况仍参差不齐。例如，在北欧的瑞典，职工享有的带薪假期为每年 6 周；而在美国则一般为 2~4 周；西欧各国的带薪假期平均为每年 4 周，但各国之间也有差别。在西欧国家中，就业员工全年平均约有 25% 至 30% 为非工作时间。特别是带薪假期的实施，由于它时间长而且集中，因而是人们外出旅游的绝好时机。

余暇并非全部可以用于旅游。较长距离的旅游只能利用历时较长而且比较集中的余暇。欧美地区游客来华访问大都利用带薪假期就是这个道理。当然，这里谈余暇所针对的是就业的人员，至于其他人员，特别是退休人士的余暇问题，则应根据实际情况另当别论。

总之，外出旅游需要有时间。对于就业人员来说，需要有一定数量且集中的余暇才有可能实现外出旅游。虽然并非所有的余暇都可用于旅游，但余暇，特别是带薪假期，乃是实现旅游活动不可缺少的重要条件。

需要说明的是，这里将余暇作为个人实现旅游活动的必要条件，也是主要针对自费的消遣旅游而言。对于公务旅游者来说，由于其旅行外出乃是工作的需要，所占用的时间也是工作时间，因而他们无须考虑有无余暇的问题。奖励旅游参加者的情况也比较特殊，有些奖励旅游活动是占用工作时间进行，但大部分奖励旅游也是利用被奖励者的带薪假期，或者主要占用其带薪假期由所在单位出资组织的。

三、其他客观因素

拥有足够的可随意支配收入和足够的余暇时间，乃是满足个人旅游需求的两个重要条件。但这并不等于说，一个人只要具备了这两项条件就肯定能参加旅游活动，从而成为一名现实的旅游者。事实上，一个人能否成为现实的旅游者还会受到许多其他社会经济因素及个人因素的影响和制约。早在大众旅游兴起不久的20世纪60年代中期，英国一家旅游咨询公司在就影响个人旅游需求的因素进行调研之后，得出结论：就需求方面而言，旅游意向同某些社会经济因素和个人因素之间存在下述关系，如表2-1所示。

表2-1 旅游意向同各种因素关系

社会经济因素和个人因素	对旅游意向的影响
收入	积极影响
家庭户主学历	积极影响
家庭户主职业	积极影响（就职业的社会地位而言）
带薪假期	积极影响
户主年龄	消极影响
生命周期	消极影响（就幼儿拖累而言）
种族	有色人种不如白人积极
性别	男性比女性积极

从上述调研结果可以看出，除了收入和带薪假期以外，其他影响旅游需求的个人因素仍有不少。当然，这家公司所列的影响因素中，有些因素的列入未必妥当。

首先，将种族作为影响因素列入显然带有偏见，因为在像英国这类西方资本主义社会中，有色人种的社会经济地位明显不如白种人，因而有色人种参加旅游活动的人数比例低于白种人实为其社会经济地位所影响，而非人种原因所致。

其次，男性和女性因其在家庭中扮演的角色不同，而可能使其旅游意向的程度不一，但性别本身不会构成参加旅游活动的障碍或促进因素。

再次，职业和学历，二者往往彼此相关，并且二者同收入通常存在一定程度的关联，因此其影响作用难以截然分开，即使将二者分出来作为独立的影响因素，其本身也不足以构成障碍因素。如果说一个人的职业和学历对旅游需求有影响，也只能说它们对于一个人的旅游动机的形成可起到促进或阻碍作用。

另外，很多调查结果表明，老年人特别是65岁以上的老年人中，参加外出旅游所占的比例的确较低，但其年龄本身并非造成这一状况的根本原因。老年人外出旅游比例小的真正原因乃是伴随年龄而来的身体能力状况，许多老年人不能参加旅游活动是因为体力不支，这才是实质的影响因素。随着人们生活水平的提高，医疗和保健技术的发展，人类的平均寿命也在增长。当今老年人的身体能力状况同二十年前的同龄老年人相比，已经有了相当大的提高。例如，自20世纪90年代以来，很多市场调查结果都显示，老年人参加旅游活动的比例已经有了很大的增加，并且形成了令各国旅游业瞩目的"银发市场（silver market）"。这一事实雄辩地证明，年龄本身并非影响旅游需求的因素。

最后，一个人所处的生命周期阶段，或者说一个人所处的家庭人口状况，的确可构成影响其实现旅游意愿的客观因素。因为很多调查结果表明，有4岁以下婴幼儿的家庭外出旅游的可能性很小。这一方面是因为婴幼儿需要特殊照顾，麻烦颇多；另一方面也是因为在外出旅游期间，不容易找到适合婴幼儿生活需要的特殊接待设施。45岁以下的未婚成年人由于身强力壮、无牵无挂、收入无须养家等因素的影响，外出旅游的可能性最大。

综上所述，如果从上述因素对旅游起障碍作用的大小来看，真正可单独起作用的乃是一个人的身体能力状况和家庭拖累状况。在这个意义上，它们和收入水平及余暇时间一起构成影响旅游需求的客观因素。当然，如果从它们在促成一个人成为现实旅游者所起的作用来看，这四项客观因素相互联系、相互作用、缺一不可。需要说明的是，与国际上的普遍做法一样，本节对决定个人旅游需求的有关客观因素的讨论，所针对的乃是消遣型旅游需求。至于以商务旅游为代表的各种差旅型旅游，从根本上说是属于工作需要而导致的活动，因而这种性质的旅游需求与上述决定因素之间不存在必然的联系。

第四节 决定个人旅游需求的主观因素

需要产生动机，动机产生行为。外出旅游是一种行为，这种行为的背后是旅游动机，如身体方面、文化方面、人际交往方面、地位声望方面和受人尊重方面的动机，而动机的背后是人的需要。

一、旅游需要

需要是使某种结果变得有吸引力的一种心理状态，是指人们对某种目标的渴求。需要是由人的生理机制决定的，就像一个人饿了，会"胃收缩"一样；如果某一天，你紧张不安、烦躁不安，可能连你自己都不知道的一个新的需要就产生或唤起了。一个礼拜后，终于想明白了："哦，原来别人都有朋友了，我没有。"就产生了意愿：我也要找朋友。以前到图书馆看书茫然无神，现在到图书馆上自习，眼睛就有了方向，知道往哪儿看了，这叫"意向"。当受到外在刺激时，表现就是，某一天你突然眼睛发亮，看到了一个心仪的人，就产生了交友动机。是不是就变成交友行为呢？那不一定，你要创造条件去了，要等条件成熟了、时机成熟了，才会变成交友行为。一个人的内在需求和外在刺激相结合，形成了动机。动机与个人能力、行动条件共同作用下，产生了特定的行为。行为都是有目的的，行为与知觉结合在一起，知行合一，以实现个人目标。旅游需要主要分为生理和心理两个方面：生理上的需要主要表现在人们对维持和恢复生理平衡状态所产生的渴求，它是先天的；心理上的需要是维持人们认知、情感和意识等方面平衡的产物，它是后天的。

旅游是一种超脱一般生理需要的高级行为，是社会发展到现代文明阶段的产物，因而旅游者寻求满足的需要应属于心理需要的范畴。只有在精神和物质方面提高到一定档次后，才能为人们创造出生活富裕、时间充裕和信息发达的旅游条件，旅游才能在人们的心理上成为一种追求的对象。当今社会对人们心理需要的影响表现为：首先，经济的发展为旅游者提供了富余的时间和消费能力；其次，社会的发展提高了人们的心理需要层次，从而激发了人们参与补偿"那些未能满足需要而造成心理失衡"的行为；最后，教育的发展，开阔了人们的视野，增长了人们的知识，改变了人们的世界观和价值观，使得人们对高层次需要的欲望上升到惊人的程度。这样旅游的价值便随着人们对美好的、情感的、自由的追求，进入到人们内心的价值体系。

马斯洛的"人类需要层次理论"认为：人的需要是有层次之分的，由低向高递进发展，只有当其较低层次的需要得到满足之后，才会产生高层次的需要。人的五个层次需要依次是：①生理需要，如吃喝拉撒睡；②安全需要，如人身安全、财产安全、信息安全；③社会需要，如亲情、爱情、友情；④受人尊重的需要，如别人能够站在你的角度考虑问题；⑤自我实现的需要，例如，"各尽所能"即把自己的潜力发挥出来，"各得其所"即实现自己的理想抱负。

每个人在旅游活动中，五个层次的需要都有的。但在做出出游决策时，一个人不大可能为满足前三个低层次的需要而外出旅游，原因如下。第一，凡在经济上有能力外出旅游的人，其温饱等基本问题早已得到解决，所以不可能为满足生存需要而旅游。反之，为满足基本生存需要而"希望"外出旅行者也不会有足够的经济条件，即使他离开惯常环境，也只能是出于移民或就业目的，从而不再属于旅游范畴。第二，留守在自己的家乡比去任何其他地方更有安全感，所以为了安全需要而计划外出旅游的可能性也很小。第三，只有在生活和工作的长期接触中，人们才能真正相互了解和产生感情，在这一基础上，才能使一个人的地位在团体中得到承认，获得真正的爱和友谊，所以一个人不大可能为了社交的需要而外出旅游。对于马斯洛人类需要层次理论中的后两个较高层次的需要，的确可以用来解释某些旅游者的出游动机。有些人之所以外出旅游，与满足受人尊重的需要和自我实现的需要有着较大的联系。例如，有些欧美学者的调查结果表明，到外国名胜古迹地区旅游的经历，常为人们所羡慕和追求，因而进行这种旅游有助于满足受人尊重的需要。有些人可能为了从事某项事业或取得某项成就而外出旅游，例如有人为了某项科学研究的需要而外出考察；有的外国人来华旅游是为了完成自己有关中国的著述而前来实地考察、学习和搜集素材；有的人则可能为了就某一主题而完成一部影集前去某地访问；有的人是为了显示自己的勇气和能力而前往那些人迹罕至的地方探险……所有这些，都反映出其旅游动机是为了满足自己受人尊重或自我实现的需要。

要回答人们的出游动机是为了满足何种需要的问题，我们有必要回顾一下旅行和旅游的发展历史。在远古时期，人们只有在自然灾害或战争等严酷情况的逼迫下,不得已才离乡出走。15—17世纪200多年时间里,欧洲人外出旅游主要是为了温泉和海水。而现代人对生活环境的依附则比较松散,这同社会和经济的发展水平有着密不可分的联系。在现代社会中,人们比较喜欢适时地、短期地改换一下自己的生活环境,并且对惯常环境之外的事物、风光、习俗、文化等感兴趣。人们之所以对异国他乡的这些事物感兴趣,是因为这些事物有新、奇、异、美、特之处。这样逐渐在社会中生成一种新的价值观念,即喜欢、体验、探索、效仿、追捧和赞赏"探新求异"行为。随着教育的发展和信息技术的不断进步,人们对自己惯常环境以外地区或国家的了解有所增加,这就导致了人们更加希望离开惯常环境到其他地方看一看、走一走,因为光靠阅读书报或听人介绍等间接手段来了解和想象外部世界,是不能满足人们的好奇心和想象力的,他们需要亲自去看一看和亲身体验一下他乡的新、奇、异、美、特之处。大众旅游的实践证明,相当数量旅游者的出游动机都包含着"探新求异""见多识广"的需要,或者说满足自己好奇心、想象力和探索新事物的需要。

除了探新求异这种积极的需要之外,还有一种消极的需要,即逃避现实的需要。在现代社会中,特别是在那些高度城市化和工业化的社会中,人们的生活千篇一律,如同例行公事,程序化而缺乏趣味。此外,在充满竞争和追求效率的驱使下,人们生活节奏不断加快,甚至到了几乎让人难以忍受的地步。生活上的这种僵化和快速节奏,使人在精神上产生紧张和厌倦,于是人们千方百计地逃避现实,产生调剂生活的要求。而就逃避现实的形式而论,外出旅游比任何其他消遣方式都更有效,因为随着环境的改变,人们不再承受居家时的各种角色和行为的羁绊,加上新奇事物给人带来的刺激,故而能有效地休闲放松、舒缓压力。随着旅游活动的日渐普及,越来越多的人承认,旅游是从喧嚣和紧张的日常生活中解脱出来的一种有效手段。

二、旅游动机的类型

动机是鼓励和引导一个人为实现某一目标而行动的内在力量。即"你想去做某事的内心的冲动"。人之所以会采取某种特定的行为,是由其动机所决定的。一个人愿不愿意从事某项工作,干劲是大还是小,完全取决于他是否具有进行这项工作的动机及动机的强弱。形成动机的条件:①内在的需要欲望,只有当人的需要达到一定的强度时,动机才会形成;②外部的诱导刺激,例如,一个人肚子并不饿,但有时还是会到饭店用餐,这是因为外部的诱导刺激,如吃饭时间到了。

旅游需要旨在解释人们为什么外出旅游,这些精神需要可用各种不同的具体需要的类型反映出来。例如,这类具体需要可能是为了扩大视野;是为了探索一下这个世界;是为了接触和了解异国他乡的人民;是为了探亲访友;是为了休闲放松、舒缓压力;是为了拜谒祖先的故土;是为了躲避令人生厌的事物,等等。然而,由于受国家、民族、职业、年龄、性别和文化程度等因素的影响,人们的具体需要类型多有不同,从而导致人们的旅游动机也多种多样。例如美国学者约翰·托马斯曾提出促使人们外出旅游的18种动机。美国著名的旅游学教授罗伯特·麦金托什（Robert W. McIntosh）提出,由这些具体需要而导致的旅游动机可划分为四种基本类型:

1. 身体方面的动机

身体方面的动机包括休闲度假、森林康养、体育活动、海滩消遣、娱乐活动等与养生有关的活动;还包括"遵医嘱"进行异地医疗,泡温泉矿泉,做中医保健、做身体检查等与医疗有关的活动。属于这方面的动机有一个共同点,即都是通过与身体有关的活动来缓解紧张。长时期的工作压力、城市环境的喧嚣、快节奏生活的紧张、各种日常事务应付的繁琐等,不仅造成人们身体的疲劳,而且会造成人们精神上的压抑和心理上的紧张,这既有损人们的身心健康,也不利于工作。因此,人们为了解除身体疲劳、精神疲惫和心理压力,摆脱"亚健康"状态,产生了旅游动机,希望到异域的宽松环境中去开展与身体保健有关的活动来休闲放松、舒缓压力。

2. 文化方面的动机

文化方面的动机的特点是,希望了解异国他乡的情况,包括了解音乐、艺术、民俗、建筑、舞蹈、绘画及宗教等。出于这种动机而开展的旅游活动通常被称为文化旅游。国外也有人把出于这种动机的外出旅游活动称为"软探险"旅游。

3. 人际方面的动机

人际方面的动机是人们出于满足自己的社会交往需要,渴望与某些异域人群接触,而产生的一种旅游动机类型,包括希望深入他乡接触民众、探亲访友、逃避惯常的微社会环境、结识新朋友等。

4.地位和声望方面的动机

地位和声望方面的动机主要是为了满足个人成就和个人发展的需要。属于这类动机的旅游包括事务、会议、考察调研、追求业余癖好、研学旅行等类型的旅游活动。旅游者可实现自己被人承认、引人注意、受人赏识、获得见多识广的"好名声"等愿望。

除了麦金托什提出的上述四种基本类型的动机之外，还可以附加一个"旅游购物"的动机。例如，日本女子的婚前出国旅游，主要动机就是为了采购嫁妆。针对这类旅游购物动机的存在，长期以来中国香港作为国际旅游目的地所树立的形象之一便是"购物天堂"。

事实上，人们外出旅游很少出于单一的动机。因为旅游是一种综合的象征性行为，可满足人们的多种需要，所以人们在作出"出游决策"时，除持有某一主要方面的动机外，往往还涉及其他一些次要方面的动机。例如"吃、住、行、游、购、娱""商、养、学、闲、情、奇"这两个"六要素"还不够，有必要增加"厕"和"文"，拓展为两个"七要素"，就是："吃、住、行、游、购、娱、厕""文、商、养、学、闲、情、奇"。因此，旅游七要素包括餐饮、厕所、住宿、交通、游览、购物、娱乐；新旅游七要素包括：文化、商务、养生、研学、休闲、情感、探奇。

三、影响旅游动机的因素

在影响旅游动机的个人因素中，一个人的个性心理因素起着首要的作用。有些学者对人们的个性心理因素进行分类，划分为不同的心理类型，并提出不少划分模式，借以研究不同心理类型对旅游动机以及对旅游目的地选择的影响，其中较有代表性的是美国学者斯坦利·普洛格（Stanley Plog）提出的心理类型模式。普洛格以数千美国人为调查样本，对他们的个性心理特点及其与旅游目的地选择之间的关系进行了详细的研究。他根据人们所反映出来的个性心理特点，将其划分为五种不同的心理类型模式，如图2-2所示。

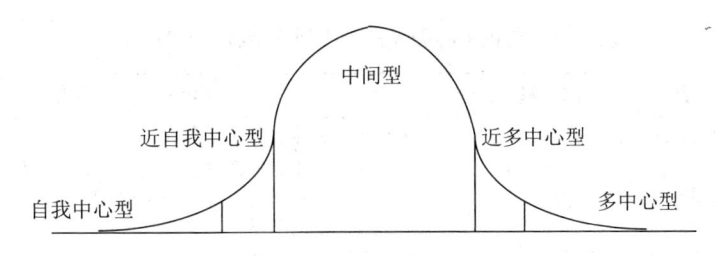

```
            中间型
   近自我中心型      近多中心型
自我中心型                多中心型
```

图 2-2　普洛格的游客心理类型模式

这五种心理类型分别称之为自我中心型（psycho-centric）、近自我中心型（near psycho-centric）、中间型（mid-centric）、近多中心型（near allo-centric）和多中心型（allo-centric）。①心理类型属于自我中心型的人，其特点是思想上谨小慎微，多忧多虑，不爱冒险。行为上表现为喜安逸，好轻松，活动量小，喜欢熟悉的气氛和活动。因此他们在外出旅游时，往往倾向于选择那些传统的旅游热点地区。②同自我中心型相反，处在另一个极端的心理类型是多中心型。属于这一心理类型的人其特点是思想开朗、兴趣广泛、创新求变。行为上表现为喜新奇，好冒险，活动量大，不愿随大流，喜欢与不同文化背景的人打交道。因此他们在外出旅游时，往往倾向于选择那些距离遥远、文化差异大的陌生环境，特别是不愿意"随大流"去那些脍炙人口的旅游热点。他们虽然也需要旅游业提供某些最基本的旅游服务如交通和住宿等，但更倾向于有较大的自主性和灵活性，并且有些人甚至会尽量不使用或少使用旅游企业的服务。③除了这两个极端类型之外，中间型属于表现特点不明显的混合型，这种心理类型的旅游者对目的地的选择通常没有什么苛求，但一般都避免选择传统的旅游热点或风险很大的未开发地区。④近自我中心型和近多中心型则分别属于两个极端类型与中间型之间略倾向于各极端的过渡类型。自我中心型和多中心型旅游者的行为特点如表 2-2 所示。

表 2-2　自我中心型和多中心型旅游者的行为特点

自我中心型（依赖型）	多中心型（冒险型）
1. 希望游览地是熟悉的环境	1. 希望去稀奇古怪的地方
2. 喜欢常规的旅游项目	2. 热衷于捷足先登，有新发现、新经历
3. 向往阳光和海水，浪漫气氛	3. 追求冒险和探索，情节紧张
4. 活动量要小	4. 活动量要大
5. 驾汽车前往目的地	5. 乘飞机到达异乡
6. 要求旅游设施齐备	6. 适当的条件就行
7. 寻找熟悉的气氛、老朋友	7. 喜欢结交新朋友
8. 旅游活动要有严密的计划	8. 只希望有个基本安排，给更多自主性

这一模型显示，中间型心理类型的人占绝大多数，而自我中心型和多中心型这两个极端心理类型的人数所占的比例很小，即符合所谓"中间大、两头小"的正态分布。此外，在这个心理类型"连续统"上，一个人的心理类型距离"多中心型"越近，其外出旅游的可能性就越大。值得注意的是，由于人们的心理类型不尽相同，所以对旅游目的地、旅行方式等方面的选择不可避免地会受到其所属心理类型的影响。一个人的心理类型距离"多中心型"越近，其所选旅游目的地的陌生性和冒险性也就越大。所以，心理类型为多中心型的旅游者往往是新旅游地的发现者和首访者，是旅游者大军的"先遣队"。随着他们的来访及随后的宣传介绍，其他心理类型的旅游者陆续随后跟进，使该新旅游地逐渐形成旅游热点。然而与此同时，多中心型心理类型的旅游者逐渐失去对该地的兴趣，转而另寻他处。

除了个人心理类型之外，影响旅游动机形成的个人方面因素还包括：

1. 文化水平与受教育程度

文化水平通常与一个人所受教育的程度有关。教育程度在很大程度上影响着一个人的知识水平和对外界信息的了解与兴趣，从而会影响人们的需要和动机。这主要是因为：一方面，文化知识的提高有助于增加对外界事物的了解，从而易于诱发对外界事物的兴趣、好奇心和想象力；另一方面，文化知识的增多有助于克服对异国他乡陌生环境的心理恐惧感。

2. 年龄

年龄对旅游动机的影响主要是出于两个方面。一是年龄的不同往往决定了人们所处的家庭生命周期阶段不尽相同，从而制约着人们的需要和动机。以青年已婚的双职工家庭为例，夫妻二人虽然具备外出旅游的条件和意愿，但由于家中有婴幼儿的拖累，因而仍会决定不外出旅游。这一点已为大量的旅游调查资料所证明。二是年龄的不同往往会形成人们体力差异，从而也会制约人们的旅游动机。例如，有些老年人在心理类型上虽属多中心型，但由于身体条件的制约，仍会决定不参与冒险性较大的旅游活动，甚至会决定不外出旅行。

3. 性别

性别本身不会对旅游动机产生影响。性别差异对需要、对动机、对行为的影响主要是出于两个方面的原因：第一，性别差异意味着男女生理特点（如体力）的不同；第二，性别差异导致了男女在家庭中扮演角色的不同。很多旅游调查结果表明，在外出旅游者中，男性旅游者多于女性旅游者，而且探险性旅游活动的参加者更是男性居多，其根本原因就在于此，而不是在于性别本身。

4. 微社会环境

微社会环境是指一个人在日常生活和工作中所经常接触的人际环境或人群，例如经常接触的家人、亲友、同学、同事、街坊邻居等人群。这一因素的作用也会影响个人的出游动机。例如，一个原本不打算外出旅游的人，在朋友的口碑宣传下也可能改变主意而外出旅游。再如，一个属于自我中心型心理类型的人原本不愿或不敢去遥远且陌生的某地旅游，但是在有亲友陪同的情况下，也会壮胆前往。

实际上，影响旅游动机的其他因素还有很多。需要注意的是，上述对每一因素的介绍，都是在假定不考虑其他因素起作用的情况下进行的，而事实上，这些因素都是在综合地发挥作用，共同影响着一个人的出游动机。

认识旅游者的必备条件具有十分重要的意义。一个人只有同时具备了旅游的客观条件和主观条件才能成为旅游者。从另一角度讲，所有这些因素都可成为能否实现旅游活动的障碍因素，只有这些障碍因素全部克服后，才能真正外出旅游。在上述全部因素中，客观条件是外在保障，主观因素才是根本内因，外因通过内因而起作用。当然，主观因素有时也受客观因素的制约。全面认识这些因素，对于收入、时间、身体、家庭拖累等障碍因素，旅游企业是很难帮助人们克服的，除非不顾及企业经济效益。因而旅游企业在选择目标市场时，必须重视和考虑这些因素。对于旅游动机，旅游企业则可采取主动行为，利用各种宣传促销手段，激发和鼓励人们对旅游的兴趣，促使其产生旅游动机。把外在的激励手段和人的内在需要相结合，是调动人的积极性的关键。

第五节 旅游者类型及其需求特点

同旅游活动的类型划分一样，人们对旅游者类型的划分也无统一的标准。由于研究角度和研究目的不同，人们采用的划分标准难免会有差异，因而划分出来的旅游者类型自然会不尽相同。重要的是，对旅游者类型无论作何种划分，都只是手段，都是为一定的研究目的或工作目的服务的。

一、世界旅游组织对旅行者（Travelers）的分类

世界旅游组织首先将全部旅行者分为两大部分：一部分是应纳入旅游统计的旅行者，另一部分是不能纳入旅游统计的旅行者。

不能纳入旅游统计的旅行者包括：边民过境上班者、游牧民、停留时间不足24小时的中转过境旅客、难民、往来于本国与就任地之间的军人（包括家属和随从人员）、往来于本国与就任地之间的领事代表、往来于本国与就任地之间的外交人员、临时移民、永久移民。

纳入旅游统计的旅行者通称为游客（Visitors）。游客分为两类：一类是旅游者（Tourist），即在访问目的地至少过夜一次的游客，其中包括外国人、本国海外侨民以及在访问地旅馆过夜的外国航空机组人员和外国船员；另一类是短程游览者（Excursionist），即在访问目的地不过夜的游客，其中包括临时到岸访问的邮轮乘客，当日往返的游客，以及在访问地不过夜的外国航空机组人员、外国船员及列车乘务人员。

根据1963年联合国罗马国际旅游会议，无论对哪种类型的游客，按其主要访问目的分为以下类型：①度假；②商务；③医疗保健；④访学；⑤公务会议；⑥家庭事务，即探亲访友；⑦宗教；⑧体育活动；⑨其他。

二、不同类型旅游者的需求特点

1. 消遣型旅游者

这是以"自我利益"为动力机制的旅游者，消遣型旅游者的特点是：

（1）在全部外出旅游人数中所占的比例最大。由我国旅游部门接待的来华

游客绝大多数是消遣型旅游者，而其他部门（包括中央各部委、群众团体及其他企事业单位）接待的来华客人大都为差旅型旅游者。从历年《中国旅游年鉴》公布的数字可以看出，在全国有组织接待的旅游者中，消遣型旅游者所占的比重远远大于差旅型旅游者。就整个世界旅游而言，消遣型旅游者在全部旅游者中所占的比重更大。

（2）他们外出旅游的季节性很强。除退休者外，所有在职人员几乎都是利用带薪假期时间外出旅游。此外，旅游目的地气候因素也是助长消遣型旅游者季节性到访的重要因素，如海南省在每年的4—10月是旅游的淡季，而每年10月至第二年的4月是旅游旺季，这都是由气候原因导致的。如果按候（气候学定5天为一候，全年分为73候）平均气温低于10℃为冬季，高于22℃为夏季划分，海南岛没有真正的冬季，秋去春至，夏去秋来。在盛夏，除了中午短暂时间稍微炎热外，早上和晚上都吹着海风，非常凉爽；严冬，北方冰冻，雪花飘飘，而海南岛春意盎然，绿遍琼州。这种独特的气候条件使得海南成为全国罕见的避寒休闲度假胜地。

（3）消遣型旅游者在对旅游目的地的选择以及对出发时间的选择方面，拥有较大程度的选择自由。例如，如果某个旅游目的地的不安全因素增加、旅游产品质量下降或者提价过高，旅游者便会临时改变计划，另选他处。此外，在出发时间上，由于消遣型旅游者（尤其是散客）受时间限制并不严格，所以有些人在外出旅游时宁肯花点时间等候"飞机起飞前的廉价剩余机票"；如果遇到天气变化，则可能改变出发时间。

（4）消遣型旅游者在旅游目的地的停留时间一般较长。例如，这类旅游者来华旅游时，很少只游览一个城市，总是去各地走走；即使主要逗留于某一旅游胜地，由于休闲度假的原因，其停留时间仍会较长。

（5）由于自费的缘故，消遣型旅游者大都对价格较为敏感。如果他认为某旅游目的地旅游产品价格过于昂贵，则会拒绝前往而另选他处。如果航空票价太高，他则会改选其他旅行方式。此外，由于自费的影响，消遣型旅游者更关心货真价实，钱花得值。所以，一个旅游目的地的服务质量和产品定价出现问题，都会自动将顾客推给自己的竞争对手。

2. 差旅型旅游者

这是以"命令"为动力机制的旅游者。在当代经济活动中，任何一个国家，无论它的面积大小和发达程度如何，如果不开展国际经济、技术和文化方面的交流与合作，在闭关自守的情况下，要追赶国际先进水平几乎是不可能的。正因为如此，随着各国经济、科技和文化的发展，国际贸易持续增长，各国之间在经济、技术和文化方面的交流也日益频繁，这些都导致了国际及地区间人员交往数量的增加。自我国改革开放以来，每年前来我国办理工商贸易事务及参加各种会议的国际人士不断增加，已构成我国旅游业不可忽视的重要市场。差旅型旅游者除了在基本旅游动机方面不同于消遣型旅游者外，还有以下特点：

（1）他们在人数上虽然相对较少，但在出行次数上较为频繁。这是差旅型旅游者为很多旅游企业所重视的主要原因。例如，就全球航空客运市场而言，差旅型旅游者所占的比重高达50%；在全球饭店业所接待的客人中，差旅型旅游者也占有相当高的比例，特别是在高星级饭店中，差旅型旅游者所占的比例更是高达60%。

（2）在对旅游服务的要求方面，他们较强调舒适和方便，因而消费较高。例如，为了旅行方便，他们宁可多花钱，也不会去购买附有限制条件的廉价机票；为了舒适和方便，同时也是为了展示本公司的形象，他们通常都选择入住高档住宿设施。

（3）由于他们的出行是出于工作业务的需要，因而不受季节的影响。

（4）他们对目的地的选择性较小或者根本没有选择余地，在出发时间方面也没有多少选择自由。由于受抵达时间的限制，他们甚至没有任意选择旅行方式的自由。

（5）他们外出任务的性质，决定了他们的停留时间受计划影响。

（6）他们在价格方面不太敏感。一是因为他们外出并非自费，二是由于他们没有选择或更改目的地的自由。只要业务需要，即使目的地的旅游产品价格有较大幅度的上升，他们仍会前往。当然，如果该目的地的旅游产品价格上涨幅度过大，超过了其所属组织愿意承担的额度，则该次差旅可能会取消。但即使如此，他们也不会转而改去其他目的地。

上面所述只是大多数差旅型旅游者特别是商务旅游者的一般特点。至于差旅型旅游者中的某些亚类，如会议旅游者，可能还有另外的特点，例如会议旅游对举办地点的选择是由组织者参照各地的会议场所、设施、价格、社会影响、历史沿革等方面的情况决定的，因而各旅游目的地在会议旅游市场方面存在激烈的竞争。

3. 家庭及个人事务型旅游者

这是以"爱"为动力机制的旅游者。家庭及个人事务型旅游者的需求特点比较复杂，他们在需求方面不同于前两类旅游者，但又兼有前两类旅游者的某些特点。

（1）在出游时间方面，虽然有不少人利用带薪假期探亲访友，但是相当多的人都选择传统节假日外出探亲，而各国传统节假日又不尽一致。

（2）很多家庭及个人事务，如出席婚礼、参加葬礼、参加开学典礼等日程安排限制较紧，因此，总的来讲，这类人员的出行季节性较弱。就此而言，他们有类似于差旅型旅游者的特点。

（3）就对价格的敏感程度而言，他们又与消遣型旅游者的需求特点相似。

（4）在对旅游目的地的选择方面，他们又与差旅型旅游者相同，没有选择目的地的自由。所以，对这类旅游者的需求特点只能根据具体情况具体分析，不能一概而论。

■ 思考与习题

1. 旅游者活动的基本矛盾是什么？
2. 什么叫国际旅游者、国内旅游者？如何分类？
3. 决定个人旅游需求的客观因素有哪些？
4. 旅游动机的类型有哪些？
5. 自我中心型和多中心型旅游者的行为特点有什么不同？
6. 消遣型旅游者、差旅型旅游者、家庭及个人事务型旅游者的需求特点各有哪些？

思考与习题答案

第三章　旅游产业

托马斯·戴维森认为，把旅游说成是产业，是因为：获得尊重的需要；建立一个编制、分析、出版旅游数据的健全框架的需要；某些"旅游圈"内的人士对其自我名分设计的需要。他认为，旅游是一种社会现象，而不是一种生产活动；所有旅行者和旅游者为任何目的所花费的总和，而不是某些选定的相似企业群的收入，即"支出推动"型现象，而非"收入推动"型现象；一种经历或过程，不是一个产品，一个极其不同的经历。把旅游当作产业对待的消极后果是：(1) 对旅游产业地位的疑惑，不利于坚持旅游重要性的争辩，不利于旅游发展所应有的支持水平；(2) 试图把传统的测量和分析方法应用到旅游研究中去，但是传统的方法并非行之有效，如在计算旅游收支与交叉弹性时；(3) 在赢得公共资金支持方面处于不利局面，因为公共资金应该是为整个社会服务的，而旅游产业是由寻求自身利益的单个企业组成的。

撇开学术上的争论，大多数人都认为，旅游业是一个产业，而且旅游业是世界上最大的产业，是就业人数最多的产业。旅游卫星账户的编制就证明了这一点。现代旅游业从第二次世界大战结束后开始兴起，到1992年，经过国际众多专家的研究和评估，已经超越了钢铁、石油、汽车等传统大产业，成为世界第一大产业。经济越发展，旅游业就会以更快的速度超前发展，这已经成为规律性的现象，所以旅游业被称为"朝阳产业""永不衰落的朝阳"。

第一节 旅游产业活动的根本动力

一、旅游产业活动的基本矛盾

旅游产业活动是指旅游经营者通过向旅游者提供各种产品和服务获得最大的经济效益。如果没有旅游产业活动，旅游活动是很难普及和大众化的。1845年后开始出现旅游产业活动，特别是1960年大众旅游的兴起，对应旅游活动的诸要素出现了诸旅游行业/企业，如旅行社、旅游餐饮、旅游厕所、旅游住宿、旅游交通、旅游景区、旅游购物、旅游娱乐，它们分别满足旅游者日程安排中某一时段的服务需求。

旅游产业活动的基本矛盾在于旅游经历"占有的私人性"和"生产的社会性"之间的矛盾。换言之，旅游者需求一次完整的旅游经历（含跨区域跨行业跨部门的数量有限、种类繁多的、为旅游者活动全过程提供服务的"最终产品"），与各旅游接待单位一般只供给旅游者日程安排中某一时段的需求（含大规模的、种类有限的、一个片段时间内的"中间产品"）之间的矛盾。由此衍生了其他一些矛盾，如旅游服务诸行业发展不平衡即"长腿"与"短腿"的矛盾，提供体验、转型与提供服务之间的矛盾等。

二、旅游产业活动的基本矛盾在现实中的表现

1. 旅游产业活动的起源

旅游产业史或旅游经济史起源于1841年托马斯·库克组织的旅行代办业务，这次业务首次向旅游者提供了高质量的完整旅游经历。1845年"托马斯·库克旅行社"的问世标志了近代旅游业的产生，因为首次出现了旅游系统（系统至少由两个要素构成）。托马斯·库克因而被人称为"旅行社之父""旅游业的先驱"。利克里什（2002）认为，旅游业的先驱托马斯·库克独一无二的贡献有两个：其一，他组织了旅游的全过程——运输、住宿和活动；其二，在一个想要去的新目的地所获得的"满足感"，即真正的旅游产品。旅游从一种必要的但绝非充满乐趣的活动（一种教育、一项艰巨的任务），变成了一种

休闲和娱乐，变成了一种新的"度假"观念。

2. 旅游核心性产品视角的总体旅游产品与旅游要素产品

从需求方角度看，总体旅游产品中的"核心性产品"是指，旅游者花费一定的时间、费用和精力所获得的完整旅游经历。在调查统计中，通常以"旅游者人次数"表示旅游产品数量。从供给方角度看，总体旅游产品包括核心性产品、便利性产品、支持性产品、扩展性产品和营销信息产品五个层次。按供给主体可分为两个部分：一是旅游产业供给部分，是指旅游经营者为了满足旅游者活动在全过程中的各种需求，而向旅游市场提供的各种经济价值提供物组合。它是由旅游要素产品构成的"混合物"，其凭借物（即便利性产品）包括提供旅游活动所需要的旅游资源、旅游设施、旅游服务、可进入性、旅游购物品以及各种方便条件。二是非旅游企业供给部分，包括需要付费的（如旅游者在"自由活动时间"到目的地商业一条街购买的商品或服务等），免费的（如旅游者体验异地的气候条件、自然风光、动植物、市容市貌、免费公园、当地民风民俗等），由旅游者自己生产的（如在一次完整的旅游活动中，游客尤其是自助游客承担了部分"设计、组合、生产"旅游日程产品的功能）。因此，旅游产业供给的产品总和只是总体旅游产品的一部分。从旅游核心性产品角度看，总体旅游产品、旅游者购买的商品、旅游业供给的商品三者之间的关系如图3-1表示。

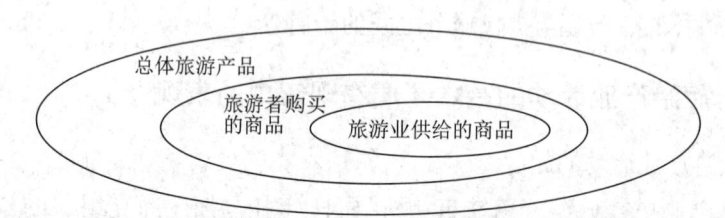

图3-1 核心性产品视角的旅游产品、旅游者购买的商品、旅游业供给的商品

3. 我国对旅游业的统计和归类

在我国1997年的价值型投入产出表中，"旅游业"仅仅包括"经营旅游业务的各类旅行社和旅游公司的活动"，是范围最小的狭义旅游业的概念。刘益（2006）根据我国国民经济部门分类标准和旅游抽样调查统计口径，将广义旅游业范围界定为：商业的一部分（游客的购物消费）；饮食业的一部分（游客

的饮食消费）；旅客运输业的一部分（游客的交通消费）；邮电通信业的一部分（游客的邮电通信消费）；社会服务业的一部分（包括景区游览、住宿、旅行社业务、娱乐等旅游消费）。这5个部门都属于我国40个部门投入产出表中的单列部门，在投入产出表中将各部门中属于旅游消费的部分剥离，再汇总后归并为一个新的部门即广义旅游业。

4. 旅游产业活动的表现特质

旅游业是兼具经济功能与社会功能，集传统与现代，生产性与生活性，劳动密集型与资金、知识密集型等特征于一体，具有明显比较优势的服务业。旅游卫星账户的编制让人们认识到，旅游活动的实现过程表现出对其他经济活动的强烈依赖性或带动性，旅游的经济影响呈"网状分布"和"强关联"特点，并可以捕捉到旅游产业的两大特点：

一是旅游并非仅指传统意义上的观光、休闲活动，还包括商务、会议等各类出访活动，旅游产业有着更丰富的内涵和广泛的外延，只要是为旅游者外出活动提供服务的行业均可归于旅游产业，即旅游产业是一个区别于传统产业的"泛产业"。

二是旅游产业的动态性，由于旅游者在不同时期所进行的旅游活动在需求上是有差异的，其选择的服务性企业也会发生相应的变化，换言之，组成旅游产业的相关企业是动态变化的，旅游产业是一个随着旅游者需求变化而不断更新的产业。

王慧敏（2007）据此提出旅游产业是一个与时俱进的"无边界产业"：从产业资源的供给看，旅游产业的边界可以无限延伸；从产业发展的时空维度看，旅游需求的动态性和旅游供给的区域特色导致旅游产业边界的不确定性；从产业发展的驱动要素看，旅游产业的发展已经进入软要素主导阶段。

三、旅游产业活动子系统的根本性质

旅游业作为一项产业，其根本目的在于通过对旅游的推动、促进和提供便利服务来获取收入。旅游业从根本上说是一项经济性产业。

第二节 我国旅游产业链管理的现状[①]

一、团体包价旅游的业务流程剖析

刘人怀和袁国宏（2007）对我国团体包价旅游的业务流程进行剖析，发现其"资金流"存在公平的和隐蔽的两条路径，较以往研究更深入地揭示了我国团体包价旅游低价甚至"零负团费"运营的秘密。作者认为，这种奇异现象与我国最初以入境旅游者为接待对象有关，它是一种路径依赖现象。我国团体包价旅游的业务流程如图3-2所示，箭线的方向表示资金流动的方向，箭头的粗细表示资金流动的大小；实心线表示资金沿单一渠道流动，该渠道的资金流动是公开的、透明的、有据可查的，是企业向国家缴纳税收的依据；空心线表示资金沿多个渠道流动，该渠道的资金流动是隐蔽的、私下的、暗箱操作的，没有进入企业纳税范围。

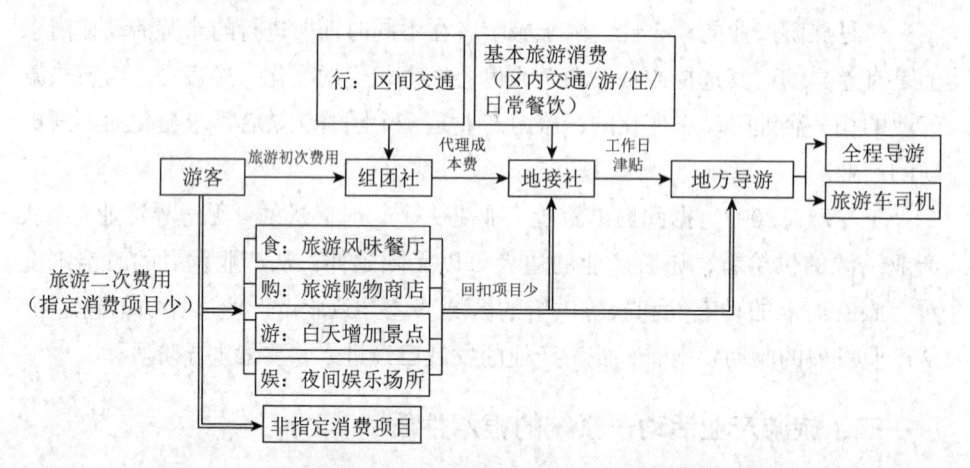

图 3-2 我国团体包价旅游的业务流程（以低价团费为例）

在这种模式中，客源地组团社付给目的地地接社的只是游客的基本旅游

[①] 资料来源：刘人怀，袁国宏. 旅游业零负团费的运行机制及危害性探析 [J]. 商业时代，2007（25）：87-88.

费用，如基本景点费、日常餐饮费（俗称"吃饭费用"）、住宿费、区内交通费；地接社的运营费用以组团社所付团费为主，购物、自费活动佣金和导游人头费为辅；地接社和导游的"回扣"项目少。"旅游初次费用"表示游客在出游前上交给客源地组团社的费用，"旅游二次费用"表示游客在旅途中所发生的、付给旅游服务供应商（即旅游接待单位）的费用，通常是购物和自费项目。

"旅游风味餐厅"指为游客提供当地特色菜的餐厅，品尝"风味餐"的费用通常不包括在团费之中，如游客自费品尝海南的海鲜、云南的野生菌、杭州的十大名菜、北京的烤鸭等。

"旅游购物商店"特指考虑到目标游客的时间—空间预算，根据可预测的旅行线路，"见缝插针"地创造、插入的购物机会，通常位于交通干线旁（如海南中线高速公路旁的"京润珍珠馆"、杭州赴上海途中的"杭白菊"商店）、风景区内（如杭州西湖风景区内的宝树堂制药有限公司、无锡太湖珍珠馆），有时甚至位于土特产品生产地（如苏州针织工厂、杭州梅家坞茶场），通常布置有专为游客准备的产品加工流水线、工艺作坊、曲艺节目等"舞台"背景，完全依赖导游和旅游车司机为其提供顾客来源（散客很难找到），因其所处地理位置的独特性、销售商品的特色性和顾客群的异地性而享有"飞行购物"之称。

"白天增加景点"，指地方导游、旅游车司机和全程导游为了向游客收取费用或从自费景点处拿取高额回扣，鼓动旅游者自费参观一些景点，如海南的"野人谷""黑人谷""民俗村"等，华东五市旅游线路上的"周庄""林屋洞"等。

"夜间娱乐场所"，指地方导游、旅游车司机和全程导游带领游客参观夜景或进自费娱乐点，如海南兴隆的"泰国人妖"表演、南京的夜游秦淮河、上海的夜游黄浦江、杭州的夜游西湖"阮公墩岛"等。

"非指定消费项目"，指游客在非指定场所消费，这些场所通常不给导游回扣，有时甚至要向旅游车司机收停车费，如游客在上海的"八佰伴"商厦或南京路购物等。

二、我国旅游价值链管理的障碍

欧美旅游运营商一般拥有航空公司、饭店、景点、交通工具、娱乐购物场所，良好的价值链节点衔接和利益一致性使得其价格优势无可比拟。我国旅游企业"小散弱差""各自为战"，旅游价值链建设滞后。

一是组织障碍方面。组织障碍是管理人员最难对付的障碍，它包括相互间不愿意分享信息，不愿意改变原有地位状态，以及对网络安全问题的顾虑。我国1.6万家旅行社2005年的经营收入总计1100多亿元人民币，而同年全球最大的旅游集团美国运通旅行社的营业收入高达290亿美元，相当于我国全国旅行社行业收入的两倍多。

二是文化和态度方面。价值链节点企业之间"缺乏信任"和"过于信任"都是不利的：当缺乏信任时，节点企业就不愿意分享信息、能力和生产过程；过多的信任容易导致窃取知识产权，以及担心当他们与内、外部成员达成合作以后无法掌握自己的命运。

三是能力要求方面。价值链上成员需要满足许多方面的能力要求，如良好的协调合作、整合满足供应商和客户的产品/服务、对于内外部成员的培训等，而这些能力都很难提高或达到。2006年中国国际旅游收入总额为339.49亿美元，其中长途交通所占份额为20.4%，游览占17.6%，住宿占10.3%，餐饮占3.0%，商品销售占4.1%，娱乐占30.1%，邮电通信占3.4%，市内交通占2.0%，其他服务占9.1%。

四是人员方面。没有组织成员坚定不移地承诺和履行，旅游价值链管理是不可能成功的。如果员工不愿意或拒绝变得灵活，组织便无法在环境发生变化后做出灵活的反应。实施价值链管理需要大量员工在时间和精力上的付出，而激励员工并非易事。此外，缺乏一些有经验的管理人员带领组织来实现价值链管理。

第三节 旅游中间产品转移价格的确定和旅游零负团费现象剖析[①]

一、问题的提出

2006年7月，海南省出台了下调省内多处旅游景区门票价格的方案，并向社会广泛征求意见。海南省物价局对外宣布82家景区的总体票价将降低32%，一旦海南各景区门票价格调低，自助游客就无须再被动接受虚高的门票价格。此外，对很多将景区门票剥离在旅游报价之外的"超低价"旅游团来说，由于本来很多景区门票都是自理的，景区门票降价，自然也会降低他们的出游费用。为防止商业贿赂，这次定价不再设立佣金提取比例，而用团队购票优惠幅度代替。对景观类和民俗风情类门票，团队购票优惠幅度在30%以内；特种旅游项目类门票，团队购票优惠幅度在40%以内。

零负团费经营是指旅行社以低于行业平均成本价格组接旅游团队，行程开始后，地方导游和旅游车司机依靠购物、自费项目等方式，巧妙地从游客手中不断收取其他费用，来填平"买"团所亏负的费用。从2006年6—12月，海南采取9大措施从根源上铲除零负团费经营方式，其中前2条措施涉及旅游价格的确定问题。第一，统一零负团费认定标准。根据有关法律法规，综合海南旅游实际和行业惯例，由省物价、旅游部门牵头研究确定零负团费的认定标准，原则上确定为等于或低于旅游产品的行业平均成本价格。第二，规范旅游要素价格。要求制定旅行社价格行为规则，公布旅行社组接团成本信息的合理价格水平信息，制定旅游线路参考价格；完善旅游饭店、旅游车船客运政府指导价标准并向社会公布；完善旅游景区（含特种旅游项目）门票分级定价标准并向社会公布；制定旅游团队餐饮价格参考标准并向社会公布。

在旅游接待系统中，纵向联合是大势所趋。所谓纵向联合，是指旅游产品的生产过程包括不止一个阶段，如果中间产品的价格定得不正确，会影响旅游

[①] 资料来源：刘人怀，袁国宏. 旅游中间产品转移价格的确定[J]. 经济问题探索，2007（11）：107–111.

集团总公司的总利润，特别是如果每个分部的决策者都企图使本单位利润最大，旅游集团总公司的总利润就有可能减少。因此，中间产品价格的确定应使旅游集团总公司的总利润最大，而不是分部的利润最大，这是很重要的。这一目标将要求旅游集团高层管理当局参与旅游中间产品价格的确定。转移价格之所以重要的另一个原因是，它要用来考核各旅游分公司的经营成果，如果价格是随意决定的，很可能会对分公司的工作做出不公正的评价。

二、旅游产品的内涵与旅游产业组织结构

正如一个大学生经过四年的学习过程，获得的最终产品是"大学学历"和"学位品牌"，最终提高了自己的知识、能力和素质，获得了体验、转型及其物化（如文凭、校徽、教材、实用物等耐用品），但他必须由大学教育系统提供舞台。旅游产品（Tourist Product）就是一个人需要的最终产品，然而，这个"旅游产品"必须由旅游接待系统提供舞台，各旅游接待单位提供的产品是旅游中间产品，通常称为"旅游要素产品"。从旅游者角度定义的旅游产品，是指旅游者花费一定的时间、费用和精力所获得的目的地阅历。一个人从到达、逗留到离开旅游目的地的全部过程，获得的最终产品是"目的地阅历"和"到此一游称号"。"目的地阅历"就是一个人在旅游目的地所寻求/购买的可记忆、可回味、可持续的经济价值提供物，如体验、转型。纪念品、照片等是体验、转型的物化。旅游产品的生产与消费表现为一个时间过程，在国际旅游中，以"人次数"表示推销出的旅游产品数量。

旅游产业组织结构相当于"模拟分权制"。模拟分权制的特点是模拟事业部相对独立经营、独立核算的性能，以达到改善经营管理的目的。按生产阶段把产业分成许多"组织单元"，这些"组织单元"拥有较大的自主权，有自己的管理机构。各个"组织单元"之间按内部的"转移价格"进行产品交换并计算利润，进行模拟性的独立核算，从而促进各"组织单元"改善经营管理。

汽车公司、景区、饭店、餐馆、购物商店、演艺厅等旅游接待单位一般都自负盈亏，自主经营。转移价格是指旅游接待单位（前方）向旅行社（后方）转移中间产品时的价格。例如，一家大的旅游集团拥有旅游饭店、旅游购物商店和旅行社，饭店、购物商店除了向外部市场提供床位、商品外，还要向旅游集团内部销售。这里，旅游饭店、旅游购物商店向旅游集团内部销售床位、商

品的价格就是转移价格。

怎样确定转移价格？转移价格对于出售中间产品的部门来说，是它的收入；对于买入中间产品的部门来说，构成它的成本。转移价格定得高，前方（出售方）分公司的利润就会增加，后方（购买方）分公司的利润就会减少。如果定得低，情况又会倒过来。所以，转移价格的高低直接影响利润在各分公司之间的分配，如果定得不当就会使利润分配不公。但尤其重要的是，如果转移价格定得不当，由于每个分公司都按利润最大化原则进行决策，分公司的产量决策就会与旅游集团总公司（或旅游目的地接待系统）的最优决策发生矛盾，导致旅游集团总公司总利润最大化目标无法实现。所以，中间产品的转移价格应当由旅游集团总公司来定。它的制定是否正确，对于正确处理各公司与旅游集团总公司之间在经济利润和决策上的矛盾，调动各分公司的生产积极性，共同为实现旅游集团总公司总利润最大化目标而努力有重要意义。

三、无外部市场条件下旅游中间产品转移价格的确定

为了使分析简化，假定旅游集团总公司下属只有两个旅游接待单位：前方分公司 A（指代旅游汽车公司、景区、饭店、餐馆、购物商店、演艺厅等旅游组织单元，相当于制造分公司）和后方分公司 B（指代旅行社、旅游批发商等旅游组织单元，相当于销售分公司）。生产一件最终产品 F（即目的地阅历），正好需要一件中间产品。

在中间产品没有外部市场的情况下，即前方分公司生产的中间产品，全部供应给后方的分公司，后方分公司所需的中间产品，必须全部购自前方分公司。例如，有些中间产品，是前方分公司专为后方分公司定做的，后方分公司无法从外部购得，前方分公司也无法向外部出售，就属于这种情况。在旅游市场中，旅游购物商店就符合前方分公司必须具备的理想条件。

既然没有外部市场，也就不可能按市场价格来定价。那么，怎样定价呢？在这种情况下，首先是确定能使旅游集团总公司利润最大的产量和价格是多少。在图 3-3 中，D_F 和 MR_F 分别是最终产品的需求曲线和边际收入曲线，MC 是总公司生产最终产品的边际成本（$MC = MC_T + MC_F$）。使 $MR_F = MC$，就可得出总公司生产最终产品的最优价格 P_F，最优产量 Q_F。这里 Q_F 当然也是分公司 B 生产最终产品的数量，由于前面假定一件中间产品生产一件最终

产品，所以也应当是分公司 A 生产中间产品的数量。为了使分公司 A 根据利润最大化原则，愿意生产中间产品 Q_F，中间产品的价格就必须定在 Q_F 垂直线与 MC_T（中间产品的边际成本）曲线的交点上，即定在 P_T，此时 $P_T = MC_T$。由此可见，在无外部市场条件下，中间产品的最优产量应该按旅游集团总公司的最优产量来定，它的价格应该定在这个最优产量的边际成本上。

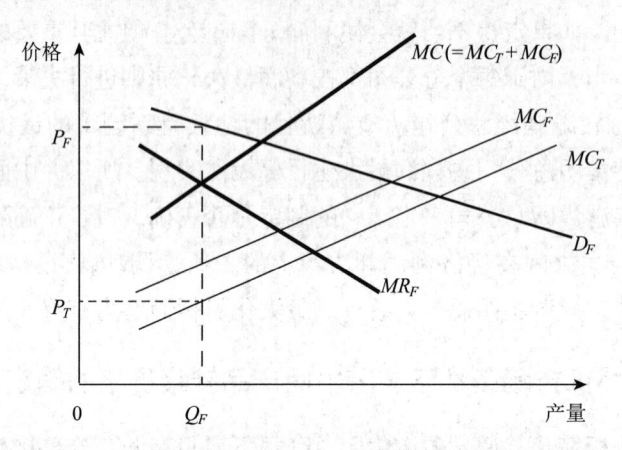

图 3-3　无外部市场时旅游中间产品的转移价格

在实际生活中，由于计算边际成本有一定困难，中间产品的价格也可以按单位变动成本近似求出。需要指出的是，按成本加利润的方法来定是不正确的（参见例 1）。

［例 1］假如某旅游集团总公司下面有两个各自负盈亏的分公司：旅游购物商店和旅行社。旅游购物商店生产中间产品 T，卖给旅行社组织来的团队游客（为了分析方便，这里假定地方导游、旅游车司机、全程导游、地接社是一个"利润中心"，合称为"旅行社"，地方导游是该"旅行社"的代理人）。这种中间产品无外部市场。旅游购物商店生产产品 T 的标准成本数据为：单位变动成本 4 元；单位固定成本 3.5 元；全部成本 7.5 元（4+3.5）。旅行社的标准成本为：变动销售成本 2 元（不包括产品 T 的转移价格）；固定销售成本 0.5 元。旅行社出售的最终产品 F 的销售价格（本节称之为"挂牌价"）为 11 元。问：旅游集团总公司应如何确定中间产品 T 的价格（本节称之为"协议价"）？

解：首先计算这一经营活动对旅游集团总公司是否有利。

销售价格		11.00
变动成本		6.00
其中：旅游购物商店	4.00	
旅行社	2.00	
旅游集团总公司贡献		5.00（元）

上面的计算表明，如果整个旅游集团总公司生产和销售产品 F，每件产品可得贡献 5 元，说明这一经营活动对整个公司是有利的。

假如旅游购物商店的中间产品按成本加利润定价，即把转移价格定为 9.75 元（7.50 + 7.50 × 30%），旅行社在这一经营活动中可得的贡献计算如下：

销售价格		11.00
变动成本		11.75
其中：旅行社变动成本	2.00	
转移价格	9.75	
旅行社贡献		−0.75（元）

上面的计算表明，如旅游购物商店的中间产品按成本加利润定价，旅行社的贡献将为负值，说明经营和销售产品 F 对旅行社不利。这样，旅行社的决策就会与旅游集团总公司的决策发生矛盾。但旅游购物商店的中间产品如按变动成本定价，这一矛盾就不再存在。

销售价格		11.00
变动成本		6.00
其中：旅行社变动成本	2.00	
转移价格	4.00	
旅行社的贡献		5.00（元）

上面的计算表明，旅游购物商店的中间产品按变动成本定价，旅行社的贡献（5 元）就会和旅游集团总公司的贡献（5 元）相等，这说明两者会作出一致的决策，即对旅游集团总公司有利的活动，一定对旅行社也有利。这是因为按变动成本定价，会使旅行社的全部变动成本恰好与整个公司的全部变动成本相等。

但在实际生活中，按变动成本定价也有一个问题，即会使旅游购物商店的收入不能弥补其全部成本支出[①]，这样，不仅由于固定成本得不到补偿，它的生产不可能持久，而且由于不能公平评价旅游购物商店的业绩，也会挫伤其生产积极性。

解决的办法是对中间产品实行双重定价的方法，即除了用变动成本定价外（目的是使旅行社的决策能与旅游集团总公司的决策保持一致），还要在各分公司之间合理分配利润的基础上来定价（目的是调动所有分公司的生产积极性）。

假定在本例中，旅游购物商店每年向旅行社提供中间产品1万件，旅行社每年销售最终产品也是1万件（由游客买走）。如按变动成本来确定中间产品价格，分公司和旅游集团总公司的成本、利润数据如表3-1所示。

表3-1 按变动成本确定中间产品价格时旅行社、旅游购物商店和旅游集团总公司的利润

单位：元

旅游购物商店		旅行社		旅游集团总公司	
转移价收入	40 000	销售收入	110 000	销售收入	110 000
自身的成本	75 000	成本		成本	
		自身	25 000	旅游购物商店	75 000
		转移价支出	40 000	旅行社	25 000
亏损	35 000	利润	45 000	利润	10 000

为了使旅游购物商店有生产积极性，就应当把旅游集团总公司的利润在旅行社与旅游购物商店之间进行合理分配。假如双方协议按成本大小分配（如双方同意，也可以按其他标准来分配），即按3∶1来分配，也即旅游购物商店应得利润7500元，旅行社应得利润2500元。问：中间产品T应如何定价？

旅游购物商店为了得到利润7500元，总收入应为82 500（75 000＋7500），因此每件中间产品的价格应定为8.25元（82 500÷10 000）。把转移价格（俗称"协议价"）定在8.25元/件上，分公司和旅游集团总公司的成本利润数据的变化如表3-2所示。

---

① 如果不是按变动成本，而是按边际成本定价，就不存在这个问题，因为在最优决策中，边际成本总是大于全部平均成本（MC曲线位于AC曲线之上）。

表 3-2 按双重价格确定中间产品价格时旅行社、旅游购物商店和旅游集团总公司的利润

单位：元

旅游购物商店		旅行社		旅游集团总公司	
转移价收入	82 500	销售收入	110 000	销售收入	110 000
自身的成本	75 000	成本		成本	
		自身	25 000	旅游购物商店	75 000
		转移价支出	82 500	旅行社	25 000
利润	7500	利润	2500	利润	10 000

由此可见，转移价格的变化（从每件 4 元改为每件 8.25 元），并不影响旅游集团总公司的总利润（仍为 10 000 元），只是利润在分公司之间的分配发生了变化。

这里，对中间产品 T 制定了双重价格。以变动成本（4 元）定价，是为了旅行社能正确地进行决策。以 8.25 元定价，是为了合理地分配利润，正确评价各分公司的绩效。这样就能较好地处理各分公司之间以及它们与旅游集团总公司之间的经济关系，建立利益共同体，调动旅游集团总公司内部所有成员的积极性，以实现旅游集团总公司的目标。

四、对旅游回扣现象的经济学解释和政府主导型旅游发展方针

旅行社组接团"零负团费"经营模式具有自相似性（即部分与整体相似），旅游景区也出现了零负景区费，从而在海南旅游业中呈现出"一半是火焰（高挂牌价），一半是海水（低协议价）"的奇特景观。例如，海南岛在 2006 年 7 月旅游景区门票价格调整之前，定安"黑熊园"的价格曾涨到 148 元，而旅行社只需支付给景区 8 元的费用；兴隆热带植物园对外 45 元的门票，对旅游团队景区也只收 1 元费用，但通过在景区内设立咖啡厅等营业设施赚钱；海南东山岭景区对外 35 元的门票，对旅游团免费，甚至倒付 50~100 元的停车费，但靠缆车、拍照等经营收入来返还；黎村苗寨对外 65 元的门票，对旅游团免费，但依靠景区内商业一条街营利。2002 年新华社两位记者在海南采访时爆出惊人内幕：成本价 100 元左右的珠宝，在珠宝商场标价为 17800~23800 元；20 元左右的普通珠宝标价在 1880 元以上。这是因为：一方面，旅游者对旅游产

品价值的感知高，"消费者剩余"多，因而愿意以高价购买旅游中间产品，推动了旅游中间产品的"挂牌价"高涨。另一方面，旅游购物商店等接待单位没有完全竞争的外部市场，不是以"成本＋利润"来定价的，而是以边际成本来定价，因而对中间产品的转移价格即"协议价"定得低。"挂牌价"与"协议价"之间的差价是作为回扣返还旅行社的。

由于本节中假定"地方导游、旅游车司机、全程导游、地接社是一个'利润中心'，合称为'旅行社'，地方导游是该'旅行社'的代理人"，而实际情况却要复杂得多，所以经常听到地方导游抱怨"一人挨骂，全家分钱"。根据作者的业余导游从业经验，在普通团业务模式下，地接社得到的是"签单"，凭"签单"按月与旅游购物商店结算，一般每人头5~20元。地接社导游拿到的回扣，先要扣除"华东五市游"的路桥费、停车费缺口（约500元），旅游车司机还要求先扣除因购物和"加点"而增加的汽油费（约150元），然后才在地陪、司机、全陪三者间按一定的比例分配。按某旅行社的规定，"购物回扣"的分配比例为，地陪：司机：全陪=4：4：2；"加点"看夜景收费的分配比例为，地陪：司机：全陪=4：3：3。

所以，治理旅游回扣现象的手段也应分为两个方面。一方面，降低旅游接待单位的"挂牌价"。旅游产品价值是旅游者活动中所获取的一切经济价值物，包括从自然界和人类社会中直接提取的初级资源、制造出的有形商品、无形的服务、难忘的体验、卓有成效的转型。这些价值提供物不仅仅是由旅游接待单位生产出来的，任由旅游接待单位榨取消费者剩余是不公平的。另一方面，打破、削弱旅游接待单位的垄断地位。经济学家认为，完全垄断的企业有两大弊端：一是分配不公平，垄断企业能保持垄断利润，是以牺牲全社会消费者的利益为代价的，是对消费者的剥夺；二是生产不足，在垄断企业里，价格大于边际成本（$P > MC$），即社会对所生产的产品价值的评价要高于把资源用于生产其他产品所能产生的价值，因而从社会合理分配资源的角度看，说明该企业生产的产品产量不足，应增加产量（同时减少其他产品的生产）才能更好地满足消费者的需要。

由于垄断企业有以上弊病，就需要政府进行干预。政府对垄断企业的干预措施主要有两个。一是反对垄断行为，防止垄断企业的产生，主要办法是制定和执行反垄断法。如将旅游购物商店聚集到一起，形成旅游购物市场；非少数民族聚居地禁止建造"民俗风情村""野人谷""黎村苗寨"等以少数民族为主题的公园；旅游娱乐场所应聚集到一起，形成演艺区；建造旅游风味餐厅一条街。二是政府对自然垄断企业进行管制。有些企业，如位于原产地的旅游购物商店、带有独特性的特种旅游项目、资源依托型的景区、环境依赖型的民俗风情村、交通干线两旁的休息站（或者称"服务站""服务区"，通常含旅游厕所、购物和餐饮设施），在时间、空间、人势方面拥有自然的垄断性。对于这类企业，政府不实行反垄断法，而是准许其实行垄断，但由政府直接控制其"挂牌价格"。其目的是，不让它们有超额利润，并促使它们增加产量。

将例题中的"旅游购物商店"替换为"旅游风味餐厅""白天自费景点""夜晚娱乐场所"等游客自费活动项目，本例题的结论仍然成立，因为这些旅游经营场所也无外部市场。

将例题中的"旅游集团总公司"替换为"旅游目的地接待系统"，本例题的结论仍然成立。与欧美相比，我国旅游供应链建设滞后，旅游企业"规模小、经营分散、实力弱、科学管理水平差"，因此许多地方的旅游政府主管部门就起到了"旅游集团总公司"的作用，实行政府主导型旅游发展方针就成为我国旅游业持续快速健康发展的客观要求。但是，政府主导型旅游管理体制并非永恒不变的，随着我国旅游企业走股份合作、兼并、重组之路，大型旅行社集团化、中型旅行社专业化、小型旅行社通过代理制成为大集团的网点，政府主导型旅游管理体制将逐渐向政府干预型、市场主导型旅游管理体制转变。

五、旅游零负团费的危害性剖析

1. 严重损害旅游目的地形象，从而损害目的地的整体利益

实行零负团费的"普通游"具有以下特征："吃"，饮食简单，环境恶劣；"住"，经常安排住在偏僻的地方，出行不方便，如果游客没有完成购物指标，住得更差；"行"，低价旅游的车费经常不能给足，甚至零车费，所以司机会在旅游车上推销高价旅游纪念品弥补车费；"游"，行程中所列景点是一些不收费或低收费的，自费项目多；"购"，整个行程围绕着购物来进行，购物店里的商品基本上质次价高，个别商店销售假货，强迫消费；"娱"，必须参加自费项目，另外地方导游还推荐比实际价格高出很多的自费项目；利润方面，购物和自费项目是旅行社和导游获得利润的来源，购物和自费项目就成了欺骗游客的

陷阱，他们在欺骗中得到超额利润。

"不合理低价游"的机会成本巨大，甚至会导致"旅游摧毁旅游"，我们从一封来自组团社总经理的投诉信中可窥见一斑："……我们这个团的游客为了争取时间而不影响旅游行程，在忍无可忍的情况下，交足了索要的钱，这样才完成了五天糟糕的海南旅行。我们团的这些领导不是说没有钱来消费，也不是说没有消费观念，而是在乎如何消费及消费的方式，是自主消费还是强迫消费，出来旅游最起码的一点就是要开心，现在连消费的自由权、知情权、选择权都被剥夺了，怎能谈'开心'？我们团队的一位客人气愤地说：'这是第一次来海南，也是最后一次永别海南'。这样的服务怎么让游客满意？怎么让我们组团旅行社再推荐游客来海南？"旅游者的口碑宣传和多种新闻媒体对"零团费""负团费"负面影响的报道和炒作，严重损害了目的地的形象，不仅给旅游业带来深重灾难，而且损害了目的地的整体利益。

2. 严重损害了旅游接待系统中各要素之间的代内公平

游客、组团社、接待社、地方导游、全程导游、旅游车司机、购物商店、景点、餐馆等各利益主体失去了共同的目标，也就失去了相互协调配合的基础，甚至导致互相伤害。在"与其自杀，不如自相残杀"理念的支配下，旅游团队接待系统中各要素之间形成了一条"食物链"，"食物链"顶端的组团社将游客"卖"给地接社，地接社再将游客"卖"给导游，他们的风险较小，收益稳定。但到了导游一层，风险骤增。导游预先支付了"人头费"和景区门票等费用，通过带游客购物和参加自费项目赚取回扣或佣金（以下简称"回佣"）的行为，就被称为"填坑"。导游接团各凭运气，如果碰到"豪爽团"，回佣收入大于支出，则可获得利润，反之则亏钱，在旅游业内称为"赌团"。旅游经营行为一旦变成了"赌博"，势必陷入恶性循环。

3. 严重损害了旅游接待系统中各要素的代内公平

一是损害了游客的利益，影响回头客。零负团费虽然在报名时给游客短暂的惊喜，但在整个旅游过程中带给游客的是重重"陷阱"：降低餐标，吃不到当地特色餐；降低住宿标准，"能住郊区不住城里，能住乡下不住郊区"；更改行程、擅自增加自费景区；导游变成导购，听不到应有的旅游介绍；延长购物时间，缩短在景区的参观时间；把游客渴望参观的著名景区列为自费……不仅如此，如果游客拒绝参加自费项目还可能被导游"甩团"。

二是损害了地方导游的利益，导致优秀导游流失。有的旅行社为转移经营风险，把旅游团以倒卖的方式交给导游，从导游那里收取相应的"人头费"，使导游面临巨大的工作压力。当导游无法收回成本时，便将其不满发泄到游客身上，导致"甩团"等损害游客利益的行为。在这种现象成为常态以后，旅游行业的人才将会频繁"跳槽"，以寻求稳定的工作环境。

三是损害了旅行社的自身利益，无法成长。旅游企业的不公平竞争环境，使旅行社陷入低价的泥潭。最终导致旅行社行业的诚信尽失，新产品的研发严重滞后，企业规模无法做大做强。

四是损害了饭店、景区、餐饮等旅游服务供应商的利益，难以为继。对散客来说，旅游要素产品的价格虚高，造成商品和服务质价不符，抑制了需求；对团队来说，旅游服务供应商陷入低价泥潭，难以保证服务高质量，企业发展后劲不足。

第四节　旅行社的外部经济效应和政府的对策[①]

完全竞争的市场机制能够实现资源的最优配置有一个前提，即经济当事人的生产或消费行为不会对其他人的福利造成影响。但是在现实生活中，这个前提经常会受到破坏，这就导致旅游市场的低效率和政府的干预。在社会主义市场经济条件下，政府对旅行社的干预，主要不是直接的，而是间接的，即主要不是通过行政手段直接干预旅行社的日常经营决策，而是通过对旅行社决策经营活动所面临的外部社会经济条件施加影响，来控制和引导旅行社的行为，以实现社会资源配置尽可能地优化。

一、零负团费经营的实质是转嫁经营风险问题

旅行社零负团费经营模式的资金流有两条。一条资金流根源于游客在客源地预付的初次旅游费（或刚性消费"打包"），资金流沿着"游客→组团社→中间社→地接社→司陪人员→旅游供应商"这样一条资金流经营链条转嫁风

---

　① 资料来源：袁国宏. 旅行社的外部经济效应与政府的对策［J］. 中国集体经济，2015（10）：115-118.

险。以组团社拖欠团费而引起的"三角债"问题为例：由于旅行社团体包价旅游的上中下游各节点企业长期处于不平等的地位——拥有游客资源的部分旅行社凭借自身的优势，推出"先游后付"机制，即游客把旅游费用全额付给组团旅行社，但是组团社在发团时，并没有把"旅游团接待款"足额转移给中间旅行社，导致地接社也不能及时足额收到"中间社"的应付款，不得不向景区、住宿、餐饮点、车队等旅游供应商进行签单赊账。随着时间的推移，加上部分组团社缺乏诚信，在阶段性结算时，故意克扣或拖欠"中间社"的款项，以此类推，在组团社—中间社—地接社—旅游供应商各节点企业之间的三角债越滚越大。"三角债"严重影响了旅游行业的健康发展。由于部分组团社通过"拖欠"或"拒付"行为，加速资金在自己账上的流通循环而"肥了"自己；地接社由于未能及时收到组团社的应付款，不得不尽量降低各种成本，"服务缩水"；旅游车司机和导游"掺和"推销；旅游接待企业因不能及时收到应付款，整个下游旅游环境被迫"瘦身"，景区不敢加大投入以进一步改善旅游环境，住宿、餐饮点偷工减料……于是，缩短线路、赶趟旅行、强迫购物等变异行为便不断滋生，游客的利益得不到保障。

另一条资金流根源于游客在目的地的二次消费（或弹性消费）。资金流沿着"游客→购物点和自费项目→司陪人员和地接社→旅游供应商（在负团费运作模式下包括组团社）"这样一条资金流经营链条转嫁风险。以购物点和自费场所给司陪人员、地接社回佣为例：司陪人员、地接社、购物点/自费场所剥夺游客的"知情权""选择权""安全保障权"获取高额回佣，用"回佣"重新启动资金流下游企业/当事人的运营。对于具有一定客源掌控能力的地接社而言，有时不仅仅是只向地接导游转嫁风险，而把地接司机也拉入赌博的过程中，共同参与"赌团"。某江苏赴海南团可以形象地说明"赌团"的全过程：20名游客每人交纳1420元参加"海南双飞五天四晚游"，住准四星饭店。而往返机票价格为1500元（含机场建设费）。20个游客4晚的住宿、7个正餐、4个早餐一共开支约9000元，来自自费景点和购物点的回佣提成11 000万元。毛利2000元（11 000元－9000元）按五五分成，司机得1000元，导游得1000元。在该例中，地接导游在承担游客接待成本的同时，还要向地接社支付20元/人的"人头费"；旅游车司机尽管获得了"回佣"来弥补汽油费和劳动津贴，却不够补偿车辆折旧；地接社通过向导游收取"人头费"，并向购物点和自费场所收取"签单费",弥补游客参团价格和往返机票之间的差额,并获取利润。

在转嫁风险的过程中,地接导游和司机作为自然人,往往是相对的承担风险压力最大者,极端的情况下,地接导游和司机通过罢工来进行群体的公开抗争,或者通过"甩团"来进行个人的私人反对,例如2000年8月泰国中文导游罢工、2004年12月海南地接导游和司机的集会上访等。为了保证旅游车的经营收入,2005年10月,在海南省交通厅的强力支持下,12家旅游汽车公司成立了"海南省统一旅游汽车服务中心",该中心将全省所有旅游营运车辆纳入其下,实行所谓"滚动发班"。不参加"滚动"的旅游车辆,将被交通主管部门视为"黑车"。

二、旅行社的外部经济效应和市场效率

当经济当事人的生产或消费行为对其他人的福利造成影响时,就产生了外部经济效应。外部经济效应可分为负面(有害的)外部效应和正面(有益的)外部效应两种。旅行社对下游旅游企业/当事人转嫁风险损害游客利益是负面外部效应的典型例子。旅行社采取零负团费方式进行低价竞争,对旅行社来说,可以抢到客源,然而,下游旅游企业/当事人由于承受了这种有害的外部效应而受到损失,并通过剥夺游客的知情权、选择权和安全保障权转嫁到游客身上。

这里有两种不同的成本:一是只从旅行社的角度看,称为私人成本,只包括旅行社的支出;二是从整个社会的角度看,即把社会上受到的损失也包括在内,称为社会成本。在有负面外部效应的情况下,社会成本大于私人成本,但旅行社的接待量决策只根据私人成本,不根据社会成本,这样就会过多地生产社会成本较高的产品。在图3-4中,假定MR为旅行社生产某产品的边际收入曲线;MC为该产品的边际成本曲线;MSC为该产品的边际社会成本曲线。在市场经济中,旅行社根据私人成本决策,按照MR=MC的规则,就会把产量定在Q_1上。但假如按社会成本做决策,产量就应定在Q_2上。Q_1和Q_2之间的差额说明由于负面外部经济效应的存在而导致资源配置上的失误。

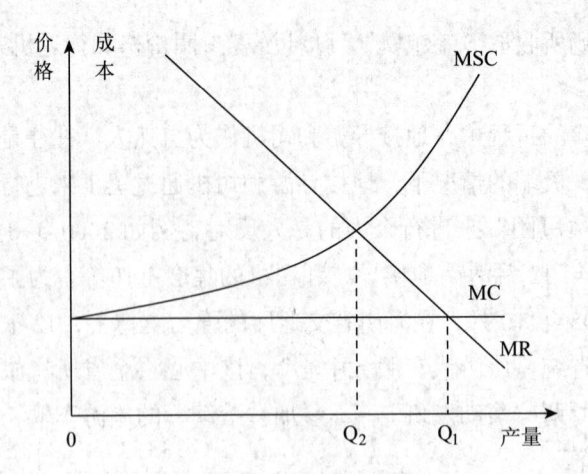

图 3-4 旅行社负面外部经济效应导致资源配置上的失误

正面外部经济效应的典型例子是旅行社的旅游线路产品开发。一条旅游线路开发对首创旅行社来说当然会有一定效益，但这条旅游线路如果向全社会推广，就会得到更大的社会效益。所以效益也可以分为两种，即私人效益和社会效益。前者是指从旅行社角度看所得到的效益，后者则是从整个社会角度看得到的效益。在有正面外部效应的情况下，产品的社会效益要大于私人效益，但在市场经济中，旅行社的产量决策只根据私人效益，不根据社会效益。这样企业就会过少地生产对社会有益的线路产品。如图 3-5 中，MR 为旅行社生产某线路产品的边际收入曲线（私人效益）；MSB 为该线路产品的边际社会效益曲线（把社会得到的利益也包括在内，属社会效益）。又假定该线路产品的边际成本（MC）为常数。在市场经济中，旅行社根据私人效益决策，按照 MR=MC 的规则，就会把产量定在 Q_1 上。但如果按社会效益来做决策，就会把产量定在 Q_2 上。Q_2 与 Q_1 之间的差额说明从资源配置的角度看，本来应该多生产对社会有益的产品，现在却生产得少了。

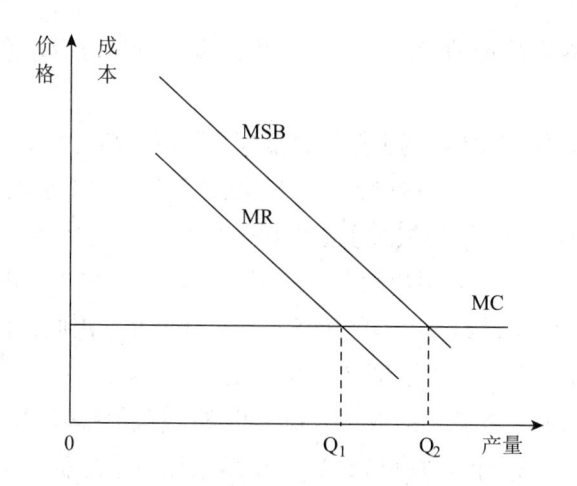

图 3-5　旅行社正面外部经济效应导致资源配置上的失误

为了克服以上外部经济效应对市场在资源配置方面效率的影响，政府干预的原则是：使外在成本或外在效益内部化，以便使企业的产量决策能够符合资源合理配置的要求。这里，外在成本和外在效益分别是指社会成本与私人成本以及社会效益与私人效益之间的差额。在存在负面外部效应的情况下，政府应按外在成本的大小对旅行社征税或罚款，使旅行社的私人成本提高到和社会成本一致（从图 3-4 上看，使 MC 曲线上移到 MSC 曲线的位置，旅行社就会把产量定在 Q_2 上）。在存在正面外部效应的情况下，政府应按外在效益的大小对旅行社进行补贴、奖励或给予专利，使旅行社的私人效益达到社会效益的水平（从图 3-5 上看，使 MR 曲线上移到 MSB 曲线的位置，旅行社就会把产量定在 Q_2 上）。当然，在实践中，准确估计社会成本和社会效益的大小，不是一件很容易的事。

三、政府怎样控制旅行社零负团费经营

政府在处理负面外部效应时，经常遇到的一个问题是，应当采取怎样的政策和措施来控制旅行社向下游旅游企业/当事人转嫁经营风险，如三角债、零负团费等，以保护下游旅游企业/当事人的利益，最终保护旅游者的利益和目的地形象。

1. 最优转嫁风险量的确定——对零负团费"边犯边治，治完再犯"的经济学解释

人们一般认为转嫁风险越少越好，最好等于零。然而经济学认为，转嫁风险不能过多，也不宜过少，这里有一个最优转嫁风险量的问题。这是因为不转嫁经营风险固然有利于下游旅游企业／当事人经营、维护游客利益，但为了不转嫁经营风险，旅行社必须招聘营销人员、增加营销费用。由于资源是稀缺的，如果用于目的地营销，就不能用于其他福利事业，因此，把多大份额的资源用于营销费用就有一个效益和成本的对比分析问题。

图3-6是一旅行社营销的成本效益分析图。横轴代表转嫁风险量Q；MC代表旅行社营销的边际成本曲线，即为了多招徕一个游客需要增加的营销费用，由于在转嫁风险量较大时（组团社报价低），营销费用较小，而如果转嫁风险量已经较小，进一步招徕游客的营销费用就会较大，所以这条曲线向右下方倾斜；MB代表转嫁风险带来的效益，即旅行社减少一个单位的转嫁风险量从而导致游客投诉减少的量，转嫁风险量越大，边际效益也越大，所以MB曲线向左下方倾斜。当MB＞MC时，减少转嫁风险量在经济上合算；当MB＜MC时，则增加转嫁风险量在经济上合算。所以，从社会角度看，最优的转嫁风险量应定在MB和MC两条曲线的交点（Q*）上，此时，MB=MC。

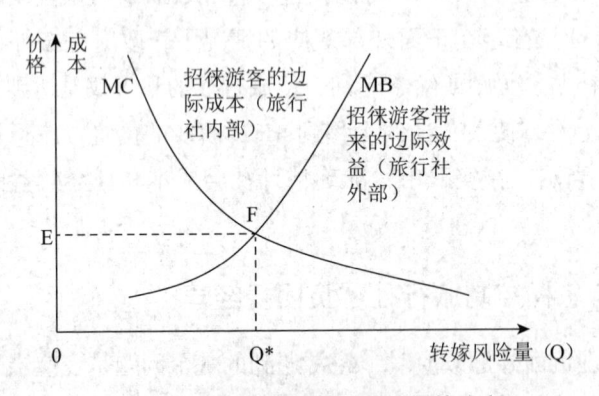

图3-6 旅行社最优转嫁风险量的确定

2. 政府怎样控制旅行社的转嫁风险量

政府怎样控制旅行社的转嫁风险量，使之等于Q*，通常用两种办法：①用行政办法，即规定转嫁风险限额（或转嫁风险标准），如果旅行社超过这

个限额，就予以罚款或其他处分；②根据转嫁风险量的大小征收转嫁风险费（或转嫁风险税），并把单位转嫁风险量的收费标准定为 OE，使 OE=MB=MC。当旅行社转嫁风险的边际成本（MC）大于 OE 时，就会宁可向政府付费也不治理零负团费，这就会增加转嫁风险量；当 MC < OE 时，旅行社就宁可治理零负团费也不向政府付费，这就会减少转嫁风险量。所以按 OE 的标准收费，旅行社从自己的利益出发就会自动使 MC=OE，从而把转嫁风险量定在最优转嫁风险量 Q* 上。

一般来说，在上述两种办法中，收费的办法要优于规定限额的办法。其理由如下。①游客投诉的来源可能来自许多旅行社，每个旅行社治理零负团费的成本是不相同的，政府要对所有旅行社的治理成本都了解得一清二楚是不大可能的。在这种情况下，怎样才能在各旅行社之间合理分配转嫁风险量，以使全社会治理零负团费的总成本最低？用收费的办法就可以解决这个问题。因为转嫁风险的收费标准是统一的，据此收费，各个旅行社就会自动地把自己的转嫁风险量调整在边际成本和收费标准相等之处。由于各个旅行社的边际成本都相等，各企业之间转嫁风险量的分配就能自动达到最优，也就是说，全社会的治理总成本将是最低的。②规定转嫁风险限额是一种行政手段，执行起来程序多、费用大。它的成功还取决于行政、司法、执法部门的效率和合作，不如收费的办法实行起来简单省事。

控制经营风险的办法除了上面讲的外，美国经济学家科斯还认为：只要当事人的产权能明确界定，那么，即使政府不加干预，通过当事人之间的适当付费，也能有效地解决风险转嫁问题。一个典型的例子是上游一家组团社向下游地接社转嫁风险，导致下游的一家地接社遭受损失。表 3-3 列出该组团社可供选择的三种治理方案以及每个方案对双方当事人可能带来的损失。在这三个方案中，治理转嫁风险 50% 是最有效的方案，因为它使双方因游客投诉引起的总成本最低，为 80 000 元（50 000 + 30 000）。那么，怎样才能导致这个结果呢？科斯认为：不管财产权归属哪一方，只要财产权的界定是明确的，通过双方之间的协议和产权转让，就能导致有效的结果。

表 3-3　组团社可供选择的三种治理方案以及每个方案对双方当事人可能带来的损失

单位：元

组团社的治理方案	组团社的治理成本	地接社的损失
不治理（0%）	0	100 000
治理一半（50%）	50 000	30 000
全部治理（100%）	120 000	0

在本例中，假定地接社有权获得足额的团费，如云南大理的"旅游一卡通"事件。如果双方没有任何协议，它将要求组团社100%治理转嫁风险。但如果双方通过谈判，就能达成治理转嫁风险50%的协议（低价团费的情况）：组团社向地接社支付50 000元，以购买向地接社转嫁50%风险的权利，双方就都从中受益，其中组团社受益20 000元［120 000 –（50 000 + 50 000）］；地接社受益20 000元（50 000 – 30 000）。

再假定组团社有权转嫁风险，即有权不治理零负团费，这样地接社为了让组团社"少转嫁风险"，就要向组团社付费，如泰国、港澳、海南的零负团费现象。对双方都有利的协议仍然是组团社治理50%，即低价团费的情况。这时，地接社向组团社支付，比如说60 000元，以获得风险少转嫁50%的权利，双方就都能从中得益，其中组团社受益10 000元（60 000 – 50 000）；地接社受益10 000元［100 000 –（30 000 + 60 000）］。可见，不管转嫁风险权（如拖欠团费权）属于哪一方，双方当事人由于经济利益的驱动，通过谈判，就能取得最有效控制经营风险的协议。

需要指出的是，由当事人自己解决经营风险的控制问题的前提是外部经济效应涉及的转嫁风险权（如拖欠团费权）界定必须明确，而且谈判的交易费用不大。但在现实生活中有时情况不是这样。例如，上例中的受害者不止地接社一家，甚至还包括很多旅游供应商或当事人（如导游、旅游车等），他们免受转嫁风险的权利很分散，受害程度也很难确定，这样，交易谈判费用就会很高，这时由政府出面代表社会来维护地接社和旅游供应商的权利，可能更为有效。

四、从欧美旅游经营商的实践看我国旅行社的发展趋势

当经济当事人的生产或消费行为对其他人的福利造成影响时，就产生了外

部经济效应。外部经济效应可以分为负面的（有害的）和正面的（有益的）两种。当某种产品的生产具有负面外部效应时，旅行社就会过多地生产它。当某种产品的生产具有正面外部效应时，旅行社就会过少地生产它。克服这种缺陷的办法是政府通过税收（或罚款）、补贴（或专利）等形式使外在成本或外在效益内部化。零负团费经营的实质是转嫁经营风险问题，旅行社的最优转嫁风险量由治理零负团费的边际成本曲线和边际效益曲线来决定。政府控制旅行社零负团费通常用两种办法：一是行政办法，即规定转嫁风险（如拖欠团费）限额，对超过限额者罚款；二是用经济办法，即根据转嫁风险量（如拖欠团费量）的多少，征收转嫁风险费。一般来说，后者要优于前者。科斯认为，只要当事人的财产权能够明确界定，那么通过当事人之间的协议和适当付费，也能有效地解决转嫁风险问题。

在当前我国旅游企业"规模小、经营分散、实力弱、科学管理水平差"的情况下，要强化目的地政府主导。从长远来看，要借鉴外国旅行社集团的经验，使大型旅行社集团化、中型旅行社专业化、小型旅行社通过代理制成为大集团的网点；当旅行社打破行业垄断和地域垄断，通过横向一体化、纵向一体化和国际一体化成为旅游集团时，实行"入境、接待一条龙服务"，上游旅游企业向下游旅游企业转嫁经营风险的问题就不复存在。欧美旅游经营商一般拥有航空公司、饭店、景区、交通工具、娱乐、购物场所，良好的供应链节点衔接和利益一致性使得其价格优势无可比拟。

■ 思考与习题

1. 旅游产业活动的基本矛盾是什么？
2. 请描述我国团体包价旅游的业务流程。
3. 我国旅游价值链管理的障碍因素有哪些？
4. 旅游产业组织结构是怎样的？
5. 无外部市场条件下，如何确定旅游中间产品转移价格？
6. 请对旅游回扣现象进行经济学解释。
7. 旅游零负团费的危害性有哪些？
8. 对旅游零负团费"边犯边治，治完再犯"进行经济学解释。

思考与习题答案

第四章　旅游社区

　　现代旅游活动和旅游业的蓬勃发展，不仅对各旅游目的地乃至世界经济产生了巨大的影响，而且对旅游目的地社区居民的社会文化也具有不可忽视的影响。旅游活动的开展之所以对目的地的社会文化具有影响作用，主要是因为：

　　（1）旅游活动是一种以不同地域、不同民族、不同社会、持有不同文化传统的人群之间的接触和交往为特征的访问活动。接触和了解异域社会和文化，是某些旅游者外出旅游的重要动机，同时也是所有旅游者访问异国他乡的客观结果。与此同时，旅游者在目的地开展活动过程中，由于同当地居民直接和间接交往接触，也会以其有意和无意的"示范"行为影响当地居民。一方面，在贫困地区的这种"示范效应"可能会激励当地人更加努力工作或争取更好的教育，以期效仿旅游者的生活方式；另一方面，在很多情况下，如果当地居民无法达到同等的富裕，他们就可能会产生一种失落感和挫折感，从而会在旅游者身上发泄敌意，甚至会侵犯旅游者。

　　（2）现代旅游活动发展的规模之大，已使其成为重要的社会现象。虽然就单个旅游者而言，与旅游目的地居民之间的接触是短暂的，似乎不足以对当地的社会和文化产生实质性的影响，但是随着成千上万、川流不息、接踵而至的旅游者的不断来访，外来旅游者与当地居民之间的个体接触便会演化成群体性的社会接触，其规模之大，历时之久，不可避免地会对目的地的社会和文化产生一定的影响，在某些情况下，甚至会产生相当大的影响。当地居民好像河流中的石头一样，是相对静止的，而河流中的水是川流不息的，石头最终都被冲刷成了鹅卵石。

　　在过去，当地人被看作无忧无虑、游手好闲的孩子，而旅游者被看作寻求知识和启迪的探索者。然而现在，情况好像颠倒了过来。双方的文化隔阂在缩小，因为旅游者和当地居民不断交换关于生活目标和生活方式的认识，旅游者寻求逃避，而当地居民则尽力去了解如何才能满足他们想象中的"旅游者对美好生活的追求"。

从社会学和人类学的视角看，旅游者是"客人"，社区居民是"主人"，旅游事业发展的成功与否，主人的态度和行为至关重要。旅游活动所带来的社会接触和文化交流对目的地社会文化的影响，既有其积极的一面，也有其消极的一面。因此，这里涉及两个概念：一是"控制"，即当地居民在进行"有关在他们的土地上开发旅游"的谈判中，是否能掌握自己的命运；二是"选择"，即当地居民是否有"选择谈判或者完全拒绝"的自由，因为他们害怕这些旅游项目对其传统生活方式、领地、举办部落仪式权利、向后代传递传统文化可能带来的影响。

第一节　旅游社区活动的根本动力

一、旅游社区活动的基本矛盾及其在现实中的表现

旅游社区活动是指社区居民在承担拥挤、物价上涨、环境恶化等大量旅游负效应的同时而得到的相应补偿，以及通过从旅游业中获取收入、得到就业机会等旅游正效应赢得他们对旅游业的支持。在可持续性旅游争论中，突出体现"代内平等"的四个理由是：东道社区，尤其是弱势社会群体，忍受负面成本的冲击；贫穷导致非可持续性做法，目的是寻求快速回报以满足当前需要；稀缺资源的高收费往往使贫穷人口买不起；关心未来代人的公平，而不把这种关心扩展到当代人，如此做法很难证明是正当的。还有另一个强有力的论点支持东道社区参与并受到奖赏：东道人口本身是旅游"地方"产品的一部分，地方居民容易被旅游者看到，并与旅游者交往，或者说他们是旅游者活动的背景，他们的态度和行为构成一个目的地的"接待"资源。

道科西于1975年提出的"刺激指数"是这样评述当地居民对待游客的态度：在欣喜阶段，乐于与个别到访的游客接触→在冷漠阶段，对大量川流不

息、接踵而至、熙熙攘攘的游客逐渐冷漠→在恼怒阶段，对物价上升、犯罪、粗鲁、文化准则受到破坏表示关注和愤怒→在对抗阶段，公开或隐蔽地对游客进行冒犯。缓解主人与客人关系恶化的策略是：对当地居民进行教育和培训；把居民的想法融入开发之中；增加当地居民的各种机会；建立当地的"社区权益和财产管理委员会"；增强对社会影响的研究和监测（威廉·瑟厄波德，2001）。

二、生态旅游区是一个具有耗散结构的系统

可替代性旅游者是指那些试图与当地人建立更多联系、试图抛开旅游基础设施而使用与当地人同样的住宿和交通设施的人。生态旅游是可替代性旅游的一种类型，它是在这样的地方发生的现象，即游客对当地居民生产生活和当地生态环境的发展和完善有所贡献。1992年生态旅游学会的定义是："为了解当地的文化与自然历史知识，有目的地到自然区域所做的旅游，这种旅游活动的开展在尽量不改变生态系统完整的同时，创造经济发展机会，让自然资源的保护在经济上使当地居民受益。"因此，生态旅游具有保护自然环境和维系当地人民生活的双重责任。

生态旅游区是一个具有耗散结构的系统：川流不息、接踵而至的"游客流"作为外界环境的"输入"，引起游客流、当地居民、自然环境三者间形成一种新的均衡状态（即耗散结构）。促进生态旅游增长的因素有：旅游可持续开发的需要，全球范围内环境意识不断提高；工业发达国家旅游者中较富裕阶层渴望体验大自然；发展中国家意识到自然资源的稀缺性，希望尽力保护以造福后代。生态旅游的增长对整个旅游产业的影响：一是体现在特殊兴趣、自然导向的旅行方式；二是体现在旅游领域总体"绿色化"的影响，强调在旅游产品开发、经营和消费的各个环节都要采取环境友好措施；三是重视生态系统的完整性、当地的社会参与和给东道社区带来的商机。

三、旅游社区活动子系统的性质

旅游者在游山玩水的同时，也希望与社区居民有更多的交流和沟通，希望体验和探索社区居民的生产和生活，从而获得完整、真实的感受。由于离开惯常环境的旅游者，暂时脱离了家庭、人际圈子和工作单位的道德约束，失去了

工作和生活压力，具有"责任约束松弛"和"占有意识外显"的行为特点，打破了旅游社区的原有平衡状态，这样就对旅游社区的社会文化和生态环境形成冲击并构成威胁。所以，国外学者呼吁替代性旅游、适当旅游、软旅游、负责任旅游、低冲击旅游、生态旅游等"理想"形式，因为没有社区居民的参与和支持，旅游者活动与旅游产业活动是很难持续下去的。

旅游社区居民未能参与旅游决策和社区赋权（empowerment），与旅游决策影响到社区居民的福利之间的矛盾是旅游社区活动的基本矛盾。因此，旅游社区活动子系统的根本性质是它的社会性。

第二节 旅游对目的地社区的社会文化影响

事物都是一分为二的，旅游在带来正效应的同时，也会带来负效应。旅游对目的地社区的负效应是指因发展旅游事业所导致的旅游目的地社区的社会、经济、文化，以及接待地区居民的观念等社会上层建筑向消极方向变异。

一、旅游的社会文化效应问题

尽管在社会宣传和大众印象中，旅游常常被视为文明和文化的使者，但深入的考察并不完全支持这种结论。旅游者所表现出的"个人对外部世界审美的追求"这一根本规定性，催动着旅游者的脚步；而且旅游目的地将旅游发展视作"经济腾飞的灵丹妙药"，这种心理及所做出的努力，又在另一方面使旅游者不再犹豫。然而，在旅游者与目的地社会接触的过程中，发生的事情就不再是那么简单了。联合国教科文组织1976年的一份报告中，列举了旅游东道地区主客关系的四项特征：①关系是短暂的、表层的；②交往关系受到时间和空间的限制，旅游者以尽可能短的时间到多处景点观光；③关系缺乏自发性，接触一般是预先安排好以符合旅游日程表，目的主要是商业交易；④关系不平等、不平衡，原因是双方的财富和地位悬殊。

在今天，从社会文化的角度贬责旅游的观点比比皆是，甚至在某些人的眼中，旅游简直"是一种奇怪的现代病。它像中世纪蔓延于欧洲的黑死病一样，如今已经泛滥于全世界，成了谁也不放过的流行病。它不仅攻击赤足者和贫穷者,也攻击大腹便便者"。为什么会有这样的认识呢?在1986年的"第三世界人民与旅游大会"上,一位夏威夷代表声明:"我们不要旅游。我们不要你们。我们不想降格为侍者和舞者。那是一种文化娼妓……没有清白的旅游者。"这些话显然有深刻的潜台词。也就是说,这种激烈的表达并不能简单地视为"个别人的牢骚",也许这就是人们对旅游发展所产生的社会文化效应的一种认识。当然,它是否具有代表性,还要靠严谨的学术研究来证明。在这方面,经济学家与社会学家、人类学家的观点一般差异较大。多数经济学家倾向于把旅游看作一种发展经济的手段,它能推动人民和国家的进步,并预示着一个令人憧憬的黄金时代。而在一些社会学家和人类学家看来,早先纯洁的社会因为种种令人痛心的颓败而变质了;现代社会正是颓败的结果,唯利是图的旅游业只能进一步破坏我们的乐土。当然,这种截然对立的观点并不是为全部研究者所承认。

从20世纪60年代起,西方的社会学家、人类学家和旅游学家一道,对旅游所产生的社会文化影响进行了广泛的研究,得出的结论也形形色色。在这些研究中,人们注意到了旅游者与目的地社会的相互关系,提出了旅游对目的地社会影响的理论和衡量模式,探讨了旅游主客关系变化的心理和行为因素,以及旅游所引发的道德和犯罪问题,还涉及旅游与宗教、语言、社会、保健等问题。通过这些研究,不仅使人们对旅游问题的认识视野得以拓展,程度得以深化,而且也丰富了旅游研究的方法论体系。旅游的社会文化效应如表4-1所示。

表4-1 旅游的社会文化效应

	效应	积极方面	消极方面
经济效应	个人经济独立性	薪金	传统社会冲突
	劳动力转移	为受雇而向旅游区迁移	居民的被迫迁移
	用工变化	旅游业用工	季节性失业;传统就业方式丧失
	土地价值变化	土地增值	地价上涨;土地所有权变化发生的用地冲突
	生活水准变化	服务、设施得以改善	通货膨胀
	政治经济体制变化	精英族成长;落后地区发展	国家统一体分裂

续表

效应		积极方面	消极方面
社会文化效应	消极活动增加		犯罪、娼妓增加
	社会二元性	跨文化交流；拓宽视野	价值观冲突
	示范效应	对提高生活标准的模仿	挫折；挥霍；进口增加
	文化成为商品	文化遗产的保护；自豪感	文化丧失本义
	对旅游者的敌视		怨怒和敌视态度的发展；一部分当地居民的奴性的发展

尽管在谈到旅游的社会文化效应时，人们主要指的是旅游所引起的社会变革和文化演变，但这些变化是无法脱离旅游的其他效应而存在的，甚至有时这些变化，尤其是价值观和态度方面的变化就是由其他效应所催发的。因此，认识旅游的社会文化效应的基础框架应该是整体性的。

二、目的地社区的态度演变过程

道克西（Doxey）根据自己在巴巴多斯和尼亚加拉湖区的案例调查，总结出旅游发展的阶段性在目的地居民对待旅游者的态度上的体现。按照他的结论，当地居民与旅游者之间的关系是循着某种一般的进程演进的，那就是欣喜阶段、冷漠阶段、恼怒阶段和对抗阶段。

可以肯定地说，旅游目的地居民对旅游发展和旅游者的态度变化，植根于旅游带给当地的复杂影响，尤其是其中的消极影响的积累，是导致目的地居民改变欢迎旅游发展的初衷而变得憎恶旅游的社会基础。

（1）在旅游发展的最初阶段，目的地居民对旅游者的到来热情有加，极尽殷勤，道克西曾称之为"欣快症（euphoria）"。如果旅游目的地是一个经济落后地区，人们对旅游发展所能带来的美好的经济前景更是满怀憧憬。

（2）当旅游地的生命周期进入巴特勒（Butler）所谓的参与阶段时，道克西却发现，真正参与到与旅游相关的活动中只是少数人。随着流入的旅游者数量的增加，旅游者不再是一道稀罕的风景，人们开始麻木了。现在的旅游者可能不必再拘泥于使用当地的语言了，对当地的日常生活也不一定很感兴趣了。冷漠产生了，由此出现了道克西的第二阶段。

（3）到了旅游发展的成熟阶段，旅游者与目的地居民的对比关系几乎发生了变化，甚至当地社区居民在自己的一亩三分地上已经退避三舍。人们在商店购物要排队，商店也变了味，经营的是对当地居民没有多大用处的纪念品。道路拥塞，停车都很不方便。人们甚至感到自己生活在一个停车场当中，因为尽管每一个旅游者都来去匆匆，但当地人在整个旅游季节都要住在这里，于是有了这种"铁打的营盘流水的兵"的感受。冷漠就由此而演变成恼怒。任何旅游目的地的承载能力都是有限的。随着外来旅游者的大量涌入和游客密度的增大，当地居民的生活空间相对缩小，因而会干扰当地居民的正常生活，侵害当地居民的利益。

（4）接着，在旅游发展的停滞阶段经常面临的超负荷问题再进一步把人们从"恼怒"推向"对抗"。在土耳其发生的绑架西欧旅游者的事件，巴厘岛居民曾经有过的对旅游者的不友好行为，在印度西南沿海的哥尔（Goa）地区所成立的JGF组织的行为，都是这种对抗的实例。

米尼冈（Milligan）于1989年在对葡萄牙Guernsey地区的工人所做的研究中，使用了类似于道克西的方法。米尼冈认为，正如当地人因为旅游者所造成的拥挤问题而恼火一样，那些直接服务于旅游者的人也会有同样的流露，尤其是当这些人本身也是从外地来的打工仔时更是如此。作为一种修正，米尼冈的研究背景与道克西的有一些不同，因为Guernsey不是一个处于发展中的地区。尽管旅游业在当地经济中占有重要地位，但当地人已达到充分就业，并不十分依赖于饭店及相关产业部门。道克西与米尼冈关于旅游社区的态度演变过程可以概括如表4-2所示。

表4-2 道克西与米尼冈的旅游社区的态度演变过程

道克西（Doxey）的早期结论		米尼冈（Milligan）的修正	
欣喜	旅游者受到欢迎，没有什么计划	好奇	人们接受那些在当地人看来在地位、薪金收入和职业前景方面都比较低下的工作
→冷漠	旅游者已司空见惯，接触变得更正式	→接受	对移民到岛上的人的认可，旅游不再为当地人所关注

续表

	道克西（Doxey）的早期结论		米尼冈（Milligan）的修正
→恼怒	达到饱和状态，当地人怀有疑虑。规划人员试图增加设施而不是控制增长来实现控制	→恼怒	伴随对旅游者的恼怒，人们还开始厌恶外来打工人员，把他们视作使当地人生活标准下降的祸根
→对抗	公开表露愤怒情绪，规划有所修改，但促销有增无减，目的是消除对目的地不好的名声	→对抗	双方都互相怨愤，在年轻人中时有暴力。那些不能直接归于旅游者的过错便都一股脑归罪于外来打工人员

目前，人们对旅游目的地社区居民态度的这种"多阶段发展模型"的认识尚有争议。霍拉得兹（Hernadez）与科恩（Cohen）在1995年对波多黎各的Isabela镇进行案例分析后明确指出，其研究结果不支持道克西关于旅游社区的态度演变过程理论。事实上，旅游目的地发展的主导力量不一定是当地居民，而可能是其他更有力量的利益集团，而他们对旅游发展的态度却可能截然不同。这些利益集团和当地居民看待问题的角度、深度以及他们影响事物进程的方式和力度都会有很大差异，因此，用一种观点来概括一般性有时会失之偏颇。

三、旅游对目的地社会文化的积极影响

1. 旅游需要民族文化

无论是旅游者还是东道地区的居民，都持有异质的民族文化。传统文化与现代文明并非水火不容的矛盾体。虽然许多民族文化在漫长的人类社会实践中被淘汰，但总有部分文化经过筛选、传承，成为值得当今全人类共同景仰的文化遗产。已被联合国认定为"世界文化遗产"的古迹更是全人类的共同财富。在日本，甚至那些持有特殊传统文化知识和技能的人都被视为"国宝"，这足以证明民族文化的重要性。

民族文化向人们展示着民族的智慧和创造力。以民俗为代表的民族文化更是旅游吸引物的重要组成部分。旅游者对民族文化表现出来的高度兴趣与热情，也为旅游目的地民族文化的发展、保护提供了社会基础。文化交流则促成了东道地区人民与旅游者认识的共同提高，促成了社会的全面发展。

具有独特性的民族文化构成了旅游吸引物。不同民族的文化具有鲜明的个

性特征，它是各民族千百年来不断总结、筛选、最后被确定的实践经验。"越是民族的，就越是世界的。"民族文化特征存在的巨大差异是唤起人们旅游兴趣的重要原因，民族文化的个性特征越是鲜明，旅游欣赏价值就越高，吸引力就越强。

旅游促成了不同民族文化的融合。民族文化具有共性特征：一是因为历史巧合，二是因为民族同化。民族同化主要是人们在观察、了解外部世界中的先进经验后，通过对各种文化成分的比较，有筛选地吸收对自己有用的东西，从而确定符合自身利益的新观念或新生活方式。现代社会文明的发展规律是：通过不同形式的信息快速传播，所有先进文明都会对落后地区的社会进行全面渗透，从而使各民族文化相互融合。旅游是人类最直接的文化交流方式，必然会加快这种文化融合的速度。

2. 旅游促进了民族文化的保护和发展

"文化人类学"的理论有这样一个观点：民族文化在交流过程中会出现"涵化"现象，而且必将导致强势文化淘汰弱势文化的结局。人类社会早期的民族文化"涵化"是通过武力征服，到现代社会则是用先进文明进行全面渗透；而持有弱势文化的民族群体，为尽快步入新时代，必然会自行抛弃旧文化而接受新文明。这种现象虽然加速了人类社会文明的发展进程，但毕竟也残酷地抛弃了世界上许多光辉灿烂的民族文化。

发展旅游却能弥补文化"涵化"过程中出现的这一缺陷。因为民族文化是一个国家或地区重要的旅游资源。随着旅游业的发展和接待外来旅游者的需要，当地一些几乎被人遗忘的传统习俗和文化活动重新得到恢复；传统的手工艺品因市场需求的扩大重新得到发展；传统的音乐、舞蹈、戏剧等艺术重新受到重视；长期濒临湮灭的历史建筑重新得到维护；等等。所有这些几乎被遗忘和抛弃的文化遗产，不仅随着旅游的开展而获得新生，而且成为其他旅游东道国或地区所没有的独特文化资源。它们不仅受到外来旅游者的欢迎，而且使当地人对自己的独特文化增添了自豪感。此外，旅游者和东道地区人民通过发展旅游，都会不同程度地加深对民族文化的了解，从而提高了自觉保护历史及民族文化遗产的意识。各国政府有关部门也会因此而采取综合评价、保护、开发、利用一体化的科学政策，这些开发工作促成了民族文化的弘扬。

所有"可为旅游事业所利用"的民族文化都需要经过发掘整理。有许多濒临绝境的文化遗产借助旅游开发得以新生，例如，中国在1911年辛亥革命胜利后的半个多世纪内，曾一度升为"至尊皇权"地位的满族文化，在"驱除鞑虏"的过激舆论诱导下，被中国社会彻底否定，逐步走向衰亡，其破坏程度在"文革时期"达到顶峰，以致满族的文字几乎无人识别。而当中国进入大力发展国际旅游的新阶段后，满族的文化艺术中久已失传的服装、音乐、舞蹈、习俗等得以发扬光大，又重新焕发出青春活力。有些外国游客甚至误认为，满族文化就是中国古代文化的精华。

现代文明的重要标志是生产方式的现代化。大规模、集约化生产淘汰了许多费时费力的传统手工业生产。而在许多发展旅游事业的地区，反映当地人民艺术创造水平的地方民间艺术和手工艺品，却能以低廉价格唤起外来旅游者的购买欲望，农村家庭作坊式的生产也找回了商机。

所有发达地区，由于现代文明的普及，导致了传统文化特色逐渐消亡。而一些社会文明发展进程较为缓慢的"老少边穷地区"，虽然存在自然资源匮乏、土壤贫瘠、人迹罕至、交通闭塞的不足，但当地人与世隔绝的生产与生活方式，并未受到现代文明的冲击，幸运地保留了未被破坏的原始自然风貌和未受外界干扰的人文景观。这种令当地人深感自豪的、有望成为旅游吸引物的陌生环境，与现代都市文明恰恰形成鲜明对照，它对于需要调剂生活的都市人来说，是最富有魅力的。

四、旅游对目的地社会文化的消极影响

1. 不良的"示范效应"

随着旅游活动的开展，外来旅游者不可避免地会将自己的生活方式带到旅游目的地。特别是在国际旅游方面，由于旅游者来自世界各地，他们具有不同的价值标准、道德观念和生活方式，因而这些东西无形之中也在传播和渗透，对目的地社会产生"示范效应"。虽然外来旅游者与当地居民在相互作用和相互影响，但是实际上，外来旅游者带给目的地社会的影响，比他们接受目的地社会影响要大得多。这是因为：就旅游者而言，他们与当地人的接触是短暂的，一般不超过两个星期，因而他们与当地人的接触只是一种短暂而且肤浅的经历。就广大的大众旅游者而言，他们与旅游目的地当地人的接触不仅时间较短，而且接触的范围也十分有限。他们通常接触的主要是旅游企业员工，由于

这些接触都是在企业员工的工作时间内发生，加上双方的关系是一种消费者与服务提供者的不平等关系，所以旅游者难以被旅游企业员工所影响，而且在这种情况下，旅游企业员工的言谈举止也不大可能真正表现出当地居民的生活方式和价值观念。虽然外来旅游者在目的地逗留期间，也可能同其他当地居民进行广泛接触，但在很多情况下，语言问题也往往会成为交往中的障碍。

而对于当地居民来说，他们与外来旅游者的接触是长期不断的，因为他们接触的不只是哪一个旅游者，而是川流不息、接踵而至的"游客流"。所以，外来旅游者所带来的思想和文化对目的地社会的影响乃是一种潜移默化的长期影响。正因为如此，有人在研究了国际旅游活动的大规模开展给第三世界国家带来的消极影响之后，指出"发达世界是在通过旅游将其生活方式输出到第三世界国家"。虽然也有人认为，这一结论似乎带有偏激的政治色彩，但是外来旅游者的生活方式对目的地社会特别是对发展中国家社会的影响是不容忽视的事实。具体表现在：

（1）有些人通过对到访旅游者行为的观察，逐渐在思想和行为上发生消极变化。他们开始对自己的传统生活方式感到不满，从而先是在装束打扮和娱乐方式方面盲目模仿，继而发展到有意识地追求，从而使赌博、卖淫、诈骗、贪污受贿、走私贩私等犯罪和不良社会现象增多，影响社会秩序的安定。

（2）受西方性自由思想的影响，传统的道德观念受到冲击，其结果是性病蔓延、婚姻破裂的增多和离婚率的上升。塞舌尔群岛以"爱之岛（Islands of love）"向旅游者推销，因为传统上这些群岛就没有性行为规范，现在成了性病肆虐的"花柳之地"；泰国曼谷和菲律宾都以娼妓、毒品著称，满足欧洲、日本、美国等地游客的需求。

（3）崇洋思想的泛滥。由于受社会历史因素的影响，旧时代洋人特权、高傲、种族优越的遗毒在发展中国家仍未完全灭绝。加上受外国旅游者生活方式的影响，使得在有些当地人看来，西方旅游者乃是发达资本主义国家经济、财富、力量的活象征，是资本主义成功的物质证明，从而过高地评价西方社会，贬低自己本国社会，认为外国的一切都好，自己国家的一切都不如外国。

2. 民族文化的变异

（1）旅游者的追求偏离正道。在旅游消费中，不同民族文化差异所引发的矛盾经常表现为，来自发达国家的旅游者对发展中国家或地区文化的歪曲。一些旅游者不是本着友好交流的态度,通过亲身体验和接触去沟通与当地人民的感情,他们所注重的只是如何按图索骥地找到已被严重歪曲事实的"东西",即使是民族文化的创造者和继承人的当地居民,也被当作是这些"东西"中的一种可移动的类别。他们把自己比作探险家,对地方文化以野蛮、原始、荒诞、奇特为标准,以"看到"或经历过后感到过瘾为满足,而后他们便可以因自身持有强势文明和优越地位,怀着按捺不住的得意心情对地方文化大加评论,俨然一个导师和救世主的姿态。

（2）有关传统礼教的民俗趋向商品化。为满足旅游者的追新猎奇需要,东道地区原本非常神圣的传统礼教仪式变成"取悦客人的杂耍"或"任由客人点评的笑料",这无疑会伤害当地人的自尊心,而经济利益的诱惑却很难让当地人拒绝旅游者"再来一个"的加演请求。为能进一步刺激游客,一些地区旅游产品生产者会打着恢复传统文化本来面目的幌子,不顾当地社会的文明需要并正在不断进化的事实,硬是"保留"甚至制造出一些原始部落来,还煞有介事地贴上正宗传统文化的标签,并冠以"人类学的活博物馆"之美名供客人观赏,以便游客日后能作为闲聊的话题或嘲讽的对象。这种状态在亚太地区、美洲、大洋洲、非洲都有不同程度的表现。

（3）文物仿真与伪造。许多国家都制定有禁止或限制出口文物及特殊艺术品的严格规定,以防止文化损失,致使仿真文物开始充斥市场。虽说经工业化、大规模生产出来的仿真商品由于不再经过匠人的精心创作而早已失去了艺术魅力,却因价格低廉损害了原物的价值。特别是高科技手段将它们造得足以乱真或更为精良时,文物甚至有可能变成无人理睬的垃圾。粗制滥造的工艺品或伪造的文物由于可能带来丰厚利润而大量充斥市场。面对过分热情的推销和进退有术的讨价还价,旅游者在精明的商人面前甚至有理由怀疑自己是否变成了弱智。

（4）艺术品被歪曲。为了满足旅游者对纪念品的需要,当地工艺品大量生产,很多粗制滥造的产品充斥于市,这些产品实际上已不再能表现传统的风格和制作技艺。对于只求"价廉"不计"货真"的购买者来说,这也许算不了什么,但是,一旦旅游者误以为,他们所购买的就是反映当地传统工艺和地方特色的真正艺术品,并将它们带回客源国并向亲友展示时,便会使当地文化的形象和价值受到损害和贬低。旅游者满足于购买他们认为是当地正宗的典型艺品留作纪念，旅游地手工业者却"以旅游者需求为本"而进行生产，艺术家和手工艺人根据旅游者的需求在逐渐改变传统风格，不再追求艺术创作，而追求怪异的造型，能唤起旅游者注意的绚丽色彩，有利于包装、携带、邮寄为尺寸来设计商品规格。于是，在旅游商品市场上出现了买卖双方都看不懂的物品反被当作时髦出售的可笑现象。

（5）表演艺术堕入庸俗。传统的民间习俗和庆典活动都是在传统特定的时间、传统特定的地点，按照传统规定的内容和方式举行的。但是，很多这种活动随着旅游业的开展逐渐被商品化，它们不再按照传统规定的时间和地点举行，为了接待旅游者，随时都会被搬上"舞台"，为了迎合旅游者的观看兴趣，活动的内容也往往被压缩，并且表演的节奏明显加快。因此，这些"伪文化"虽然表面上被保留下来，但在很大程度上已经失去了传统意义和真正的文化价值。在丰厚报酬的诱惑下，日趋商品化的传统文化面临庸俗化的危险。美国旅游经营者发现，夏威夷人传统的好客意识已明显减弱，当地人为旅游者戴的花环，由于费用高和旅游者数量的增多，现已被塑料花环所取代，这种具有商业性质的礼节令旅游者感到失望。在中国西北地区，哈萨克族的传统风俗"姑娘追"也失去了群众娱乐与男女青年表达爱情的原有意义，在旅游创收的驱动下变质为讨价还价的商业表演。有些西方社会学家认为，流行于埃及与土耳其的"肚皮舞"虽被称为东方著名表演艺术，其实只是为了取悦西方旅游者生编出来的节目，持有这一看法的依据是，此种展现女性人体美的舞蹈与穆斯林所信奉的教义教规完全背道而驰。

（6）传统技能失传。许多旅游地区原本保持有传统工艺的制造技术，这些令当地人引以为荣的手工制造艺术品凝结着劳动者的智慧与创造力。而当它们迎合多数旅游者购买需求后，其加工方式就有可能发生变化，工厂机械化、大规模制造出来的此类商品以低廉价格涌入市场后，传统手工业者就面临破产的窘境，他们的技艺也因此被社会所淘汰。与吸收劳动力的社会效应相反，旅游业提供简单生活服务的劳动特点，也会带来社会劳动者所掌握的技能逐渐下降的新问题。

3. 社会矛盾的产生

（1）由政治观点对立引发矛盾冲突。旅游者与东道地区居民经常持有截然不同的政治观点，双方在交往中如果出现涉及此类问题的讨论，可能会引发情绪对立。现以东西方文化冲突为例，西方带有明显殖民主义色彩的文化理论对世界政治与文化的发展至今都起着破坏作用，同时也对发展中国家的人民造成心理上的伤害。如以英国格林尼治皇家天文台为中轴确定的东西半球的经线划分，就是大英帝国殖民主义时期的产物；将东亚及西亚称为"远东"或"中东"，也是站在西方殖民主义历史观来看待亚洲地理位置的。又如意大利人哥伦布最先发现美洲大陆的西方殖民主义文化理论，早已引起美洲土著人民的强烈不满；哥伦布的实际功绩只是在于让欧洲人开阔了眼界，了解到大西洋的彼岸还存在一个过去自己所不知道的大陆。

（2）排外情绪的产生。旅游者所希望得到的是某种特定的经历，并要求享受符合本国水准的生活条件，而目的地旅游业所看重的则是营业利润，在当地物资供应能力有限的情况下，往往把"质量上乘的消费品"优先供应给"肯出高价且以外汇支付的外来旅游者"，水电供应也优先保证旅游者的需要。这种直接与当地居民争夺有限数量消费品的情况，加之某些旅游者高傲自得和对当地风俗不屑一顾的藐视态度，难免会激发当地居民的怨恨，从而造成旅游者与当地居民之间人际关系的紧张。旅游业设施建设给东道地区居民的生活造成障碍时，许多未能跻身于旅游行业工作的当地人，会对发展旅游业持抵制态度，他们会指责旅游者的消费是"特权"，或指责旅游者侵犯了他们的利益。

（3）社会阶层变异。民族文化占社会主导地位的区域，在发展旅游事业初期几乎都经历过社会阶层变异的阶段，其变异的根源在于旅游从业者经济收入猛增。原来的社会地位在旅游收入的冲击下被动摇：以往令人尊重的领袖、长者，如今在年轻人眼中变成了废话连篇的累赘，只是当旅游者到来之际，他们才有可能根据场景需要被临时安排成演出的"主角"。

（4）家庭矛盾的产生。①夫妻关系解体。得到旅游业工作岗位的妇女取得了高于丈夫的收入后，经济自立的权利意识和在社会家庭中的地位都相应提高。这对封建家庭观念较强的地区造成很大的思想冲击：当妇女开始比丈夫挣到更多的金钱时，原先作为家庭经济支柱的丈夫可能会因自尊心受到伤害而感到委屈，由此导致离婚率上升。为缓解夏威夷发生的此类社会矛盾，美国政府制定了农业补贴政策，据说用这种方法降低了离婚率，但并不说明能根治这一矛盾。另外，因离婚出现的单亲家庭增多的现象也是造成青少年犯罪率增加的重要原因。②出现代沟。旅游业以招收青年人为主的就业特点，使得社会劳动价值发生偏离。原先在当地曾因拥有高超技术而享有盛名的手工艺者，其劳动价值与旅游业简单劳动价值相比显得无足轻重。当父辈辛苦几天的收入还抵不上子女在旅游工作岗位上一天的小费时，他们作为家庭经济顶梁柱的形象与威望在子女心中大打折扣，长此以往特有的权威受到冲击。

（5）妇女地位转向畸形。妇女从事旅游接待工作后，虽能增加个人收入，并相应提高社会地位，而她们却需要比男人付出更大的代价。如找工作时，常受到年龄、相貌、身材、婚姻、家庭状况等特殊规定的限制；从事其中一些特殊工作还须打扮得"更有魅力"；甚至在受到"性骚扰"时要装成若无其事的样子等。受不公平的社会待遇和生活所迫，旅游东道地区妇女可能会提供从事违背社会道德的色情服务，而一些好吃懒做的妇女就干脆将其当作致富的捷径。这反而使妇女的地位变得更为低下。

（6）种族及民族矛盾上升。有些来自富裕地区的旅游者喜欢用傲视天下的态度对传统文化横加嘲讽，以宣泄自己高人一等的优越情绪。旅游者可能有意或无意地传播种族主义偏见，他们将国籍、人种、民族、肤色、语言等分成优劣等级。或以救世主的形象向涉世未深的东道国青年人煽动狭隘民族主义情绪。少数别有用心的旅游者打着自由平等的招牌，不怀好意地在一些民族地区散布谣言，以图激化民族矛盾，挑起民族事端，制造旅游地社会不稳定局面。民族歧视、民族纠纷等社会矛盾就此出现。另外，旅游者如果触及诸如语言、风俗等禁忌也会造成民族纠纷，例如，在澳大利亚乌鲁卢地区一个广受欢迎的旅游活动就是攀登中央沙石悬崖，但土著人认为这是对其精神圣地的亵渎；藏族同胞对内地汉人将他们所信仰的藏传佛教称为"喇嘛教"极为反感，因为好比称汉传佛教为"和尚教"一样难听。

4. 思想领域的负效应

（1）价值观改变。伴随旅游事业带动商品经济发展的同时，金钱万能的思想也可能败坏旅游地的淳朴民风。"一切向钱看"的意识在旅游地区形成风潮。①旅游地居民经常用羡慕的眼光来观察旅游者的高消费生活方式。但是如果商品需求随着旅游者大量涌入而增加，暴涨的物价严重影响当地居民正常的生活水平，而旅游者仍旧具有的较强购买力就会引发当地人的嫉妒。②旅游接待单位员工的工资如果明显高于其他行业员工的收入，特别是高于从事复杂劳动的技术人员收入水平，就会造成当地劳动力价值的贬值。人们开始对自身的价值产生疑虑,不再重视掌握文化知识和专业技能的作用和意义,旅游业可观的收入将吸引各个行业的专业技术骨干自动放弃原有的工作前去谋职。③传统民族地方工业开始向旅游商品化转移,而当地的社会需求不再被生产者关心,旅游者成为民族艺术品的唯一客户。④人的尊严也可以买卖。人们交往、社会义务、互相帮助、礼貌微笑、回答问题、合影留念、问路探路等都沾染上铜臭的气味。老人们忧虑"人心不古",旅游者抱怨"钱能通神",金钱成为衡量一切价值的根本标准。⑤旅游点的一些民宿客栈或登山轿夫为抢夺生意,对刚刚下车的旅游者拉拉扯扯,而互不相识的客人却在主动交流着如何摆脱"用合影向旅游者强行索取费用的当地人"纠缠的经验。各种唯利是图的商业行为造成旅游景区声誉的严重败坏。

(2)信仰出现困惑。旅游者来自不同社会制度的国家或地区,他们会自觉或不自觉地通过交往形式将"自己的信仰及政治主张"灌输给东道地区居民。通过与旅游者高消费的比较,东道地区居民可能逐渐对以往受到的教育产生怀疑。有些涉世未深、思想单纯的年轻人由于理论水平有限,缺乏分析事物的能力,在听取只言片语的错误论点后会产生疑惑,在外来文化的诱惑下,逐渐对自己原来的信仰持否定态度。他们不是辩证地、历史地探究社会现象的本质,而是冲动地对以往所受到的教育产生怀疑,对自己所持有的信仰产生动摇。继而把自己的国家看得一无是处,觉得社会制度、民族文化、工作环境、生活方式等统统不如外国的好。他们遗憾自己生不逢时,认为整个社会、整个时代都有负于自己。一些人不再追求真理、不再进取,开始对生活玩世不恭,不负责任,只求得到刺激,追赶"新潮"。一些人幻想破灭,头脑空虚,感到前途渺茫,开始消极遁世,对生活缺乏热情,还自认为大彻大悟,看破红尘。而另一些人则变得自私自利,唯利是图。

(3)社会道德逐渐低下。旅游者的言谈举止常常冲击旅游地居民固有的道德观念。一些人开始对传统道德中的真假、善恶、美丑、是非等价值标准的合理性产生疑问。他们会认为:"旅游者如此这般,为什么我们却不能?"通过观察旅游者迥然不同的生活方式,人们打开了认识外部世界的眼界,他们竭力想缩小文明上的差距,开始向外来者学习。可是其中有些人却只注重外来事物的表面现象,不切实际地追求生活的高标准,把外界那些庸俗、低级、难登大雅之堂的货色误认作时髦。道德情操的改变被披上个性解放的外衣,酗酒、吸毒、卖淫、走私、迷信活动等社会病态现象也越发公开。金钱的唆使和纵欲意识，勾引一些不良分子明目张胆地从事非法活动，赌博、色情、贩毒、投机、诈骗、偷窃、抢劫等各种古老罪恶行径也开始复苏，并发展到使用现代化技术和手段，有些地区甚至形成具有黑社会性质的犯罪网络，犯罪率上升，社会治安受到威胁。随着旅游者的进入，外界道德可能改变旅游社区人民的意识：赌博经改头换面称为"博彩"后，已成为一些地区具有突出业绩的旅游合法经营业务；吸毒被当作潇洒而流行于吸毒者之间；成功躲避海关检查的走私被旅游者当作"炫耀自己如何聪明"的话题；旅游纪念品商店的业主们嘲笑"刚刚离去的旅游者在讨价还价时表现的无知"。

（4）风俗变异。历经千百年历史经验总结出来的风俗也发生了质变。为索取可观的小费，身穿民族服装的女服务员强拉客人与其举行"婚礼"，此类闹剧似乎也变成某些民族风情村的重点活动项目，体验乡土文化的民俗旅游活动由此而掺杂了色情服务的成分。传统饮食文化中的禁忌也因旅游者的需求而被解除，而一些旅游者不分场合地对不合自己口味的地方餐饮或烹饪方法表现出厌恶的神情。民族服饰也发生很大变化，东道地区居民将来自大城市的廉价T恤衫、牛仔裤误认为是现代文明的时尚潮流；一些当地人的传统服装被旅游者当作旅游纪念品抢购后价格飞涨，另外一些传统民族服饰被无知的旅游者嘲笑，处于被社会淘汰的尴尬处境；在中国一些少数民族聚集地区，旅游者已很难再见到身着民族服装的当地居民了。

（5）固守陋习与宣扬迷信。具有地方特色的习俗常常吸引旅游者的注意力，这种状况很容易唤起旅游开发者不加甄别地发掘当地社会现象的热情，致使一些低俗不堪的事物，或被当作嘲讽对象，或被冠以合理解释成为固守陋俗的正当理由。号称民族传统的舞蹈表现出明显的色情挑逗；封建社会的婚丧礼仪成为旅游表演；封建帝王或军阀的服装和武器已名正言顺地成为供旅游者照相的道具。迷信活动在弘扬民族文化的幌子下开始复苏，只要稍微疏于监督，便会见缝插针地混杂在宗教场所附近从事欺诈活动。由于土地有限，我国一些地区甚至出现拆学校建寺庙的反常现象。有些迷信活动甚至采用高科技手段，如电脑算命、测风水、定姻缘、验血型来定性格等；原本是道家用于修身养性的吐纳术被神化成包治百病的神奇"气功"。

五、正确认识旅游对目的地社区的社会文化影响

旅游对目的地社会文化的积极影响，并非发展旅游的必然结果。东道国若要通过旅游者的宣传而改善自己在海外的形象，很大程度上取决于国际游客在目的地逗留期间是否实现了自己预期的愿望，取决于国际游客是否产生了对东道国的好感。如果国际游客没有获得预期的满足，甚至发生了不愉快的经历，那么他们带回本国的，非但不是对东道国的好感，反而是牢骚、怨恨和批评。

旅游对社会文化所产生的负效应有两个明显特征：

一是自发性。旅游文化交流中出现的消极影响主要不是源自外来文化的进入，绝大多数都是旅游地自身存在的消极隐患。这种消极社会现象如同隐藏在旅游目的地这一滋生土壤中的有害菌种一样，当外来思想所创造的社会环境条件成熟时，旅游地的温床便会滋生出毒害社会的霉菌。在旅游业经营过程中，引导不力、管理不善、教育不及时等原因，都可能使旅游地某些原本得到控制的消极因素，在旅游者不正当需求的刺激下复苏、扩散。所以说，旅游接待地区所存在的某些消极社会现象多是自发的，都是因为当地本身存在各种待发作的不良因素。

二是隐蔽性。旅游在文化中的负效应不像环境污染那么显而易见，它潜移默化地进行思想渗透，侵蚀着人们的心灵；当引起人们的普遍重视时，往往已构成难以医治的社会顽疾。这种负效应的扩大可能引起接待地区人民对旅游活动的厌恶或抵制，或导致旅游地民族文化的变异，这将严重阻碍旅游事业的发展。

旅游对目的地社会文化的负效应，也同样并非发展旅游的必然结果，而是指其潜在性或可能性。消极影响在某些旅游东道国或地区导致了社会问题的发生，而在其他一些旅游目的地则并未形成社会问题。当然，致使旅游的潜在消极影响转化为现实社会问题的条件是多种多样的，其中，与旅游东道国或地区的旅游规划工作有很大的关系。随着旅游者的大量涌入和游客密度的不断增加，旅游带给目的地社会的消极程度也会增加。游客来访数量的增加一旦超过了当地承载能力，这些消极影响的增长速度就会成倍地增加，从而诱发各种社会心理问题。这些社会心理问题的膨胀和加剧，则会进一步造成现实的社会问

题。所以，根据当地的自然、社会、经济条件制定相应的旅游规划，防止和控制旅游接待量超负荷是非常重要的。更重要的是，通过制订量力而行的发展规划，既要尽量缩小和纠正大规模旅游所带来的消极影响，又要保证和维护旅游者与当地居民之间的文化交流所带来的好处。

古今中外的历史证明，一个国家或地区的社会文化需要得到外来文化的促进，才能不断完善、发展和前进。面对大规模旅游带来的消极影响，我们不能因噎废食而反对发展旅游，一是因为旅游毕竟对经济和社会文化有众多的积极作用，二是因为很多消极作用的产生未必是发展旅游的必然结果。正确认识旅游对目的地社会文化的影响，主要目的是，要在澄清认识的基础上采取措施，发挥旅游对目的地社会文化的积极作用，抵制其消极作用。我国是社会主义国家，完全有条件使自己的旅游业沿着健康的道路前进，这不仅是发展旅游业的需要，也是社会主义精神文明建设的需要。

第三节　旅游对目的地社区的生态环境影响

无论是自然旅游资源，还是人造旅游资源，本身就是目的地环境的组成部分，加上外来旅游者的到访活动无一不是以目的地的环境为依托，所以旅游目的地的环境是构成当地总体旅游产品的最基本要素。它不仅是吸引旅游者来访的重要决定因素，而且其质量还影响到访游客的访问经历和满意程度。在旅游项目的开发和旅游活动的开展在导致环境发生变化方面，既有积极的影响，也有消极的影响；既有直接的影响，也有间接的和诱导的影响。

一、积极方面的直接影响

（1）使历史建筑和古迹遗址得到维护、恢复和修整。风景秀丽的地方、历史价值突出的建筑、丰富而令人感兴趣的野生动植物能够吸引旅游者。而旅游者在当地的部分开支如门票，构成了当地的旅游收入，可以用来保护自然遗产和人造遗产，而且旅游也可以使那些废弃的历史建筑物派上用场。

（2）使休闲和娱乐场所及相关设施的数量得到增加。为了适应旅游业发展的需要，旅游接待地区的基础设施会得以改进，生活服务设施和其他方便旅游者的设施也会有所增加。虽然这一切都源自发展旅游业的需要，但在客观上也改善了当地居民的生活环境，方便了当地居民的生活。

（3）使道路、交通运输服务等基础设施得到改善。旅游在发展过程中也不断地对科学技术提出新的要求，尤其是在交通运输工具、通信以及旅游服务设施方面，要求更加快速、便利、舒适和安全，从而推动了旅游目的地的基础设施建设和科学技术发展。

（4）使旅游接待地区的环境卫生得到重视和维持。随着旅游业的日益发展，不断地开发旅游资源，其中有不少旅游资源原来就存在一些生态问题，在旅游开发中，便可采取旅游生态建设和污染治理的措施，使开发出来的旅游资源比原来的生态环境质量更高，即旅游开发美化、优化了生态环境。旅游资源开发后便进入利用阶段，若能科学地管理，能使当地生态环境进入良性循环。

以上各项影响虽然在主观上都是出于发展旅游业的需要，都是为了造就和维持良好的旅游环境，以吸引旅游者到访，在客观上可以起到改善目的地物质环境的作用。当然，旅游能否构成对目的地环境的积极影响，最终取决于当地社会的认同。例如，在非洲一些地区野生动物园区的设立，不仅未被当地居民看作维护当地环境的积极之举，反而被认为是限制了当地部落放牧的土地，并制约了当地的食物生产能力。

二、消极方面的直接影响

（1）长期大量接待旅游者，会使当地历史古迹的原始风貌、寿命受到威胁。一是由于旅游者的破坏行为。触摸攀爬、乱刻乱画、肆意践踏等不文明行为在许多地方时有发生；不适当的狩猎、采集、野营致使物种灭绝，水土流失，甚至改变气候；野炊或吸烟引发山火等；这些现象可能导致生态平衡的破坏。二是由于旺季时超负荷接待旅游者加速旅游资源的损耗，如众人呼吸排出的二氧化碳使敦煌莫高窟的壁画褪色；使喀斯特溶洞的钟乳石变暗；众人践踏磨掉了北京故宫台阶上的浮雕。

（2）旅游活动加剧对自然环境和生态系统的损害。例如，旅游者的渔猎活动会影响野生动物的生存环境；沙丘会因人们的过度活动而遭受侵蚀；植被会因人们的过度踩踏而被破坏；探险者使用的野营篝火有可能引发森林火灾；旅游者乱丢废弃物会影响环境的美感质量。在一些地方，旅游者会无意或有意地毁坏庄稼作物和农场设备，恐吓牲畜或在乡间抛弃大量垃圾。夏天在英国的一座山里，每天从山顶上清理下来的垃圾（主要是午餐包装物）就将近1吨；在南英格兰的新森区，每年要回收大约25000个空瓶子。在许多地区，野生动物受到严重的干扰，珊瑚礁遭到破坏，从游客的鞋子和衣服里将外来植物带入当地脆弱的生态系统。

（3）旅游者带来的流行疾病，使东道地区居民的健康造成隐患，甚至可能是致命的。许多旅游度假地的卫生条件很差，这为各种肠胃疾病、伤寒、霍乱和肝炎的传播创造了适宜的条件。缺乏预见和无知，会导致严重的中暑和皮癌。预防不当将导致艾滋病病毒的感染，这种病毒在非洲一些国家的人口中，感染率已高达40%。旅游者却抱怨东道地区缺乏必要的卫生措施。远离生活区的旅游地常常要求旅游者自带行装，大量的食品包装和一次性消费品被随意丢弃，旅游胜地渐渐变成垃圾收容站，蚊蝇滋生，疾病蔓延。

（4）使当地水和空气的质量下降，并使噪声增加。随着旅游者的大量涌入，使当地人口密度增大，交通阻塞，造成当地居民的生活空间相对缩小，导致排污量增加。机动船只使用量的增大，使当地的水质污染问题更加严重。旅游交通运输量的增大和机动交通工具废气排放量的增多。空调和冷藏设备等旅游接待设施用电量的增大，导致发电燃油废气排放量的增多。所有这些都会加重当地空气质量的下降。汽车、火车、飞机等旅游交通运输量的增大，以及夜总会、广场舞、迪斯科舞厅的增多，都会加重当地的噪声污染程度。

（5）旅游接待设施的过度开发和建设，会使当地原有的自然景观遭到破坏。例如在滨海沙滩的近水地段建造高层建筑，在名山山顶修建宾馆；一些著名城市在扩建、改建过程中，将具有典型民族和历史文化风格的建筑拆除；为容纳大量旅游者而拓宽道路、修建设施也会改变旅游地的整体风貌；越是陡峭的山体，修建盘山公路或登山缆车对植被的破坏就越严重；不伦不类的违章建筑不但破坏了旅游点的原有景观，还造成了场地拥挤的混乱现象。

旅游对环境破坏较小的地区往往是发达国家或地区，以及目前尚无旅游者涉足的地区。而刚起步开发的旅游地往往会出现较为严重的环境破坏现象，一是因为对环境破坏造成的恶果认识不足；二是因为缺乏必要的资金投入。旅游对环境破坏的控制效果，主要取决于管理水平的高低和经济实力的大小。例如，在毛里求斯，政府规定在海滩地区兴建有关设施时，其建筑物的高度不得超过当地椰树的高度；在印度，当地政府规定建筑物的兴建必须退后滨海沙滩一定的距离。

第四节 社区参与旅游发展和社区赋权

实施可持续发展战略是旅游业发展的必然选择。除了包含经济的发展、环境的保护、社会的进步等内容外，可持续发展更需要一种发展理念和评判依据。刘纬华于2000年在《旅游学刊》上撰文"关于社区参与旅游发展的若干理论思考"，认为社区参与旅游发展是旅游可持续发展理念中不可或缺的机制。

一、"参与"概念的提出及参与的必要性

《关于旅游业的21世纪议程》所倡导的旅游业可持续发展明确提出将居民作为关怀对象，并把居民参与当作旅游发展过程中的一项重要内容和不可缺少的环节。"参与"的概念随着社会的发展和人类文明的进步而逐渐渗透到人们社会生活的各个方面，其程度高低可以折射出社会民主、文明的进程。事实上，旅游业作为一种新兴产业，社区参与还没有作为指导思想进入人们的思维视野。

就旅游规划来说，传统的旅游规划倾向于考虑对目的地带来的经济利益、旅游市场需求分析、环境因素分析、社会宏观条件分析（主要是经济条件）等几个方面，对社会文化发展涉及甚少。应当指出，旅游是在社区之间展开的活动，社区是旅游发展的依托。没有社区的健康发展，就没有旅游业的健康发展。很多地区的旅游业就是由于忽视社区因素及当地居民的要求，没有与社区建立起合作伙伴关系而造成旅游环境污染乃至恶化，经济秩序混乱乃至失控，文化传统扭曲乃至丧失。

例如，在塞浦路斯的一项案例研究表明，纯粹从经济利益和保护物质环境角度制定的旅游规划，因忽视了当地居民的要求，遭到了当地居民和土地所有者的强烈反对，使该项旅游规划终成泡影。而印度海岸旅游地Goa，因当地居民不满旅游者的大量涌入而造成的诸多不便，由工人、学生、军人自发组成的组织向旅客散发敌意传单，并演变成向政府施加压力反对旅游发展的消极行

动。另外，国内有些旅游景区，因没有组织协调好当地居民的经营活动，敲诈游客、哄抬物价，甚至威胁游客人身安全的事件也时有发生。

社区参与旅游发展（Community involved tourism development）是指社区作为旅游发展的主体进入旅游规划、旅游开发等涉及旅游发展重大事宜的决策、执行体系中。社区参与旅游发展是旅游可持续发展的一个重要内容和评判依据。国外学者已经开始进行有关社区参与旅游发展问题的研究，内容包括旅游发展与社区的相互关系及社区在旅游发展中的地位、作用等。国内也有人涉足这一领域。有的从开发旅游社区、开展社区旅游的角度，探讨旅游发展与社区的互动关系及和谐统一；有的则从控制旅游对目的地社会文化的消极影响角度出发，提出融入社会文化目标的旅游规划控制方法，强调旅游规划要考虑"吸收当地社区居民参与"的原则。

二、居民参与旅游发展的内容

旅游发展是一个较为宽泛的范畴，宏观上，有旅游发展战略、指导思想、远景目标等纲领性内容；微观上，又有旅游发展战术安排、旅游产品研究与开发、旅游市场开拓等。从时间上看，有旅游发展各要素的时序安排，优先发展项目的运筹等；从空间上看，有旅游发展各要素的空间结构、比例的确定、区域联合发展等内容。因此，居民参与的内容只有渗透到各个层面才能真正体现过程参与原则，达到参与之预期目标。居民参与旅游发展主要体现在以下几个方面。

1. 参与旅游发展决策

包括赋权社区居民自行决定旅游发展目标，倾听居民对发展旅游的希望与看法，并将这些意见纳入政府的决策之中。这样做的依据之一是可持续发展思想。可持续发展体现在代内公平和代际公平两个方面。就前者而言，指为所有的人提供获得物质环境利益和社会文化利益的公平机会。旅游事业的发展不仅要使旅游者获得精神的满足和再生产能力的提高、政府税收的增加和旅游企业的盈利，还要给社区居民带来多方面的利益，利益相关者共同形成伙伴关系，利益共享，责任共担，共同促进旅游业的健康、协调、持续发展。依据之二是对旅游吸引系统的科学把握。即不仅仅是景观资源，居民（包括其素质高低、对旅游发展态度）也是旅游吸引系统的一个重要组成部分。

已有研究表明，旅游地若能充分考虑居民要求并使其受益，则社区居民表现出支持旅游进一步发展的倾向，并以更积极姿态继续介入，反之则相反。当然，主观上说，居民是为了获得更大的利益，但客观上却达成了一种合作的默契。若很少考虑居民的要求，让他们眼睁睁看到旅游业在发展，自身却不但不能从中受益，而且不得不忍受由于旅游发展而带来的消极影响，这时，便可能产生抵制和敌对情绪，甚至会产生如前文提到的印度 Goa 海岸居民的对抗行为。另外。还要考虑社区内所有涉及旅游的部门之利益，吸收他们对旅游发展的意见和建议。

2. 参与旅游发展而带来的利益分配

这与参与旅游发展决策是相辅相成的。能够分享到旅游带来的利益，就有机会参与旅游发展决策，有时是在不自觉状态下进行的。如从事旅游经营活动而上缴给政府税金的居民，会受到政府当局的重视，主动征求居民的意见，进而采取反映社情民意的措施。居民经济地位的抬升，也意味着其发言分量的加重。反过来，参与旅游决策的多层面和高强度也更容易使居民获得受益的机会，主要包括：不断增加居民的就业机会和商业机会；保证本地居民优先被雇用的权利；旅游商品尽量采用本地原料进行加工；向居民开放为旅游者兴建的服务设施和环保设施。目前的问题是由于单个人经济力量有限，政府又无具体保障措施，参与利益分配大多有心无力，从而导致这个"特权"集中于少数人或少数部门之中，而大多数人则承担起了旅游发展的各项成本，包括经济成本、社会成本、环境成本、生态成本等。

3. 参与有关旅游知识的教育培训

（1）为增强居民旅游意识和环境观念而进行的教育。主要由旅游行政管理部门或行业协会牵头实施。通过教育培训最终达到这样的目标：由受教育前居民被动接受环境保护的教条而与环境形成的"主—客体受动关系"，转化为受教育后居民主动的、自觉的环保观念而与环境形成的"主—客体对等关系"。也只有这样，居民参与才有实际意义，才能产生实际效果。

（2）为增强居民在旅游发展中的生存能力和技能而进行的培训。培训主体可以是多元化的，包括旅游行政管理部门、旅游企事业单位等。如对居民进行服务接待和经营方式的简单培训后，可将部分民居装修改造为特色民宿，并提供简单膳食，最终从中受益。从这个意义上说，居民参与教育培训与参与利益的分享是相辅相成的，目标上是一致的。黄山风景名胜区所在的汤口镇，几乎每户居民都自觉或不自觉地参与到与旅游有关的经营活动中来，有关部门定期上门指导，规范居民的旅游服务活动，使之尽量标准化、规范化，满足游客的需要。

三、居民参与旅游发展的机制

所谓机制，是指系统内各要素之间相互作用、相互联系、相互制约的原理和方式。一个良好的机制能实现系统结构的优化，从而保证系统功能的充分发挥。社区参与旅游发展和规划是可持续发展不可或缺的机制，是民主思想和民主意识在旅游发展和规划中的体现。

1. 创造一个保证居民参与的咨询机制，充分反映居民的诉求和社情民意

包括成立社区成员与旅游当局的联席会，定期开会商谈旅游发展相关问题；成立当地各阶层参加的旅游行业组织，其功能定位在上传下达、沟通协调等方面。形式可以多样，内容要相对集中。

（1）旅游发展决策咨询，包括旅游发展的指导思想、目标、途径等战略问题。虽然居民受自身素质限制，参与能力有限，但至少在宏观概念上要听取他们的意见和看法，以便得到他们的支持。

（2）旅游发展具体思路咨询，包括旅游业的要素安排，即吃、住、行、游、购、娱、厕之间的比例及各自内部之间的相互配合和协调。以食宿为例，通过征求居民意见，根据其参与的积极性来确定国有、集体和私营旅馆的比例。在可能条件下，应多为居民提供开办旅游接待设施的机会，使之更热情、更实质性地参与到决策中来。

（3）旅游发展引发问题的咨询，包括环境、经济、社会、文化等各个方面。将居民所关注的问题体现在旅游规划过程之中。原国家旅游局颁发的《旅游发展规划管理暂行办法》从宏观上提出了可持续发展的原则，并具体规定了编制旅游规划的七项内容，但对可持续发展负有重大责任和义务的社区居民的条款没有出现。西方旅游发达国家已将"居民对旅游影响引发问题的态度"作为旅游规划的一项重要内容。体现社区居民意志的旅游规划更易于在实施过程中推行，也会使居民更有效地参与旅游可持续发展。

2. 创造居民参与利益分享的机制，其根本点在于使居民成为旅游发展积极影响的受益者，而非消极影响的受害者

（1）提供居民盈利机会，包括尽量提供给本地居民就业机会和商业机会。

（2）旅游企业注意自身经营行为，最大限度地减轻对环境的污染和对当地居民生活质量的副作用。配齐废水及其他污染物质的回收和处理设备，并向居民开放。提高设备利用效率和环境质量。

（3）旅游行政管理部门要在政策上和财政上扶持当地居民。政策扶持包括制定保护居民从事旅游经营活动的法规条例，从法律上承认其经营的合法性；规范其经营服务质量，既利于其健康发展，也会增加政府的税收。财政扶持包括帮助居民筹措开展经营活动所需资金，协调金融机构提供低息贷款等。

3. 创造培养居民旅游意识和培训居民旅游专业技能的机制

（1）对社区成员进行旅游专业知识培训，包括旅馆服务、旅游交通、旅游市场开拓等。这能使每一个具有劳动能力的居民掌握一门专业技术，能在旅游发展过程中充分体现出自身的价值。

（2）对旅游企业员工进行环境问题的培训，从而潜移默化地影响周围居民的环境观念，并动员员工的家庭成员参与有关环境保护的活动或重大事件。如"爱护我们的家园——假日大扫除""了解我们的自然母亲——动植物标本展览"等，以增强公众的危机意识和环保观念。

（3）由政府或行业协会牵头，旅游企业和教育机构等具体组织可将环境问题融入基础教育和职业教育之中。提高青少年"旅游与环境一体化"观念，在21世纪必将发挥出教育的巨大潜在功能。

■ **思考与习题**

1. 旅游社区活动的基本矛盾是什么？
2. 什么叫生态旅游？为什么说生态旅游区是一个具有耗散结构的系统？
3. 道克西认为，目的地社区的态度演变过程是怎样的？
4. 旅游对目的地社会文化的积极影响和消极影响有哪些？
5. 旅游对目的地生态环境的积极影响和消极影响有哪些？
6. 什么叫"社区参与旅游发展"？参与的必要性是什么？
7. 社区居民参与旅游发展的机制是什么？

思考与习题答案

第五章 旅游目的地政府

联合国旅游组织提出：政府在旅游业发展的不同阶段应扮演不同的角色。在我国旅游业由"高速度增长"向"高质量增长"转变的关键时期，分析旅游业发展中的政府角色问题，是我国旅游业发展所面临的重要理论和政策课题。

第一节 目的地政府活动的根本动力

目的地管理组织包括负责旅游的政府部门、国家旅游管理机构和有代表性的行业机构。旅游业归属于许多政府部门的管理权限之中，其中包括旅游部、交通部、贸易部、环境部等，所有这些政府部门都会对旅游可持续发展贡献力量；国家旅游管理机构是负责市场营销、规划和就旅游事宜向中央政府提供建议与咨询的机构；有代表性的行业组织往往有旅游公司成员，并在国家和国际范围内为这些公司说话，它们处于促进政府与产业之间伙伴关系的一个最佳位置。

近年来，"国家旅游管理机构"和"有代表性的行业组织"的区别已经开始变得模糊。国家旅游管理机构在从事它们传统活动的时候，经常包括来自旅游公司的代表，并为旅游公司提供咨询。与此同时，行业组织也越来越多地执行一些传统上属于国家旅游管理机构的职能，例如，就旅游政策向政府提供咨询。通俗地讲，在我国，目的地管理组织的职责是：政府做形象，旅游局做管道，企业和行业协会做产品。

在我国，目的地管理组织就是所谓各级"旅游主管部门"，主要是文化和

第五章 旅游目的地政府

旅游部、各级主管旅游事业的政府部门。本节为了叙述方便，将目的地管理组织称为"旅游目的地政府"，或简称"目的地政府"；将客源地管理组织称为"旅游客源地政府"，或简称"客源地政府"。目的地和客源地是相对而言的，比如我国既是一个目的地，同时也是一个客源地。

目的地政府通过发展旅游以取得更多的政治、经济、社会、文化利益，与旅游对政治、经济、社会、文化、资源、生态环境产生"负效应"之间的矛盾，是目的地政府活动的基本矛盾。为了向旅游者提供高质量的旅游经历，为了限制旅游所产生的负效应和追求旅游所产生的正效应，为了旅游可持续发展，各级目的地政府（我国称"旅游主管部门"）不可避免地卷入到旅游中来。目的地政府活动的基本矛盾若得不到统一，就会产生"新殖民主义"的侵略感、"旅游摧毁旅游"的恐惧感，从而失去对发展旅游的信心。因此，目的地政府活动子系统的根本性质是可持续性。

系统结构的深层次是关系或关系环，而关系的深层次是制度和文化。新制度经济学认为，制度是指各种具有协调功能的规则和规则集，指各种带有惩罚性的措施，能对人们的行为产生规范影响的规则。因此，目的地旅游主管部门要实现其目标，制定"旅游法"和开展旅游高等教育、旅游职业教育、普及性的旅游教育是必要的。

在我国改革开放初期，政府由"完全取代市场"向"开放市场和培育市场主体"转变，有效激发了市场活力，促进了旅游业的繁荣。随着市场化改革的逐步深入，政府开始扮演市场"调控者"角色，通过产业政策有效促进了旅游市场总供给与总需求的平衡，但随后借助行政手段调整旅游市场结构的努力却未能奏效。与此同时，政府也开始扮演"管制者"角色，但前期所采取的"行政性规制手段"却导致了市场的混乱，而中期出台的"规制性法规"则促进了行业的有序发展，后期出台的"旅游标准"同样起到了引导行业健康发展的作用。另外政府还扮演了"守夜人"的角色，运用行政力量促进了行业法规的实施。

我国旅游业发展中政府角色变迁的基本趋势为："公益人"的角色将逐步完善，"调控者"的角色也将持续完善。我国旅游业发展中政府角色优化的目标与改革路径：一是扮演"管制者"与"守夜人"角色，应对旅游市场信息的不对称；二是扮演"调控者""管制者""守夜人"与"仲裁者"的角色，有效解决旅游市场的外部性问题；三是扮演"公益人"的角色，推进旅游经济体制和管理制度改革；四是扮演"协调者"的角色，促进旅游服务供给结构与需求结构的匹配和均衡（王红，2014）。

第二节　旅游业对目的地的经济影响

就国际旅游而言，海外旅游者入境后的消费开支，构成了旅游东道国的国际旅游收入；而客源国居民出国旅游期间的消费开支，则构成了该国的国际旅游支出。

一、旅游业的经济地位

旅游业是第三产业的支柱。产业结构是指不同产业及产业内不同企业之间的关系结构。现行的、国际通用的、宏观产业结构划分中的三次产业划分，一方面反映了经济发展不同阶段的主要特点及主导产业的变更，另一方面也反映了经济增长中产业结构变动的历史顺序。从经济发展的历史次序看，第一产业部门所属的各行业（农、林、牧、渔）为经济增长提供基础原料，是整个经济活动的原始基础，同时也是经济发展的起点；第二产业即加工制造业所属各行业的活动是第一产业活动的继续，构成经济深层次活动的主要内容，在一定条件下，它的发展成为整个经济发展水平的主要标志；第三产业是第一、二产业以外的、以服务业为主的其他产业，第三产业的发展是经济活动深化的结果和标志，在国民经济中占主导地位。随着世界经济向现代化发展，第三产业在产业结构中的比重必将增加。旅游经济活动的综合性和多样性特点，使得它有条件成为优化社会产业结构的先锋，促进各产业之间的"跨界融合"。

旅游业是动力产业。旅游业已经不是一个简单的经济产业，而是可以在经济和社会发展过程中，产生多功能、全方位作用的动力产业。①入境旅游的发展，形成了"四个就地"的效益，即就地出口风景、就地出口劳务、就地出口商品、就地出口文化。②国内旅游的发展，形成了"四个转化"的效益：一是可以把现存的无效资源转化为有效资源；二是可以把有效资源转化为高附加值的产品；三是可以把旅游产品转化为市场有效需求；四是可以把有效的市场需求转化为社会各方面的经营效益。③旅游发展实现四个层次的交流：一是实现了国际交流，改变了国际的财富分配比例；二是实现了产业之间的交流，形成了产业之间的渗透和联动；三是实现了城乡之间的交流，实质上完成了又一次国民收入再分配；四是实现了地区之间的交流，也是各地财政收入的再分配，是货币与资源的再交换。

旅游业是优势产业和新的经济增长点。旅游业的重要性，有两点是其他传统行业所不能比的。一是旅游业的发展速度比其他传统行业发展速度快得多。这是因为旅游需求的收入弹性大，旅游消费比其他一般商品消费的增长速度快，所以旅游业不仅可在较短的时间内获得较快的发展，而且有着光明的发展前景。二是一个国家所拥有的旅游资源往往能使该国的旅游业具有一定的竞争优势，对于吸引某种类型的旅游者甚至可能会具有完全垄断的优势。

二、旅游业对经济发展的正面影响

1. 增加就业机会

安置国民就业是各国政府都十分关心的大事。任何国家都可能会在不同时期存在一定数量的失业人员。如果失业人员的数量过大，会带来许多严重的社会问题，形成影响国家社会、经济发展的不稳定因素。所以，安置就业是国家政府的重要大事。

随着国家经济的发展，服务业必将成为"最大的就业容纳器"。在美国，从事农业生产的人口不到1%，从事工业生产的人口只有12%，而从事服务业的人口占87%以上。正如最初农业发展的结果一样，制造业的标准化、机械化、自动化、智能化所产生的剩余劳动力将不断流向服务业。在这种情况下，服务业的快速发展使社会对劳动力的需求得以增加。

旅游业作为第三产业的"龙头产业"，在提供就业机会和解决就业问题方面尤其具有优势。这主要是因为：

（1）旅游业属于劳动密集型行业，在旅游接待工作中，许多工作都必须靠员工手工操作，需要面对面提供富有人情味的直接服务，因而需要大量的劳动力。根据世界许多地区的经验，整个旅游业的直接就业人数同当地饭店客房数的比例为4.5：1。如果再进一步考虑到间接旅游企业或者旅游相关行业的情况，特别是由于旅游企业职工又需要购买生活消费品、服务、教育……从而进一步带动当地工商、教育、卫生等部门创造间接就业机会，那么旅游业的发展提供的总体就业机会就更多了。

（2）旅游创造就业机会的岗位层次众多，特别是旅游业中很多服务岗位的工作并不要求掌握很高的技术，可为广大家庭妇女和不持有技术专长的青年提供就业机会。当然，这并不是说旅游服务工作不需要知识和技术，为了保证旅游产品的质量，当然也需要对这些从业人员进行必要的教育和培训。但是与技术程度要求较高的制造业就业相比，从业人员只需接受较短时间的培训便可上岗工作。因此，发展旅游业是增加就业机会的重要途径。

2. 旅游扶贫

旅游扶贫（Pro-poor Tourism，PPT）是一种能够促进减轻贫困的旅游发展方式，是旅游为贫困人口产生的净收益，强调穷人旅游收益必须远远大于他们付出的成本。PPT的目标包括：①经济利益；②其他生活利益（自然、社会、文化）；③无形的福利。因此，旅游规划、管理人员及政策制定者不能仅仅把提高大多数贫困人口越过贫困线作为PPT的目的。尽管如此，经济增长仍然是旅游扶贫的前提与根本目标。

旅游扶贫是一种特殊的发展方式，与其他方式一脉相承，在目标导向、适用地区、实施途径上又有所区别。①可持续旅游关注主流目的地，考虑环境和其他社会问题，而把解决贫困抛在一边。而在PPT框架中，贫穷和贫困人口是核心，它直接关注贫困地区旅游地及其旅游实践，尤其是与贫困人口相关的情况。②生态旅游重点在于保护当地环境和文化，并没有更多地考虑如何全方位地提高贫困人口的生活水平，当地人的利益是第二位的。PPT则把扩展当地人的就业机会，肯定贫困人口的收益作为明确目标，环境保护必须促成这一目标。换言之，生态旅游强调用什么手段，而PPT关注结果。③社区旅游强调社区参与旅游规划与开发的途径与权利，确保当地人从旅游中受益，保护当地人及其自然环境的个性。PPT的内涵更广，需要为贫困人口提供不同层次和规模的发展机会，最大限度地利用当地劳动力、商品和服务，扩大旅游与其他产业的关联，创造政策框架与规划背景来解决贫困人口的需求。旅游扶贫方式主要有：

（1）自然旅游与减贫。以野生生物、地质景观等为基础的自然旅游是很多自然旅游资源丰富的发展中国家（尤其是非洲）开展旅游扶贫的主要方式，效果显著。自然旅游与当地社区发展具有相互促进的关系，贫困人口的参与方式有：提供住宿、饮食、远足旅行及购物。此外，旅游还改善了当地人对生物多样性保护的态度，降低了人们对自然的依赖，保护了自然环境。但自然旅游与持续减贫也存在一些矛盾。在赞比亚野生保护区，当地农作物容易受到野生动物的破坏。因此，自然旅游可持续"减贫"必须在人与生物的冲突消失或降到最低时才能实现。

（2）遗产旅游与扶贫。文化遗产旅游在提高居民生活水平、提升地区自豪感、保护当地传统文化与工艺、推动文化交流等方面具有明显的正效应，对其负面影响的研究较少。印尼爪哇婆罗浮屠遗产地，当地居民以公园员工、私营企业（商店、餐馆等）和非正式部门（沿街叫卖旅游纪念品、出售冷饮、香烟、甜食、明信片等）三种方式参与旅游，其旅游收入直接来源于游客的消费，漏损较低。Suntikul 通过老挝 Viengxay Caves 遗产周围 13 个村庄（213 个家庭）的访谈，得出了相似结论，但当地居民并不认为他们贫穷，也不愿意放弃农业而从事旅游业，充足的食物对居民来说最重要。同样，印度遗产旅游保护了自然与文化遗产，改造了工业化破坏的环境，为当地居民和到访游客提供交流与解释的机会。

（3）农业旅游与扶贫。农业与旅游扶贫的联系十分紧密，总的来看，农业旅游对当地经济和就业有一定的促进作用。当前国外研究热点与视角多从食品供应角度，而非传统的农场观光、乡村旅游，这为我国旅游扶贫开发模式提供了新的研究视角。农民要想从食品供应中受益，还存在很大障碍，主要有提高当地食品质量、破除交通限制、解决食品供应决策者和生产商之间的沟通不畅和相互的不信任等问题。Pillay 以南非夸祖鲁—纳塔尔沿海城市旅游住宿供给商的食品供应链为例，通过 50 家酒店的访谈，发现酒店的食品供应链顶端通过中介网络组织联系，而他们极少代表该区域贫困农业生产者群体的利益，因此并不利于减贫。

（4）住宿业与扶贫。住宿业是旅游扶贫的重要组成部分，其扶贫的方式、漏损及微观的实证研究均有报道。Meyer 指出住宿业"扶贫"的主要渠道有：提供就业（工资、培训），采购（食品供应、建筑材料、装修、娱乐及原料等），中小企业发展及外包（洗衣店、零售和娱乐）和其他伙伴关系（辅导、能力培养、捐赠和产品开发）。在非洲，外商投资酒店对当地员工雇用的数量及员工素质的提高均有正面影响。

（5）社区旅游与扶贫。学者们对社区旅游的概念、评价方法及实证研究做了大量的研究，表明社区旅游（Community Benefit Tourism，CBT）不仅促进了当地社区的发展，更促进了社会文化的发展。社区旅游扶贫存在的主要问题是：由于旅游项目投资具有难度并且高成本，NGO和捐赠机构的支持十分有限，加上社区机构的管理能力低下，导致社区旅游投资及可持续面临很大的问题。传统的社区旅游（自上而下），其产生与实施完全靠外部组织的捐赠；而在当地人主动意识下产生的社区旅游（自下而上）则具有较长的生命周期，发展更快，对地方经济具有更多的正面效应。在中国尤其是少数民族地区，当地社区参与程度很低，社区参与旅游在实践中很难实施。社区旅游扶贫需建立旅游规划的有效进程，加强生态教育和旅游培训，建立平均分配利益机制（李会琴等，2015）。

3. 平衡地区经济发展，缩小地区差别

旅游的发展有助于平衡国内各有关地区经济发展，缩小地区差别。如果说，国际旅游活动的开展可将客源国的财富转移到东道国，从而在客观上起着对世界社会财富进行再分配的作用，那么，国内旅游活动的开展则可把国内财富从一个地区转移到另一个地区，起到将国内财富在有关地区间进行再分配的作用。对某一个地区来说，该地区居民出区旅游活动的开展，所带来的是该地区作为客源地的旅游支出；其他地区居民到访和旅游活动的开展，所带来的则是该地区作为目的地的旅游收入。就一般情况而论，经济较发达地区的出区旅游人数较多，而经济落后地区的出区旅游人数较少。当经济落后地区的某些旅游资源足以吸引经济发达地区居民前来访问时，这些游客在旅游目的地的消费开支（即经济落后地区的旅游收入）对当地来说显然也是一种外来的经济"注入"。这种外来的经济"注入"当然可以刺激和带动目的地经济的发展，加速当地经济发展的步伐，从而有助于缩小地区差别。特别是那些物产资源贫乏、限制了物质生产的发展，但拥有较好旅游资源的地区，发展旅游业在经济上尤其具有比较优势。

4. 增加政府税收

无论是发展入境旅游还是国内旅游，都可起到增加国家税收的作用。税收是国家提供"公共产品"的资金来源，没有足够的税收，国家便难以有效地提

供教育、国防、治安等公共服务，因而旅游在增加国家税收方面的作用是显而易见的。国家的旅游税收主要来自两个方面：一方面是从海外入境旅游者获取的税收，主要包括入境签证费、出入境时交付的商品海关税、机场税和护照费等；另一方面是来自旅游业的各有关经营单位的税收，包括各旅游企业的增值税等。从旅游卫星账户可以看到，旅游业直接涉及70多个行业，间接涉及130多个行业，产业关联性极强；因为旅游业的发展需要国民经济中许多其他相关行业的协调配合，这样就可带动相关经济部门的发展，这叫"一业兴，百业兴"，被称为旅游的"协调带动性"；当所有这些部门的生产经营因旅游业的发展而扩大业务量时，国家也可从这些相关部门得到更多的税收。

5. 增加外汇收入，平衡国际收支

就入境旅游而言，其最重要的经济作用是可以增加一个国家的外汇收入，提高该国的国际支付能力，从而有助于平衡国际收支。

国际收支通常由三部分组成，即贸易收支、非贸易收支和资本往来收支。对于发展中国家来说，赚取外汇收入主要有两条途径：一是对外贸易的外汇收入；二是非贸易外汇收入，也称无形贸易外汇收入。前者指物质商品出口所带来的外汇收入，后者则指国际有关保险、运输、旅游、利息、居民汇款、外交人员费用等方面带来的外汇收入。

所以，从创汇的意义上，东道国发展入境旅游与向海外出口商品没有什么区别，因而东道国发展入境旅游也是一种出口，通常称之为"旅游出口"。与传统的商品出口有所不同的是，在旅游出口中，旅游者的流动方向与支付款项的流动方向是相同的；而在传统的商品出口中，出口商品的流动方向与支付款项的流动方向是相反的，如图5-1所示。

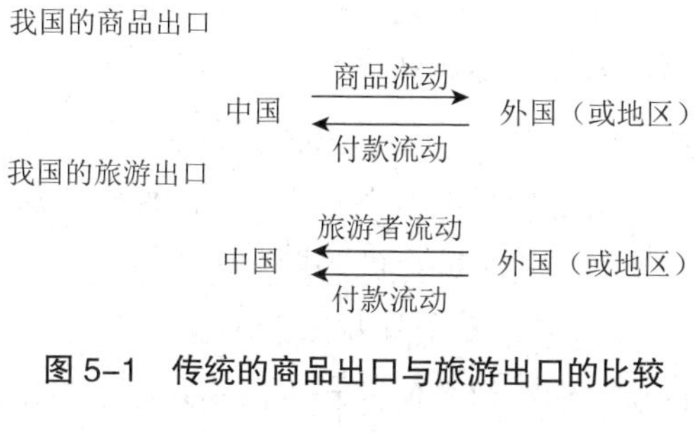

图5-1 传统的商品出口与旅游出口的比较

作为非贸易外汇创收的组成部分，旅游创汇具有传统商品出口所不具有的许多优势。主要表现在以下几个方面：

（1）旅游产品的创汇成本低于外贸商品的换汇成本，因此换汇率较高。旅游产品换汇率较高的直接原因是，由于旅游出口是一种无形贸易，并且旅游者必须亲自来到旅游产品的生产地点进行消费，所以这种出口可以节省商品出口过程中必不可少的运输费用、仓储费用、保险费用、有关税金等项开支，以及避免与外贸出口有关的各种繁杂手续。而且，它也不存在商品出口运输过程中难免发生的损耗问题。

此外，在国际贸易市场上，技术比较落后的发展中国家的出口商品，在价格上常常处于不利地位。特别是在进口国家实行贸易关税壁垒政策的情况下，出口国为了获得外汇，有时甚至不得不以低于商品成本的价格出售。以我国的情况为例，虽然当前国家公布的外汇牌价是1美元兑7.1元人民币，但实际上在我国的外贸出口中，往往需要高于7.1元人民币的商品价值才可换回1美元。而入境旅游者在我国旅游时，所持外币则须完全按照我国公布的外汇牌价兑换成人民币，并按照我国旅游企业公布的旅游产品价格进行消费。因此，与传统的商品出口换汇相比，旅游产品的换汇要划算得多。

（2）在外贸商品出口方面，从"发货"到"结算支付"往往要间隔一段时间，有的甚至会长达数月乃至逾年；而在旅游出口方面，按照国际上的行业惯例，买方往往要采用预付或现付的方式结算，因此卖方即旅游东道国能立即得到外汇。显而易见，同一数量的外汇收入，推迟结算与提早结算意义大不相同，因为它们之间不但有现值或利息差额问题，而且在旅游东道国急需外汇的情况下，提早结算可使所得外汇发挥更大的效益。

（3）免受进口国关税壁垒的影响。在传统商品出口中，进口国通常会对进口商品实行配额限制，超过这一数额，便会提高进口商品的关税。此外，在对进口商品没有配额限制的情况下，为了控制商品进口量，进口国也会以调高进口关税为惯用手段。这就是所谓的"关税壁垒"。而在旅游产品出口方面，通常不存在客源国实行类似的关税壁垒的问题。

由于旅游产品出口创汇具有上述优点，所以，通过发展旅游业来赚取外汇，对于支援国际贸易、弥补贸易逆差和平衡国际收支来说，乃是一种理想的办法。

另外，对于国际贸易顺差巨大的国家来说，通过鼓励国民出国旅游，也可以起到平衡国际收支和减少国际贸易摩擦的作用。例如2013年以来，我国出境旅游人次数和出境旅游消费额都跃居世界第一，对于平衡我国的国际贸易收支和提高我国的经济大国形象都起到了重要作用。

6. 有助于货币回笼

国内旅游对国家经济的重要作用是有助于拓宽货币回笼渠道，加速货币回笼速度，扩大回笼货币量。任何实行商品经济的国家都需要有计划地"投放货币"和"回笼货币"，从而使整个社会经济得以正常运转。货币的投放量和回笼量，大致应有一定的比例，即货币投放于社会之后，必须有一定数量的回笼。因为流通的货币数量必须与流通的商品数量相适应，所以如果在商品投放量不变的情况下，社会上流通的货币量过多，则会出现通货膨胀，产生货币贬值的可能性。这是因为随着人们手中货币量的增加，他们的购买需求也会相应提高。这种购买能力的增加将对有限的商品市场构成威胁，即使人们将积蓄的钱存入银行而暂不投入市场，由于这些钱可自由存取，所以仍会对市场构成一种潜在的威胁。如果有效的商品供给不能增加，则这种结余存款的数量越大，其潜在的威胁也越严重。

鉴于上述原因，国家投放货币后都要设法将其回笼。回笼货币的方法，一是要向市场投放相应数量的物质商品，二是供应服务性消费品。在国家的物质商品生产能力有限，一时难以扩大物质商品投放量的情况下，转移人们的购买意向，鼓励人们多消费服务产品，例如旅游和娱乐，则成为必要的货币回笼渠道。在这个意义上，通过发展国内旅游来促进货币回笼，不仅可以起到稳定货币流通量和商品供应量之比例的作用，同时也是稳定物价的一种手段。

7. 带动相关行业的发展

旅游业的发展，有赖于目的地中许多其他经济部门或行业的配合和支持，同时也可以带动很多其他经济部门或行业的发展。其根本原因在于，旅游者的消费需求要求旅游业必须提供足够的设施、设备和消耗物资，旅游业也因而成为许多其他行业产品的消费市场，从而刺激和促进这些行业生产规模的发展。此外，旅游业的发展还可以扩大外界对旅游目的地的了解，有助于当地的招商引资工作，从而也可以促进其他行业的发展。

三、旅游业对经济发展的负面影响

如果旅游东道国或地区不是量力而行，而是片面强调发展旅游业，有可能扩大旅游业发展所带来的副作用，甚至可能导致"得不偿失"。旅游业对目的地经济可能产生的负面影响有：

1. 可能引起物价上涨

一般来说，外来旅游者的收入水平较高，也许是他们为了旅游而长期积蓄的缘故，旅游者的消费能力通常都高于旅游目的地的居民，因而他们能够出高价购买食、宿、行及以旅游纪念品为代表的各种物质商品。在经常有大量旅游者来访的情况下，难免会引起旅游目的地的物价上涨，这势必损害当地居民的利益。此外，随着旅游业的发展，地价、房价也会迅速上升，很多国家的事实证明，在某些最初到访游客不多的地区兴建旅馆时，对土地的投资只占全部投资总额的1%。但是，在这一地区旅游业发展起来之后，土地支出很快上升到20%。由此而造成的房地产价格上涨，显然会影响到当地居民的住房需求。

2. 可能影响产业结构发生不利变化

在原先以农业为主的国家或地区，由于从个人收入来看，从事旅游服务的工资收入显著高于务农收入，致使大量的劳动力弃田从事旅游业。这种产业结构不正常变化的结果是，一方面旅游业的发展扩大了对农副产品的需求，另一方面却是农副业产出能力的下降。如果再加上因发展旅游业导致农副产品价格上涨的压力，很可能会影响当地社会和经济的安定。

3. 过重依赖旅游业会影响国民经济的稳定

从国家或地区经济安全的角度看，发展旅游业要加强总体规划和宏观控制，原因有以下几点。①作为现代旅游活动主要组成部分的消遣度假旅游有很大的季节性，如旅游有淡季、平季、旺季之分。虽然需求方面的这种季节性波动，有时可通过旅游业的营销努力加以减小，但毕竟不可能完全消除，所以旅游东道国或地区在把旅游业作为基础产业的情况下，淡季时不可避免地会出现劳动力和生产资料闲置，出现严重的失业问题，从而会给东道国或地区带来严重的经济问题和社会问题。②旅游需求在很大程度上取决于客源地居民的收入水平、闲暇时间和有关旅游度假的流行时尚，而这些都是旅游东道国或地区所不能控制的。如果客源地出现经济不景气，其居民外出旅游的需求势必会下降。在这种情况下，接待地区很难保住和扩大市场。此外，一旦客源地居民对某些旅游地的兴趣发生转移，就会选择新的旅游目的地，从而使原接待地区的旅游业衰落，至少是相当长一段时间的萧条。特别是从长远的观点来看，这些问题都难免发生。③从供给方来看，旅游需求还会受到接待地区各种政治、经济、社会乃至某些自然因素的影响。一旦这些旅游业所不能控制的因素发生不利变化，也会使旅游需求大幅度下降，旅游业乃至整个旅游目的地经济都将严重受挫，造成严重的经济和社会问题。如2001年美国"9·11"事件后，受冲击最大的产业就包括航空业和旅游业。

四、旅游乘数效应

由于国际游客是从一个国家流向另一个国家，从而形成了旅游东道国的"无形外贸出口"。对旅游东道国来说，这种国际旅游收入是一种外来的经济"注入"，是国际财富的转移。旅游外汇收入在一个国家的经济领域中进行流通，不断地进行分配和再分配，直至其数额减少到不便再分配为止。在这个过程中，最初的旅游收入就会产生一种增值效果。

假设一个国家1亿美元的旅游收入不断地按80%比例投入生产和生活消费，直到在流通领域中消失为止。另外20%用于购买外国设备和储蓄，从而退出了国内流通领域。那么，最后会发现，1亿美元的旅游外汇收入对社会经济发生了相当于5亿美元的作用，如表5-1所示。

表5-1 旅游外汇收入的增值效应

	旅游收入 （万美元）	用于消费的 比例（%）	消费货币量 （万美元）	用于储蓄的 比例（%）	储蓄货币量 （万美元）
第一次分配	10000	80	8000	20	2000
第二次分配	8000	80	6400	20	1600
第三次分配	6400	80	5120	20	1280
……	……	……	……	……	……

旅游收入的增值效应说明：就一个国家总体而言，国内旅游收入和国际旅游外汇收入对其经济的影响是不一样的；国内旅游者的消费与一般居民消费，在本质上没有什么区别；而国际旅游的收入则会增加该国的财富总量；国际旅

游收入产生的影响，不只限于直接收入，其间接影响更加广泛。

旅游乘数是用以测定，单位旅游消费对旅游接待地区各种经济现象的影响程度的系数，包括营业收入乘数、居民收入乘数、就业乘数、政府收入乘数、进口额乘数等。影响旅游乘数的主要因素有二：一是该国旅游收入漏损量的大小，二是该国产业结构和生产能力。一个国家旅游收入漏损量越大，旅游收入的乘数效应也就越低，对该国经济发展的刺激作用也就越小；自给的程度越高，旅游收入的乘数效应也就越高，对该国经济发展的刺激作用越大。此外，国家对经济的干预政策，也会对旅游乘数效应产生重大影响。

无论是国内旅游收入还是国际旅游收入的分配和再分配过程，货币流通速度越快，资金周转时间越短，对经济的作用就越大。因此，旅游东道国的产业结构和生产能力，对乘数效应的影响很大。如果旅游目的地国经济实力强，生产结构合理，很有可能使旅游消费所带来的收入更多地留在国内，旅游乘数的值也就更大。

第三节　目的地的旅游资源

一、旅游资源的定义

旅游者之所以会选择去某目的地访问，是因为那里的环境对他们具有吸引力。构成这种具有吸引力环境的核心因素可能是某种自然因素，也可能是文化因素、社会因素或其他任何因素，当然，也可能是上述多种因素的综合。对旅游者产生吸引力的基础在于，与他们在惯常环境所能进行某些活动的条件相比，旅游目的地所提供的环境或条件能够使他们活动得更好，或者能够使他们从事某些在惯常环境根本没有条件进行的活动。所以，无论是消遣型旅游者还是差旅型旅游者，他们之所以选择某目的地而不是选择其他地方访问，主要是由于他们认为该目的地能够提供他们活动所需要的理想条件。不难想象，如果该目的地的环境同旅游者的惯常环境完全相同，甚至于不及惯常环境，旅游者是不会被吸引前来访问的。因此，旅游资源的理论核心是吸引力因素。"读万卷书，行万里路"。如果将旅游供给系统与求学供给系统作一个比拟的话，旅游接待系统中的旅游吸引物,就类比于高等教育系统中的课程;标志性景观就类比于"精品课程"。

只有从需求角度去定义旅游资源,才能突出"吸引力本源"这个核心要点。可以认为:凡是能够造就对旅游者具有吸引力环境的自然事物、文化事物、社会事物或其他任何客观事物,都可构成旅游资源。简要地说,凡能对旅游者产生吸引力的各种客观事物均可构成旅游资源。第一,这一定义所强调的是,旅游资源是招引旅游者来访的吸引力本源。第二,虽然表现吸引力的核心因素是某种事物,但是该事物吸引力的真正发挥,实际上与以它为核心所形成的环境有关。第三,某事物所具有的作为旅游资源的地位未必是永恒的,它今天能对旅游者具有吸引力,它今天就具有作为旅游资源的地位;如果它有朝一日失去了这种吸引力,也就不再是旅游资源。

二、旅游资源的分类

《中国旅游资源普查规范》中所提出的关于中国旅游资源的分类系统,将所有旅游资源划分为三大景系(自然景系、人文景系、服务景系);七大类别(地文景观类、水文景观类、气候生物类、历史遗产类、现代人文吸引物类、抽象人文吸引物类、旅游服务型类);以及95种细分类型。在这里,我们首先根据常见的旅游资源表现内容的基本属性,将旅游资源划分为三大类:自然旅游资源;人文旅游资源;以社会旅游资源为代表的其他旅游资源。

1. 自然旅游资源

它是指以大自然造物为吸引力本源的旅游资源。在由各种自然要素、自然物质和自然现象所生成的自然环境或自然景观中,凡是具有观赏、游览、疗养、科学考察或借以开展其他活动的价值,从而能够引起旅游者到访兴趣,都属于自然旅游资源的范畴,主要分为以下几种。(1)气候条件。如风和日丽、光照充足、空气清新、干爽宜人等。(2)风光地貌或自然景观。如辽阔的草原绿地、幽雅秀丽或气势宏伟的山川湖泊、温暖而无鲨鱼的海滨沙滩、罕见的地质结构、壮观的瀑布、火山区以及奇特的洞穴等。(3)动植物资源。如大片的森林、珍稀树种、奇花异草、珍禽异兽。体现在具体环境上,如优美的垂钓环境、供打猎的天然猎苑、供观赏的野生动物园、供参观游览的国家公园及野生动植物自然保护区等。(4)天然疗养条件。如天然矿泉、泥浴场、疗效温泉以及其他各种具有医疗或美容作用的天然资源。我国拥有为数众多的自然旅游资源。其中有些资源已被联合国教科文组织列入"世界自然遗产"和"世界文化与自然（双重）遗产"，如湖南的武陵源、四川的九寨沟和黄龙寺、山东的泰山、安徽的黄山、四川的峨眉山和乐山大佛、福建的武夷山等。

2. 人文旅游资源

它是指以社会文化事物为吸引力本源的旅游资源。人文旅游资源有时也被称作人造旅游资源，特别是在欧美国家的旅游研究中更是如此。人文旅游资源的构成比较复杂，包括有形的和无形的两种。此外，有形的人文旅游资源中，又可分为历史的人造资源和当代人有意兴建的人造旅游资源。可做如下划分：

（1）历史文物古迹。例如不同时代遗留下来的历史建筑、文明遗迹以及流传至今的宗教寺庙等。这些建筑和遗迹往往是一个国家或民族历史发展的物证，同时在设计和建筑风格上都有别于其他国家或民族之处。

（2）民族文化及有关场所。主要指民族历史、民族艺术、民族工艺、风俗习惯以及与此有关的传统节日庆典活动等。集中表现这些内容的场所，就是西方学者称为"旅游吸引物"的重要组成部分，如博物馆、美术馆、纪念馆、藏书馆、民俗展览和表演馆、民族工艺品生产场所、反映民族特色的园林等。特别是，可供游客亲自参与的节日庆典活动，以及让游客亲身体验的民族生活方式和传统的民俗活动，往往对游客有更大的吸引力。

（3）有影响的国际性体育和文化盛事，或称"重大节事活动（Mag-events）"。例如主办国际奥林匹克运动会、世界贸易博览会、世界杯足球赛、洲际运动会，以及国际性的音乐节、戏剧节、电影节等。

（4）以主题公园为代表的、富有特色并具有一定规模的现代人造游乐场所或其他消遣娱乐型的现代人造旅游景点。如深圳市的锦绣中华、世界之窗、民俗文化村、欢乐谷等。

中国是一个有着5000年悠久历史的文明古国，有着光辉灿烂的民族文化。这些宝贵的历史遗产中很多被联合国教科文组织列入"世界文化遗产"或"世界文化与自然（双重）遗产"，如万里长城、北京的明清故宫、甘肃的敦煌石窟、陕西的秦始皇陵兵马俑、北京周口店的"北京猿人"遗址、河北承德的避暑山庄及外八庙、山东曲阜的孔府孔林孔庙、湖北的武当山道教建筑群、西藏拉萨的布达拉宫和大昭寺、云南的丽江古城、山西的平遥古城、江苏的苏州古典园林、北京的颐和园、四川的大足石刻、北京的天坛、河南的龙门石窟、北京和河北的明清帝王陵寝、四川的青城山和都江堰、安徽的皖南古村落西递宏村、江西庐山等。

3. 其他旅游资源

通常包括能够表现目的地的社会、经济以及科学技术发展成就，从而能对外来旅游者产生吸引作用的各种事物。主要包括：

（1）经济建设成就。目的地的经济成就集中体现在该地的城市建设上，知名度高的大城市往往成为旅游发达的中心地，吸引着大量的游客前来观光。商务旅游者的目的地多是工商业发达的现代化城市，因为那里的经济发展成就使他们产生到访和考察的兴趣。除城市建设外，一些超级工程往往也可以成为这类旅游资源的构成部分，如三峡水电站。

（2）科技发展成就。如美国国家宇航中心以及我国的卫星发射基地都是外来游客感兴趣的事物。

（3）社会发展成就。很多来我国访问的外国游客之所以要参观学校、幼儿园、养老院、居民社区等，就是因为他们对我国的社会发展感兴趣。

（4）目的地居民对外来访问者的友善和好客态度也可构成当地的旅游资源。如夏威夷旅游管理当局在对外促销中，经常以当地社会的"阿罗哈（热情好客）"为宣传主题。

此外，旅游资源还可以划分为可再生性和不可再生性两种：①可再生性旅游资源是指那些在使用过程中，如果出现耗损过大或遭受毁坏的情况，可通过适当的途径进行人工再造的旅游资源；②不可再生性旅游资源是指那些在漫长的历史过程中形成，并保留至今作为旅游资源的自然遗存和文化遗存。这类旅游资源一旦因使用过度或管理不善而遭到破坏，其损失将无法挽回。纵然设法采取人工补救措施，也无法真正复原，因为其原有的天然价值或历史价值已经大为降低，甚至不复存在。对于典型的生态环境、古建筑、古墓葬、古文化遗址等，应注意在保护的前提下进行合理开发和利用。

三、旅游资源的特点

（1）多样性。旅游资源是一个内涵非常广泛的集合概念，即任何能够造就对旅游者具有吸引力环境的事物都可称为旅游资源。它的表现形式可以是自然事物、人文事物，也可以是社会事物；既可以是"老天爷"赐予的，也可以是"老祖宗"留下的，还可以是当代人造的；既可以是有形的，也可以是无形的。旅游资源的多样性，是客观世界的复杂性决定的，更是与人们旅游动机的多样性分不开的。

（2）吸引力的定向性。对旅游者具有吸引力是所有各种旅游资源共有的本质特征。但是旅游资源的吸引力在某种程度上，与旅游者认识方面的主观效用有关。就某项具体的旅游资源而言，它可能对某些旅游者吸引力颇大，而对另一些旅游者则无多大吸引力甚至根本没有吸引力。如"荒山野坡"的荒凉景象对城市旅游者可能具有吸引力，"繁华闹市"的热闹场景对农村旅游者可能具有吸引力。所以，任何一项旅游资源都有吸引力定向的特点，即只能吸引某些市场部分，而不可能对整个旅游市场都具有同样大的吸引力。

（3）垄断性。历史文化遗产和自然遗产都具有地理上不可移动的特点。无论是我国的长城、古埃及的金字塔，还是美国的科罗拉多大峡谷和东非的天然野生动物园，都具有垄断性。在现代的经济和技术条件下，在其他地方仿造这些事物并非不可能，但"仿制物"由于脱离了特定的历史和环境而不再具有原真性，从而失去原物所具有的价值和意义。随着其性质转变为当代人造景点，其吸引力和吸引对象都会因之改变。

（4）易损性。如果对文物古迹、自然禀赋的旅游资源利用和保护不当，是很容易使其遭到破坏的。不仅有形的旅游资源如此，无形的旅游资源也有同样的问题。一种过度使用的有形资源可能会因此遭到破坏而难以修复和更换，一项维护不当的无形资源遭到破坏也难以在短期内恢复。

（5）可创新性。随着时间的推移，人们的兴趣、需要以及社会时尚潮流都在发生变化。这使得人造旅游资源成为必要和可能。无论是以迪士尼乐园为代表的各类主题公园，还是我国洛阳的牡丹花会、山东潍坊的国际风筝节等，都是这种创新人造旅游资源的例证。

对于一个旅游目的地的总体旅游产品构成，可以用4个以"A"为英文首字母的词语来表示：吸引物（Attractions），即以旅游景区为代表的旅游资源；雅适（Amenities），即当地的餐饮、厕所、住宿、娱乐、购物以及其他旅游设施；附属服务（Ancillary Services），即当地旅游组织凭借旅游设施提供的附属的服务；可进入性（Accessibility），即护照签证等旅行限制、道路桥梁等交通运输条件、汽车飞机等交通运输设施。旅游资源的价值取决于"4A"的组合情况，即旅游吸引物、旅游设施、旅游服务和可进入性的组合情况。一个旅游目的地的成功发展，最根本的条件在于拥有独特的、优质的旅游资源，在于这些旅游资源坐落的地理区位和可进入性程度，在于餐饮、住宿、厕所等旅游设施及其配套服务，在于主要客源地居民对这些旅游资源的必要了解。

四、旅游资源的开发

1. 旅游资源开发的概念

以某项旅游资源为核心而形成的一个旅游景区，要经历一个从无到有，逐渐兴旺，然后又逐渐衰落，直到很少有人问津的发展过程，称为该旅游景区的生命周期。旅游资源没有生命周期，但旅游景区产品有生命周期，可分为初创期、成长期、成熟期和衰退期等几个阶段。引起这种变化的原因，是该项旅游资源的吸引功能发生了变化。旅游资源的吸引力在很大程度上是旅游者主观效用的反映，经初次开发后的旅游资源，由于适应当时游客的需要而吸引力逐渐增大，到访的旅游者人数逐渐增多并形成盛况。但随着时间的推移，供需两方面都可能出现新的变化，特别是需求方面的变化，最终会导致该地旅游资源吸引力的衰减。但是在实践中，人们可以通过采取各种措施来延长其寿命，根本办法就是不断地进行开发，不断更新和再生其吸引力，使其年年添新，岁岁有异。

旅游资源开发是指人们为了发挥、改善和提高旅游资源的吸引力，而从事的开拓和建设活动。旅游开发的目的，就是要将旅游资源变成旅游景区产品，把景区产品变成商品推向市场。旅游资源的开发分为单项开发和综合性开发。旅游资源开发工作，实际上并不局限于对资源本身的开发，而且还包括在选定好旅游资源的基础上，为了开拓利用这些旅游资源而对有关的接待条件进行开发和建设，以便使旅游资源所在地成为一个有吸引力的旅游环境或接待空间。

2. 旅游资源评价

在开发旅游资源之前，需要对其进行评价，目的是分析和判定旅游资源的开发价值，以便确定其开发后的吸引方向、开发的规模以及建设的档次。旅游资源的评价标准一般有三类：

（1）美学标准。即通过分析景观环境与景物的美感特征来评定其观赏价值，但这种评价结果难免会受到评价者的主观影响。

（2）社会标准和历史标准。社会标准主要着眼于该项资源能否表现当地现今的社会发展水平和文化特色，历史标准着重强调该项资源能否反映过去的历史文化风貌。用这些标准所做的评价结果一般比较客观，但如果将这两种标准同时用于对某项旅游资源的开发评价，难免会出现意见分歧。

（3）市场标准。即重视开发后的旅游资源对客源市场的吸引力，这种评价多使用定量分析，能够体现开发工作的经济观念和市场观念，同时涉及有关开发项目的投资评价问题。

对旅游资源进行评价的理想方法是，将多种标准结合起来进行综合评价；具体讲就是，从市场观念出发，综合考虑美学、社会及历史等评价标准。

3. 旅游资源开发的内容

（1）景区或参观点的具体规划与设计，以及对旅游资源进行必要的整修和管理。

（2）建设和完善旅游基础设施（Infra-structure）和旅游专门设施（Super-structure）。①在与旅游有关的各种设施中，凡属主要使用者为当地居民但也必须向旅游者提供，或者旅游者也必须依赖的有关设施，称为旅游基础设施，简称基础设施。称它为"基础设施"是因为：如果没有这些设施，便没有必要建造饭店等旅游接待设施。这些设施包括：一般公用事业设施（如通水、通电、道路、桥梁等）；满足现代生活所需要的基本设施和条件（如银行、医院、商店、警察等）。②旅游专门设施，也称旅游上层设施，是指那些虽然可供当地居民使用，但主要是供外来旅游者使用的服务设施；如果没有旅游者，这些设施便失去了存在的必要，如旅游饭店、旅游问讯中心、旅游集散中心、旅游免税购物商店等。高速公路两边的"休息站"（或称"服务站""服务区"）可以看作满足人们基本需要的旅游专门设施。由于这类设施主要供旅游者使用，故应根据旅游者的需要、生活标准和价值观念来设计建造，并提供相应的服务。

（3）培训专业服务人员。因为服务质量的高低在一定程度上会起到增添或减少旅游资源吸引力的作用。

（4）提高旅游地的可进入性。提高可进入性是指使旅游地同外界的交通联系，以及旅游地内部的交通运输实现便利和畅通无阻，能够有效地缩短旅行的时间距离。它不仅包括交通基础设施的建设，还必须包括各种交通运营的安排。

4. 旅游资源开发的原则

（1）保护自然环境和生态环境的原则。在某种意义上，某些开发的本身就意味着一定程度的破坏，即所谓"开发性破坏"和"破坏性开发"。

（2）突出独特性原则。"文化是旅游之魂，特色是文化之基。"旅游资源贵在稀有，其质量在很大程度上取决于其与众不同的程度，这是对旅游者产生吸引力的根本所在。这一原则具体体现在以下几个方面。①尽可能保持自然和历史形成的原始风貌。任何过分修饰和全面废旧立新的做法都是不可取的，开发必须以市场的价值观念看待开发后吸引力问题，而不能主观地决定。②尽量选择利用具有特色的旅游资源项目，以突出自己的优越地位，即所谓"人无我有，人有我优"，如某项旅游资源在一定区域内属于最高、最大、最古、最奇等。只有具有独特性，才能确保旅游资源的吸引力和竞争力。③努力反映当地的文化特点。突出民族化，保持地方传统格调，也是为了突出自己的独特性，同时也有利于当地旅游形象的树立。旅游开发中应突出的民族化和地方化，主要是指在环境建设及其所表现的文化上，应使人感到有民族感和地方特色。对于旅游服务设施的内部设计和客用设备，非但不宜"土"，而且还应该符合游客的生活习惯，从而具有熟悉感觉为原则。这样才能使到访游客在精神上有置身于"异国他乡"的新奇感，在生活上又享有"宾至如归"的便利。

（3）经济的原则。主要体现在以下三个方面：①开发必须服从当地经济发展的总体规划；②在决定开发旅游资源情况下，要根据自己的经济实力和开发项目的投资效益预测，分期分批和有重点地优先开发某些项目，做到"有步骤、有区别、有阶段、分地域"地逐步进行；③在开发建设中，要注意尽量利用当地或本国的原材料、技术力量和人员。除非是当地或本国实在不能解决而项目建设又特别需要的，否则不应从国外进口。

5. 旅游资源开发项目的可行性研究

可行性研究的目的是为投资决策提供可靠的客观依据。它包括几个方面内容：

（1）评估开发者的实力和资格。即使是由政府投资，也应遵循量力而行的原则对当地的经济实力和技术资格进行分析和评价。

（2）分析和预测市场需求。通过市场调研工作，预测项目开发后的游客来源、客源类型、市场规模、游客的消费水平、开发地附近有无同类竞争者等。

（3）分析项目开发和经营的微观条件，如劳动力条件、工程技术条件、有关旅游资源本身的条件等。通过分析，列出可供选择的解决办法，并对有关费用进行测算。

（4）分析当地的宏观社会经济条件，如当地居民的生活水平、社会风俗及基础设施状况等。目的在于，对开发后可能会影响到的更广泛的社会层面进行损益分析。

五、旅游资源的保护

旅游资源遭受破坏的原因大致分为两类。一类是自然性原因，如天灾，自然风化，动物的影响（如鸟、白蚁对历史文物和建筑物的破坏）。另一类是人为性原因。例如由旅游者的不当行为造成的破坏。每个旅游区的接待能力是有限度的，都有接待旅游者的负荷极限，一旦超过这个极限，该地旅游资源遭受破坏的可能性便会成倍地增加。此外，由当地人甚至是旅游企业造成的，如林木乱砍伐者、盗墓者、偷猎者等。

对旅游资源的保护应采取以"防"为主、以"治"为辅、"防""治"结合的原则。运用法律、行政、经济和技术等手段，加强对旅游资源的管理和保护。

对于自然作用所带来的危害，主要应采取必要的技术措施加以预防，如室内展览馆、隔离装置等。因条件限制不宜采取类似措施的，则应经常检查，对发现的问题及时进行治理和修缮。

为了防止由于旅游者方面的原因而对旅游资源可能带来的危害，应加强本地的旅游规划工作，充分估计环境容量饱和给旅游资源带来的破坏性影响。对于重要的文物建筑、供游人观赏的珍稀动植物等，应架设隔离装置，避免游人触摸攀爬。对于违反有关规定者要予以制止，并视情节轻重给予批评、罚款乃至追究法律责任。

对于旅游者以外的其他人为原因，如当地居民、旅游企业等造成的破坏，除应加强旅游资源保护的宣传外，还要制定必要的法律法规加以约束。实际上，宣传和立法固然重要，但关键还是要落实有关执法和保护工作的责任。

第四节 旅游景区及旅游线路的形成

一、旅游地与厕所革命

旅游资源开发与保护的最终目的是利用,即造就和完善旅游地的旅游环境,以推动旅游业的发展。简单地说,旅游地就是旅游者到访的目的地。从旅游业的活动来看,旅游地的存在是其能够借以经营的现实基础。特定空间的旅游资源要变成现实的旅游地,必须具备三个基本条件:

(1)具有一定数量的吸引力较强的旅游资源。这是旅游区形成的基础。如果错误地认为旅游区就是盖饭店、建设施,不在资源建设上下功夫而要想发展旅游业将是徒劳的。任何地区之所以能吸引旅游者全是由于旅游资源的吸引力,或者说是由于旅游地本身的显著特色才使旅游者汇集到某一地区。因此旅游区的开发着眼点,应当首先放到旅游资源的建设上。

(2)形成一定规模的设施接待能力。这是开展旅游业的物质保证。设施接待能力通常理解为餐饮、厕所、住宿、交通、游览、购物、娱乐等方面的设施。现代旅游不同于古代游乐性旅行,它是人们的一种高级享受,设施的质与量的水平可能会决定人们是否肯光顾该旅游区。当然,有些刚刚进入开发阶段的旅游区的设施条件可能不太完善,而旅游者"先睹为快"的心理可能会使这里出现旅游兴旺的假象。但如果不充分认识设施的重要性,该地区的旅游热可能会迅速结束。因为设施不完善所造成的问题常常使那些打算享受舒适旅游生活的人们产生怨言,从而冲淡了诱人的旅游资源给他们带来的快感。

例如厕所问题。作为年接待游客超过66亿人次的旅游大国,厕所无论如何都不是一件小事。要真正让广大游客游得放心、游得舒心、游得开心,在旅游过程中发现美、享受美、传播美,首先就要解决厕所问题。

厕所问题长期困扰着我们,几成无解之题。正因为如此,我国原国家旅游局才明确提出"旅游要发展,厕所要革命!"要从旅游厕所革命入手全面推进旅游公共服务体系建设,促进旅游发展和品质提升。要将旅游业培育成为真正让人民群众更加满意的现代服务业,真正建成世界旅游强国,就需要从厕所这类基础事情抓起。

厕所是游客的基本需求，更是政府必须履职的基本责任。我们将厕所建设、管理作为推进旅游公共服务建设的重点和突破口。与蓬勃发展的"吃、住、行、游、购、娱"六要素相比，由于传统观念局限和机制创新不足，以及商业投资和运营的内在动力缺乏，厕所这个最原始、最基础的要素依旧窘迫黯然。打个不一定十分恰当的比喻，现在沿途"讨饭"已经不见了，但沿途"讨厕"却很普遍。在厕所建设和管理中，各级政府及旅游主管部门应主动作为，将厕所建设、管理作为推动旅游公共服务体系建设的切入点和引爆点，让游客的旅游变得更温馨、更便利、更安全。

（3）具有一定的可进入性。这是进行旅游活动的前提。可进入性包含的内容很多，这里主要指交通、管理体制、政策、社会安定程度，以及当地居民对旅游业的态度。①交通的可进入性是指旅游者能否进得来、散得开、出得去；②管理体制和政策是指当地行政管理部门对旅游业是否支持，是否能多方面开放；③社会安定程度是指能否保证旅游者的人身和财产安全，以及有无较为完善的保险业务等；④当地居民对旅游业的态度是指当地人能否正确认识旅游这一社会现象，能否理解旅游业对该地区社会经济的好处，以及当地人对旅游者的友善、好客程度等。当地人是否好客这一问题较为复杂，常常有一些本来有好客传统的民族，由于接触到损害了该地区人民利益的旅游者，而变得冷漠无情。因此，提高当地居民对旅游业的认识和文化素质，向旅游者宣传当地的民族传统习惯和尊重当地习俗，是旅游开发的主要条件。

巴特勒（Butler）的"旅游地生命周期理论"认为，旅游地会经历早期探查、地方参与、开发、巩固、停滞、衰落或复苏七个阶段。其中，复苏阶段就是增加人造景观吸引力，如美国大西洋赌城；或者发挥未开发的自然旅游资源的优势，重新启动市场。这个理论的作用在于，可以作为旅游地的解释模型，指导市场营销和规划，作为预测工具。

二、旅游地的规模和范围

旅游地的规模和范围不尽相同，这里着重论述旅游点、旅游区和旅游线路。

1. 旅游点

旅游点是相对独立的、可供人们游览、能满足某种旅游经历的旅游空间。一座园林、一座山峰、一项工程都可成为旅游点。旅游点的特点是旅游内容单一，有可能无须配备大型旅游设备，以自身特有的吸引力招揽游客，也就是说，旅游点必须个性鲜明。如武汉的黄鹤楼以其雄伟的建筑、悠久的历史、美丽的诗文，吸引大批的中外游客，堪称著名的旅游点。旅游点也可以成为旅游区的组成部分，如杭州西湖风景区就是由西湖新十景、老十景等组成的。旅游点是旅游区和旅游线路的形成基础，要提高旅游产品的质量，就必须注意旅游点的建设。

2. 旅游区

旅游区是由一定数量的旅游点，拥有一定质量的旅游接待设施和一定质量的服务项目，分布在一定的区域范围内，足以供旅游者停留一定时间的旅游空间。具体地说，旅游区应具备以下条件：①旅游区应有一个或一个以上的中心城市，这类城市既是游客集散的枢纽站，又是旅游者的用餐、住宿、交通和购物的供应中心；②旅游区内存在一些不同特色的旅游点，以便连接短距离线路和串联各旅游点时不使旅游者兴致低落，并且能形成进得来、散得开、出得去的最佳格局；③旅游区一般来说都与行政区划相一致，以便对旅游区的总体开发有统一规划。

旅游区可以是风景名胜区，如北京八达岭—十三陵、承德避暑山庄—外八庙、四川的九寨沟—黄龙寺等。但必须注意，旅游区与风景区是两个不同的概念，风景区只是旅游区的组成部分。旅游区也可以是一座城市，旅游城市主要是指一些著名的风景和历史文化名城，如意大利的罗马、瑞士的日内瓦。我国也公布了一批历史文化名城，如北京、杭州、桂林、西安等。旅游城市往往是一个旅游区的综合性服务中心，是旅游网络的交点。旅游区进一步扩大，就成为旅游区域。旅游区域的形成是由旅游资源同类型、互补性、形态的类似性和旅游业的发展现状决定的。

旅游区域是由旅游自然资源和人文资源两方面结合，以及特定地理环境上的较多相似性而形成的；所以这种旅游区域与行政区划可能有一定的联系，但也可能不受行政区划的限制。旅游区域有以下几个特点：①地域的完整性，每个旅游区域在地域上必须连成一片，区域内有比较方便的交通，并照顾到现行行政区划的完整；②每个旅游区域拥有相当数量和质量的旅游点与旅游区，可以满足旅游者的各种旅游经历；③旅游区域内必须有一个或几个交通枢纽，具有较完善的游客集散功能；④旅游区域要内外相互衔接，形成点、线、区的完整交流，以利于整个地区范围内必要的分工和协作。

3. 旅游线路

旅游线路是旅行社或其他经营部门利用交通，为旅游者设计的串联若干旅游点或旅游城市的合理走向。旅游线路的形成受到旅游点、交通条件、旅游市场、旅游时间等因素的制约，可在一个旅游区或行政区内自成体系；也可进行旅游区域之间的协作，共同安排。如江苏省的"古运河江南之行"旅游线路，就是由大运河把苏州、无锡、常州、镇江、扬州等旅游文化名城串联起来，全长230公里。再如，"华东五市旅游线"把南京、无锡、苏州、上海、杭州串联在一起。在旅游市场上，包价旅游通常是按照既定的旅游线路出售的，其内容安排包括游览风景区、停留时间、交通工具、服务项目等。所以，有效的旅游线路的推出对于提高旅游业的经营效益有着极大的作用。

三、旅游线路的类型和设计原则

如果将旅游供给系统与求学供给系统进行比拟，旅游线路相当于大学里的某专业教学计划。旅游线路是经旅游者或旅行社选择、规划，串联若干旅游城市或景点的合理走向。它可分为交通线路和游览线路两部分。交通线路以公共交通工具的运输为主要形式，表现为城市之间的连接，是市际铁路、公路的串联。游览线路则以旅游城市的一日游，或景区内的活动为主，多为单纯的旅游交通。

1. 旅游线路的类型

旅游线路的类型大致分为两点往返式、放射式、单线串联式、环行串联式、网络分布式等几种，如图5-2所示。

（1）两点往返式。远距离旅游表现为乘坐飞机往返于两个城市之间，若在旅游城市内则表现为常住地与景区的单线连接。此种线路容易使旅游者感到乏味，所以，景区必须通过宣传扩大其知名度以吸引客源（如黄河壶口瀑布）。而知名度有限、值得观赏的景物过小或过少、活动内容单一、所处位置距离较远的景区极可能受到旅游者冷落（如沧州铁狮子）。

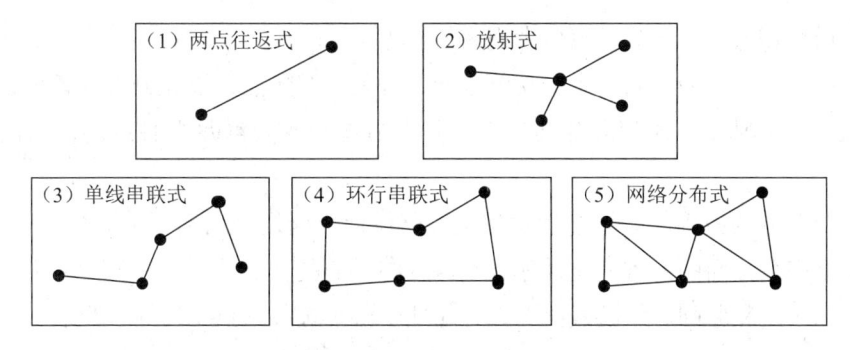

图 5-2　不同类型的旅游线路

（2）放射式。由于地理条件的限制，有些城市的景点分散在城外四周，各景点之间无公路连接，旅游者去任何一个景点后都必须沿原路返回到出发点。此种线路其实是两点往返式的演变，由一个交通起点站通往方向各异的景点。如果时间有限，旅游者多选择知名度高、交通运输便利的景点。中国山海关的景点就非常典型地呈此种分布。

（3）单线串联式。远距离旅游以乘火车较为典型，城市中则表现为若干景点被一条旅游线路串联，使旅游者在一天中可以从事不同旅游项目，调节活动情趣，这是较为理想的线路（如北京十三陵—八达岭线路）。

（4）环行串联式。这是单线串联式的变化形式。由于此种线路没有重复道路，接触的景观、景点也较多，客人会感到游览行程最合算。远距离乘船旅游采用此种线路设计较为合适，如中国的三峡游览和苏州运河游览等线路都是如此。

（5）网络分布式。旅游城市中的公路将各景点覆盖其中，形成网络，此种网络可供旅游者任意选择景点和道路，是最理想的交通线路。但旅游者在设计线路或挑选景点时，可能会因缺乏必要信息而感到困惑，希望有人提出建议。设计线路时要注意尽量避免走重复道路，在不影响交通的前提下选择不同线路，可使旅游者更多地观赏市容、景色。

2. 旅游线路设计的原则

（1）优选原则。旅游线路的设计必须将最著名的景点连接起来，这样才能使客人在游览后有"不虚此行"的深刻感受。冷点、温点、热点搭配的旅游线路设计不适合针对慕名而来的外来旅游者。如果旅行社设计的冷门线路的活动项目质量较低，一定会被消费者视为侵权。

（2）调剂原则。旅游点的功能各异，合理组织景点，以充分发挥各个景点的旅游实用功能，可以使旅游者获得调节旅游情趣、满足多种旅游动机的效果。

（3）节约原则。科学合理的旅游线路设计应能体现出路程、时间、体能、费用等四个方面的节省，这样才能确保旅游者的利益。

（4）便利原则。旅游线路的设计应便于游客选择景点、时间、交通工具或活动方式。

■ 思考与习题

1. 旅游目的地政府活动的基本矛盾是什么？
2. 旅游业对经济发展的正面影响有哪些？
3. 旅游扶贫方式主要有哪些？
4. 旅游业对经济发展的负面影响有哪些？
5. 什么叫旅游乘数效应？它有哪些类型？
6. 简述旅游资源的定义、分类和特点。
7. 旅游资源的价值取决于哪四个"A"？
8. 旅游资源的开发一般包括哪些内容？
9. 如何区分旅游基础设施（Infra-structure）和旅游专门设施（Super-structure）？
10. 为什么说"旅游要发展，厕所要革命"？
11. 什么叫旅游点、旅游区、旅游线路？

思考与习题答案

第六章　旅游客源地政府

旅游者的穿着打扮、言谈举止和行为方式与当地人截然不同，而且也往往与他们在家里的表现大相径庭：把禁忌抛在脑后，于是嫖娼、吸毒、赌博甚至打砸抢的行为随之发生。不过，作为陌生人，旅游者也极易受伤害，被看作"行走的钱包"，成为当地人抢劫和犯罪的牺牲品，当地社会又会把这些伤害行为看作"调整差异"的一种方式。如果将旅游供给系统与求学供给系统作一类比，客源地政府就相当于学生家长。

第一节　客源地政府活动的根本动力

旅游对客源地产生的正效应表现有：旅游消费能使劳动者的体能和智能得到恢复和发展，激发出劳动者的创造热情，使劳动者在各自工作岗位上全面地发挥各自的才能，从根本上提高了全社会的人力资本，对社会经济发展的规模和速度起着重要的作用；出境旅游可以带动旅游产业链的形成和发展，跨国企业为本国居民提供出境、接待等一条龙服务；出境旅游可以作为民间外交的一种手段，加强各国人民之间的友谊；出境旅游可以平衡国际收支，开展国际合作；出境旅游还可以作为客源地政府进行政治活动的外交手段和维护世界和平。

旅游对客源地产生的负效应表现有：对出境旅游来说，政治负效应的事例如恐怖分子或犯罪分子对某国旅游者的安全构成威胁；社会负效应的事例如我国出境旅游者滞留不归、在目的地国从事黄赌毒活动；经济负效应的事例如出境旅游导致外汇收入漏损等。

客源地政府的职责应该包括制定出境旅游的政策法规、条件保证和人力资源教育等方面。例如，在我国，客源地政府活动子系统的表现特质有：倡导以教育为目的的旅游和开展普及性的旅游教育；提升中国公民旅游文明素质，制定"中国公民出境旅游文明行动指南"；对经营"出境游"旅行社资格进行审批，保护游客的权益；制定旅游危机应对制度，建立旅游危机预警机制，采取旅游危机处理措施，保护出境游客的人身安全；重视公民组团出境旅游目的地（Approved Destination Status，ADS）的审批，控制出境游的流向，作为我国政府开展外交的一种手段。

客源地国家或地区各级政府为了促进和发展旅游事业、增进社会文化繁荣、加强国际理解与和平、尊重人类基本的自由和权利，与旅游对客源地政治、社会、文化、经济"负效应"之间的矛盾，是客源地政府活动的基本矛盾。客源地政府活动的基本矛盾会产生巨大的动力，使其努力去实现目标。客源地政府活动子系统内部矛盾的主要方面决定了它的性质，其根本性质通常表现为人权性。

第二节　旅游对客源地积极方面的影响

一、加强人类相互了解，增进国际友好关系

1980年9月世界旅游组织在《马尼拉宣言》中指出：旅游在改善国际关系和寻求世界和平方面，在促进各国人民之间的相互认识和了解方面，是一个积极的现实因素。人类的国际交往关系有三种形式。第一，政府之间的官方外交。其形式受到国际惯例、礼节规范、国家政策等种种限制。第二，社会集团之间的半官方外交。它反映着本集团的意志，交往活动带有明显的政治倾向和经济目的。第三，民间外交。无论政府之间是否建立正式外交关系，各国人民总会通过各种途径进行接触。旅游者之间、旅游者与东道地区居民之间的社会交往不代表任何组织或他人的意图，人们在整个旅游活动过程中可以任选交往对象，这种社交最大限度地回避了政治与功利的干扰，所以它是忌讳最小、最

自由的民间外交形式。旅游这种民间外交形式虽属个人行为，却在一定程度上反映出全体人民的态度倾向。它可作为官方外交的先导与补充，起到官方外交不容易起到的积极作用。

"国之交在于民相亲"。国际旅游活动的开展，客观上具有民间外交的作用。由于旅游是不同国度、不同民族、不同信仰以及不同生活方式的人们之间直接交往，而不是以文字媒体或者以个别人为代表而进行的信息传递和间接沟通，因而更有助于增进不同国家人民之间的相互了解，增强国际的和平友好关系。在这个意义上，国际活动的开展在缓和国际关系、促进在国际事务中实现人类和平共处方面，起着非常重要的作用。这并非只是学术认识上的假设。事实上，只要人们通过旅游交往，彼此能更好地相互了解，"人类命运共同体""世界大同"的观念便会随之加深。

此外，旅游也是东道国对外树立国家形象的有效手段。由于外国旅游者在东道国旅游过程中，目睹了该国的情况，因而其宣传的可信度更大，外界很少有人怀疑他们所做的情况介绍。不仅如此，外国旅游者到访东道国的观感和体会，还会通过"口碑宣传"传递到更大范围。所以，国际旅游在这些方面所起的作用，比传统的官方外交和宣传手段要有效得多。无论是国际旅游还是国内旅游，作为民间交往形式都反映了三个鲜明特点：

1. 阶层广泛、身份平等

旅游者和旅游目的地社区居民都出自不同阶层，其交往可以从不同侧面影响不同阶层人民的意志，这有助于消除不同阶层人士的感情隔阂。与官方外交相比，国际旅游者的接触属于多层次、全方位、少限制、少忌讳的自由民间外交。旅游是自由休闲活动，每个参与者都不存在监督或服从的上下级责任关系，从而也就没有区分身份贵贱的必要。这种交往形式之所以能够形成轻松愉快的气氛，在于交往对象的社会地位平等。彼此平等关系消除了以往因地位关系造成的情感隔阂，这有助于人民之间相互了解、友好相处。

2. 自由灵活、无私坦诚

旅游者的社会交往既没有工作协作的任务要求，也不受官方外交所特有的礼宾规定限制。这种无拘无束、畅所欲言的交往形式是人民之间最真实的情感交流。旅游者的社会交往通常不存在相互交换利益的目的，多数人都愿意以"与人为善"的态度主动接近他人，并无条件地交流信息、传送知识或主动帮助他人。旅游交往关系的无功利性，还表现为双方关系的"适度"，除非个别人另有图谋，人们通常不会建立过度密切的私人感情关系。恰恰是由于存在着无私坦诚的特点，旅游交往才显得格外轻松。

3. 互相善待、关系融洽

旅游这种交往形式向人们公平地提供了充分表现自己善良品质的机缘，所以特别容易促成交往关系的融洽。友好的交往气氛通常被视为双方人民意志与愿望的反映，即使关系不融洽，也只是交往者个人情绪的表现。共同置身于异地的旅游者，由于存在一致的旅游需求，通常会自然而然地组成互相照顾的临时小团体。旅游是人类寻求愉快的外出活动，参与者没有必要与他人发生矛盾。当意见相左时，最坏的结局也就是不再往来，而绝大多数情况是相互谅解。

如果伴游者原本相识，暂时共度旅游生活的进一步接触可以加深彼此了解，增进友谊。伴游中的关系淡漠者可以建立友谊；有矛盾者可以通过交谈消除误会；就家庭而言，旅游还可以增进夫妻之间的感情，甚至在一定程度上缓解夫妻间的矛盾，他们在旅游行程中表现出来的相互关心与谦让，可能使夫妻感情中的裂痕得以弥合。

二、促进文化交流，推动社会文明发展进程

1. 旅游是文化传播的重要形式

人类社会的发展进步与文化交流的作用密切相关。西方人类学研究中的"播化学派"认为，不同地区具有类似的文化是由于文化传播的作用，各民族的文化都是借用来的。虽说这种认定世界各种文化皆来自一个中心的理论显得过于偏激，但人类通过文化的接触与传播，使各种现代文明得以普及推广并带动落后地区的社会发展，却是有目共睹的事实。

旅游是大众化的文化传播形式，它为异质文化的融合提供了机缘。文化交流所导致的异质文化的相互摩擦，并非不可调和的矛盾，它同样可以成为社会发展的推动力。走向新生活的共同利益驱动着所有参与旅游交往的人们探讨异质文化的存在价值。不同地区的文化经过人们的共同鉴别和筛选，其中合理的成分被相互借鉴，最终变成人类共享的全球文化。那些虽然在历史上发挥过积极作用，但在现代社会中成为社会发展障碍的因素，必然会被舍弃。

2. 旅游者是文化传播的主要媒介

旅游者虽然没有传播文化的义务，但在现代社会的各种交往形式中，作为移动形态的特殊社会群体的旅游者，无论其来自哪个社会阶层，他们总是处于文化交流的最前沿，不自觉地充当着"文化使者"的角色。一方面，他们将自身拥有的各种先进文明传播到目的地，使得科学技术在世界范围内普及。另一方面，旅游者也将各种目的地的文化带回到客源地。世界上许多著名的旅行家虽多为商人和僧侣，但是现代人都是从文化交流的角度来看待他们的历史功绩。我国历史上四大发明如果没有古代商人跋山涉水的艰苦旅行，就不可能传播到西方。赴西域取经的玄奘、东渡日本的鉴真其社会贡献绝不仅仅是弘扬佛学，被现代人称颂的社会价值主要是文化及科技的国际交流。

旅游文化的传播是旅游者与东道社区居民之间双向的、主动的行为。一方面，目的地居民通过与旅游者接触，认识到与外界的差距和深化改革的必要性；另一方面，旅游者也通过多种形式学习、借鉴目的地的文化知识。马可·波罗在临终前遗憾地对那些怀疑其游记真实性的人说："我在书中对东方的记述，只是我所经历的十分之一。"而恰恰是该游记的出版发行，对西方国家开拓东西方航道起到了推波助澜的作用。近代中国的许多知识分子如孙中山，正是通过到西方留学或考察，真正认识到封建制度对中国历史发展所起的阻碍作用，从而激励他们振兴中华的决心和勇气。总之，旅游这种积极的、主动的、双向的学习作用，可以在一定程度上缩小地区之间的文明差距，推动人类社会的共同发展进程。

3. 旅游推动科学技术的交流和发展

科学技术的发展是旅游产生和发展的前提条件，这一点已为旅游发展史所证实。1841年7月5日，托马斯·库克利用包租火车的方式，组织了一次从莱斯特前往洛赫伯勒的团体旅游，标志着近代旅游及旅游业的开端。如果说，内燃机的出现预示着近代旅游开始向现代旅游的过渡，那些喷气推进技术在民航中的应用则标志了现代旅游的产生。另外，旅游也是科学研究和技术交流的重要手段，在旅游发展的各个阶段，都曾有人以科学考察为主要目的，为完成某项研究而参与旅游活动。许多主观上出于其他目的的旅游，客观上也起到了传播和交流知识的作用。尤其是，现代商务旅游、专题旅游、会议旅游以及消遣旅游中的拜访同行活动，都使得这种思想碰撞的广度和深度不断有新的发展。

三、求新求知，思想修养

1. 求新求知

（1）开阔视野的求新。旅游的心理追求有新、奇、异、美、特，而求新是旅游动机的起点。根据心理学的理论，只有新奇的事物才能唤起人们的注意。正因为旅游目的地的事物与旅游者的惯常环境迥异，所以才激发人们前往异地"开眼界""长见识"的兴趣。这样，以寻求见到新奇事物来刺激，成为人们出游的最初目的，这也是中国人将旅游基本方式首先定位为"观光"的主要原因。针对旅游种类的多样化，一些日本学者提出"将旅游引回到观光的本质上来"的号召，日本人甚至称旅游业为"观光业"。

旅游者求新的过程其实是"对比"思维，这必须以旅游者熟悉的类似事物作为参照。无论是找到了旅游吸引物的特性，还是有新的发现，人们都会感到兴奋，这便是寻求刺激之后的满足感。旅游求新必须有适当的比例或尺度；完全相同的事物不可能引起人们的注意，这就是所谓"司空见惯"；而完全陌生的事物如果达到根本无法理解的程度，也唤不起旅游者的兴趣。

（2）提高智能的求知。在求新的基础上，获得许多自己原本不懂的知识和道理几乎是所有旅游者的共同愿望。旅游的求知是没有精神压力的自觉学习，它寓教于乐。通过旅游，人们突破了惯常环境对思维的束缚，使人们开阔视野、增长知识，这有利于人类智能的提高。旅游堪称人生中最自觉的学习方式，无须督促，参与者饶有兴趣地探讨知识的原委，以求获得更多的灵感。事实表明，在古今中外各个领域的伟人中，几乎没有哪一位不曾有过旅游或旅行的经历。对于青年人来说，外出旅游更是学习和接受新事物的有效途径。他们通过旅游，可以了解世界、熟悉社会、增长知识和提高才干。正因为如此，人们才有了"读万卷书，行万里路"的经验总结，说明人类所掌握的知识主要是通过读书和社会实践两方面获得，而"行万里路"是最主要的社会实践方式。从表6-1读书需求侧与旅游需求侧的特点比较中，我们可以清楚地认识到，读书与旅游的学习作用有显著区别却同等重要，只有将两者结合在一起，才能达到全面掌握知识的最终目的。

表 6-1 读书需求侧与旅游需求侧的特点比较

比较项目	读书	旅游
表现方式	抽象概念	具象事物
内容范围	单一、有逻辑关系	广泛、多样、松散
知识特点	专业性强、偏重理性	社会生活化、侧重感性
认知方式	被动灌输、强行记忆	主动探索、随机接受
驱动力	意志	兴趣
效果	难懂、记忆深刻	易懂、易忘
秩序	纪律约束	自由
标准	必须掌握	任意取舍
紧张度	考试压力	无压力
性质	纯粹学习	学习与实践的结合

2. 思想修养

（1）纠偏反思。由于认知渠道的局限性和意识形成的主观性，使人们对社会不免存有许多错误认识。旅游是人们暂时离开熟悉的、狭小的、惯常的生活环境，摆脱义务、习俗、生活规律等外在压力和自我精神束缚的实地考察过程。此时的人能用虚心求教和多加理解的眼光，来重新看待世界与社会，这有利于打破固有的陈腐观念。人们通过对各种以往从未想过或见过的新事物的认知，特别是通过对旅游地居民的生活方式、风俗习惯、社会意识的亲身体验，来重新认识社会，并在比较中找出自身差距，重新反思自己的观念，自觉自愿地审视以往的傲慢与偏见，从而养成客观面对现实的态度，并提高认知与判断能力。各种有形与无形的旅游吸引物虽然不是教师或教材，但人们常把旅游环境视为提高自身文化素质和思想修养的最佳课堂。

（2）拓宽胸怀。旅游对人们培养个性所起的作用是难以估量的。在适应与日常生活迥然不同的异域环境的旅游活动中，旅游者会忽略掉以往斤斤计较的琐事。这有助于改变人们的性格，使人们的胸怀逐渐大度起来。置身于场面恢宏的自然景观中，人们会感到自身的渺小，进而领悟到平时心胸狭窄的可笑与无聊。即使旅游遇到挫折或计划失败，人们也会从自我解脱中逐渐养成全面认识事物的辩证思考方法。

（3）培养道德意识。人们在旅游过程中的主要心理活动是"比较"，而且总是习惯于以善意的眼光看待事物。人们通过对旅游目的地诸事物的分析或评价，逐渐产生出新理念，这不但提高了自己的欣赏水平和艺术修养，还净化了心灵，甚至可能奠定新的人生观。旅游作为修养道德的过程，可以培养人们的善良意识。旅游者在自我实现需要的心理驱动下，通常会不求回报地帮助别人，这种奉献精神的具体表现无论成功与否，助人为乐的行为本身就值得肯定。这些客观处理个人与外界关系的行为都可演变为陶冶情操的方式。

（4）磨炼意志。"在家千日好，出外一时难"。所有人在异地旅游时都会遇到日常生活中本不存在的困难，而每一个问题的解决都会给旅游者带来成功的喜悦。所遇到的困难越大，解决问题后所获得的自我满足感就越强烈。如登山旅游，无论是否登上顶峰，人们都以到达某一个预定目标而认定了自己的意志和能力。

（5）坚定爱国主义信念。"江山如此多娇，引无数英雄竞折腰。"任何国家都有值得本民族人民骄傲的自然风光和历史文化遗产，人们在社会思想教育的引导下，通过对祖国风景名胜的游览，能进一步激发热爱家乡和祖国的感情。如果人们经常到国内的其他地方旅行，就可以提高对民族遗产的自豪感，这种民族自豪感有利于避免地区分裂。此外，在外国旅游时，耳濡目染他人对祖国历史文化和建设成就的称颂，也会激发和增强人们的民族自尊心和自豪感，从而会加深人们对自己祖国的热爱。

四、调剂生活方式，提高生活质量

1. 迎合消闲需求，调剂生活

城市生活在带给人们种种便利性和优越感的同时，也给人们带来种种不堪承受的压力。城市生活压力具体表现在四个方面。①规矩的约束。跻身于现代都市文明生活的代价是，人们必须放弃某些农耕社会享受的自由和权利。人们不由自主地遵从许多无形的社会规则，如在就业单位规定的时间上下班，在社会认定的时间安排个人的业余生活，在相同时间进食、睡眠、通勤、工作。②工作的疲劳。机械化、自动化、电子化、程控化等生产方式在减轻劳动者体能消耗的同时，也将社会分工细致到每一个生产环节，致使日复一日、年复一年地从事着简单操作工作的人们越来越感到自己变成了"社会流水线"上的某个部件。当重复劳动变成必须履行的责任和没完没了的精神负担时，劳动的兴趣与成就感就会逐渐消失。③环境的恶化。人们必须长期忍受城市喧嚣、交通拥挤、看病排队，以及废气、雾霾、污水、噪声、电磁、垃圾等环境的侵扰。

④人际关系的困扰。人类交往的根本目的是寻求他人承认和社会接纳，这样一来，都市人们不得不选择合适的交往方式，以便与他人共存；而利害关系和觉悟差异导致了社会关系的复杂，这给人际交往增添了许多难度。

以上违背人类意愿和影响个性发展的生存环境，使人越来越感到疲劳或乏味。人类自然而然地产生通过休闲消遣的方式来调剂生活内容，提高生活质量，而旅游是调剂生活的最理想方式。旅游是全方位的综合休闲活动，其要素包括吃、住、行、游、购、娱、厕，内容丰富，形式多样，成为人们调剂生活的最佳选择。旅游使人们在短期内完全逃避日常生活，到全新环境中去充分享受自由，这不但有利于恢复人们的精力，还将激发人们的生活情趣，满足人们物质上和精神上的全方位享受需要。

2. 审美享受

旅游欣赏并不局限于感官刺激或停留在愉悦阶段，它必然升华为美感。也就是说，追求审美情趣和艺术品位才是旅游者获取精神享受的真谛。旅游是人类在异域环境对自己不熟悉事物的欣赏过程，这种对新奇事物的欣赏常常以"遐想"和"比较"为主要方式。人们把观赏对象与自身熟悉的生产生活联系起来，从科学、道德、艺术意义上比较出高下，并假设出因果关系，从而升华为美的感受。即使是静止的自然景物，经过遐想也会呈现出生命的活力，人类将其赋予"理想化的道德品格"而倍加赞美，采用这种审美方法将有助于提高人们的智能。世界文学史研究得出了共同结论：西方国家于18世纪掀起的"回归大自然"的浪漫主义运动，曾对文坛和艺术界的许多著名知识分子培养个性、奠定人生观和激发创作灵感都发挥过重要作用。

3. 增强体魄

人们都懂得"生命在于运动"的道理，但由于坚持户外锻炼毕竟属于自我强制行为，所以多数城市人都懒得将其纳入每日例行的活动之中。他们常以工作忙、时间少、场地小、空气污染等理由为自己的惰性寻找借口。旅游活动如同任何其他运动一样，也要消耗体能，有益于身体健康，可以促进人体的新陈代谢。有人将旅游称为"远足"，说明步行是旅游活动的基本运动形式，而这比平时散步更具有体育效果。同时，因为旅游活动不存在竞技比赛中特有的紧张气氛，所以它又是主动、自觉并且轻松愉快的锻炼方式。

总之，在城市化进程不断提高的现代社会，都市的公害、紧张的工作和生活节奏迫使人们更加向往能够经常、适时地改换一下生活环境，回到安谧、优美的大自然中去，以便重新"充电"、恢复体力、焕发精神，从而增加人们对人生的热爱。这既是大众化旅游的重要动机，也反映了旅游活动的开展在促进人们身心健康、提高人口素质方面的积极作用。

第三节　旅游对客源地消极方面的影响

出游活动也未必会对所有旅游者都能产生陶冶情操和增长知识的教育效果。早在18世纪，亚当·斯密在观察了当时欧洲青年学生的"大巡游（Grand Tour）"现象之后，曾指出"人们通常认为，这些年轻人通过外出旅行，回来以后会有很大长进"，但是实际上，这种"大巡游"的结果是令人失望的。虽然"在这些年轻人的旅行过程中，他们通常都会学到一两门外语知识，但其掌握程度之肤浅，使他们很少有能力正确地用来谈话或写作。在其他方面，他们旅行归来之后，通常都变得骄傲自负、不懂道德、行为放荡、不能够认真从事学习或工作。由于他们年纪轻轻外出旅行，脱离了父母和亲友的监督，将自己一生中最宝贵的年华用于放任轻浮的消遣，所以，他们在早期教育阶段可能已经形成的良好习惯，不但没能得到巩固和增强，反而几乎肯定被削弱或忘却了"。时至今日，世界旅游组织对青年旅游的研究也曾指出，虽然青年旅游作为一种教育手段可起到开阔视野、增长知识、了解世界、培养和增强良好的个人习惯的积极作用，但在现实生活中，如果计划不周或采取的形式有误，青年旅游同样可能导致负面的教育结果。所以，青年旅游能否产生积极的效果，在很大程度上取决于外出旅游的主旨和具体的旅游方式。

一、旅游者的行为特征

旅游活动的两个突出特征是异地性和暂时性。异地性特征是指旅游活动的发生要以行为主体的空间位移为前提。暂时性特征是指旅游只是发生在旅游者人生时间波谱中某一时段上的行为，旅游者按计划出游，也要按计划返回。旅游活动所具有的这两个特征，往往诱发旅游者行为表现出明显的异乎寻常的倾向性，这就是责任约束松弛和占有意识外现（谢彦君，1999）。具体表现在以下几方面：

1. 消费攀高

几乎所有的研究都证实，旅游者在旅游过程中的消费具有明显的失控倾向。哪怕是一生节俭的人，一旦身在旅途，就表现得一反常态地慷慨大方。这其中的原因，有的可能是群体旅游情况下相互谦让而最后哄抬了消费水平，有的可能是受其他旅游者消费行为示范作用的影响，还有的是出于旅游目的的审美约束而不愿因消费这一环节的窘相而玷污了整个旅程。但不管哪种原因，都是个人对自身责任约束松弛在消费领域的表现。

2. 道德感弱化

当一个人以旅游者身份"远在他乡为异客"时，他在意向上往往想摆脱日常生活的清规戒律，道德的约束力量远不及他在日常生活圈子中那样强大。所以，人性中潜在的恶的东西总在自觉或不自觉地流露，致使我们看到很多怪现象：衣冠楚楚的曾对三尺门里的卫生至为关注的人此时却毫无环境道德，所到之处一片狼藉；一派君子相的人在异域的灯红酒绿的幻影中也时常会动着偷吃禁果的念头。1984年，一种得到《檀香山星报》编辑部批准的新产品在市场上非常走俏，那就是"刮而嗅之"明信片，只要刮一刮明信片上的女人，她们就会释放出夏威夷鲜花的香味儿。有人曾经说："从来没有人因为低估美国公众的品位而遭破产。"同样地，如果一个人想收集拙劣的色情纪念品的话，市场上将永远不会缺货。虽然，在人类社会中，像这种责任约束松弛只能暂时地存在，而且最好在熟人看不见的地方发生。旅游活动所具有的外部特征与这种需要可谓一拍即合。

3. 文化干涉

旅游者以异乡人的身份前往旅游目的地，他表现出的不同文化的气息会与当地文化形成反差。一般认为，在旅游地发展的不同生命周期段，旅游者对这种文化反差会采取不同的态度，从顺应到漠视直到干涉。旅游者对当地文化的干涉表现为两种情况，而且是两种相互矛盾的情况：一种是旅游者对当地文化的古老、陈旧甚至落后表示蔑视，并极力张扬自身的文化，通过各种活动在当地人尤其是青少年中间施展示范效应；另一种是旅游者出于好奇心理，以商业的态度对待当地文化中逐渐消亡或已经垂死的因素，如迷恋于表演性的土著居民的原始舞蹈和习俗。这种种情况，都是旅游者本能的占有意识在旅游文化上的体现。

4. 物质摄取

旅游者客居异地，在旅游过程中除了眼看、耳闻、鼻嗅、口尝之外，还忍不住有"手拿"的倾向。好古者可能希望得到当地古迹中的一件文物，恋花者不免要拈花惹草，奇石癖好者不惜重金买下珊瑚石，求财者热衷于与财神雕像握手，而宠物爱好者竟以求得一只考拉熊为乐。搬不动的就动手摸摸，用刀刻刻，像动物圈定势力范围一样，告诉他人"我曾到此一游"。或者文明一点，摄下影像回家后自得其乐。凡此种种，都体现了旅游者固定的占有欲。

二、旅游者受到的伤害

旅游者置身于异地难免会感到陌生，没有顾虑的陌生成为值得追求的"新奇"，而有顾虑的陌生则变成必须防范的恐惧。旅游者在受到种种委屈后，为了发泄情绪，他们便会添油加醋地向他人丑化旅游地的形象，这将打消人们到访该目的地的兴趣（谢彦君，1999）。旅游者受到的伤害表现有：

1. 交往顾虑

民族习俗差异也可能会引发旅游者的担忧。当东道地区居民对不了解其信仰、习俗、禁忌的旅游者表示不满，斥责或干涉旅游者的言行时，惊慌失措的旅游者就会产生恐惧心理。特别是听到对旅游地人民的片面介绍或偏激评价后，旅游者会误将东道地区居民视为具有侵犯性的恶人。当为确保自身安全而笨拙地模仿东道地区人民的礼仪动作后，引发当地人嘲笑的旅游者感到自己简直就像一个乞求生存的小丑。为寻求保护，一些旅游者甚至会诚惶诚恐地凑集小费以讨好导游员和驾驶员。原本应轻松愉快的旅游休闲活动此时变成了谨小慎微的自我约束。

2. 活动限制

为了避免旅游者的误解，有些东道社区居民不允许旅游者观看或参与特殊的民族活动及宗教仪式，甚至以不接待异教徒的理由而将旅游者拒之门外，这令抱有"花钱消费"信念的旅游者深感委屈。一些宗教场所阻止女士进入参观的规定也使同行男性旅游者进退两难。

3. 拥挤障碍

旅游旺季时，人们到达旅游地不再是寻求舒适的环境，而似乎已变成谋求到达该地的权利象征。乘车难、吃住难、上厕所难、景观被众人遮挡等都是招致游客埋怨的典型理由，这以节日度假旅游表现得最为突出。旅游地一旦超量接待外来者，使原本以观光为目的的旅游变成不得不跟随"游客流"慢吞吞腾挪时，无暇观光的旅游者便会夸大其词地贬低此地的观赏价值。北京八达岭长城曾出现过每平方米充斥着4名游客的拥挤局面，原本只有1万人接待能力的泰山曾充斥了8万名游客，这不但增加了疏导旅游者的难度，也使得道路与植被等环境受到不同程度的破坏。

4. 购物陷阱

"买方没有卖方精"。旅游者常常以能在旅游地买走连他们自己都感到莫名其妙的"纪念品"为时髦，这给东道地区的商人创造了赚钱的机会，当旅游者了解到商品的真实价值与实际作用的真相时已悔之晚矣。当带队的导游人员有意缩短旅游点活动时间，而过分热衷于光顾旅游纪念品商店时，客人们会明显感觉到这是"购物回扣"在作怪，以致对导游员有关任何当地特产的介绍都产生反感。

5. 受骗伤害

旅游地盲目仿古导致假古代建筑、假名人故居、假圣物、假古董的泛滥成灾，却常常使旅游者稀里糊涂地上当受骗。随意取消或更换活动项目也是旅游者不满的原因之一。当旅游者发现名不副实的活动侵犯了他们的权益时，无处申诉或导游人员的漠视会使旅游者倍感委屈。

6. 额外支出

莫名其妙的附加费同样会使旅游者产生"被打劫"的感觉。一些城市、村落、岛屿对所有前来观光的旅游者收取高昂的入境费、登岛费、机场建设费、城市环保费；带有明显刁难性质的交通管理，使自驾车旅游者不得不付出更多的路桥费、停车费和罚款；在与"只看重小费的接待者"接触时，不谙事理的客人随时可能会受到冷遇。这些都促成了旅游者对东道地区人民诚意的怀疑。曾有位日本客人从海外归国后牢骚满腹，因为他误解了宣传小册上的劝告，在东道地区对所有问话对象包括指路者都分发了小费。

第四节　文明旅游

一、文明与旅游的关系

对文明的定义有三种：第一种是将文明视为文化的同义词，这种认识对学术研究没有任何指导意义，却在人们的生活中占有一定的市场，并因此造成了许多本不该有的社会矛盾。第二种是将文明理解为继野蛮时代之后社会发展的程度。美国民族学家摩尔根（Morgan）在《古代社会》中将人类历史分为蒙昧时代、野蛮时代和文明时代；恩格斯继承了他的这一理论，写成了《家庭、私有制和国家的起源》一书。第三种理解认为文明是指人类社会文化发展的水平、进度和状态。

文明是不同历史阶段中社会文化发展程度的表象。评价文明程度时，以科技发展水平为标志的社会经济进程和以道德为标志的社会意识形态是两项最常用的标准。从科技与经济发展水平来分析文明程度时，先进科学技术在人们的生产和生活中的应用程度是社会文明的主要判定依据，所以人们多用"发达"或"不发达"，以及"先进"或"落后"来评价。从社会意识形态来分析文明程度时，社会风尚和社会行为所反映的该地区人民的信仰、道德是评价文明的直接依据。由于各地区社会历史发展进程存在差异，便出现文明与野蛮、先进与落后、科学与愚昧、高与低等优劣比较。凡是违背科学基本原理或违反社会道德规范的事物及行为通常都被归于"不文明"表现。

社会中不文明现象大致可分为几类。①觉悟低下。受历史发展进程、社会观念、民族、地域等条件的影响，人们的思想觉悟有很大程度的差距，这使得不同地区所显现的社会文明程度也有高低之分。如迷信、陋习、道德败坏、邪教传播等阻碍社会进步的现象与行为都属于不文明范围。②审美观错位。过分新潮的事物若是达到常人难以理解或难以接受的程度，且对社会常规信念造成冲击时，就会被人们视为不文明。大伤风雅或伤害他人之陋俗，更是审美观错位的具体表现。③伪科学传播。在大力提倡科学的今天，一些不文明的事物出现了借助先进科技手段"惑众"的现象。如电脑算命、验血型以测性格、气功治病等都是披着现代文明外衣的伪科学。④强权政治。与人类社会发展规律不相吻合的政治也属于不文明现象。众所周知,在中国近代史上,那些所谓进入文明社会的帝国主义列强,就是用不文明的鸦片贸易和炮舰政策迫使中国人民蒙受了百年屈辱。世界历史上,殖民主义者打着文明开发的幌子将种族压迫制度在第三世界许多国家推行了数百年。第二次世界大战期间,德国法西斯的人种优劣划分将人类文明引入邪恶的深渊。另外,当文化作为"知识"的同义词时,一些人会将某些教育普及程度低下的社会评价为"文化落后";这种错误表述所带来的社会负面效应,使一些人对自己不理解的文化产生偏激意识并妄加评论。如果此种情况发生在旅游活动场合,将可能引起交往矛盾。

事实证明,文明与不文明的社会现象在任何地区都会长期并存。比如任何发达国家都未能根除不文明的社会犯罪;反之,经济不发达或科技落后地区同样会保留着令人折服的古老文明。从那些看似传统的社会风尚中,人们仍可感受到崇高道德的光彩。如无私互助的人际交往、拾金不昧的道德风尚、尊老敬贤的传统美德、和谐融洽的社会关系等,都会令来自发达地区的人民羡慕。而且发展中国家或地区的人民,也总是在不断地学习外部世界的先进知识和技术来缩小差距。人们应当认识到,用现代文明推动社会发展是全人类的共同追求和总体趋势。

特殊自然条件和历史进程造就的特殊现实社会环境,反映着各个地区的社会文明程度,这种程度虽然在不同地区之间存在差异,但都有古老文明与现代文明共融、互补于同一个历史阶段的状况。各地经过历史传承的、具有鲜明民族特色的文化经过发掘和整理,可成为吸引客源的重要旅游资源。

旅游者和当地居民在交往过程中,既会接触到不同类型的文化,也会感受到不同层次的文明。当人们遇到自己不理解或不适应的事物时,绝不能简单地将其视为"不文明"表现,而妄加评论或武断地加以否定,因为历经千百年实践与总结,并形成体现不同民族文明的民俗文化,之所以能传承至今必然有其合理性。文化没有贵贱之分,它只是社会的综合状态。无论自己是处于高度文明的社会还是经济不发达地区,交往双方都应本着互相尊重、友好交流的态度,来对待旅游活动中所涉及的各种异质文化,努力去理解异质文化中的合理成分,并从中找出人类社会所具有的共性规律来。现代旅游是社会发展到相当程度后的人类特殊生活方式,也必然会随着社会文明的进步日益繁荣。通过旅游这种积极的社会交往形式传播现代文明，同样会促进全人类社会的发展。

二、中国公民国内旅游文明行为公约

营造文明、和谐的旅游环境，关系到每位游客的切身利益。做文明游客是我们大家的义务，请遵守以下公约：

（1）维护环境卫生。不随地吐痰和口香糖，不乱扔废弃物，不在禁烟场所吸烟。

（2）遵守公共秩序。不喧哗吵闹，排队遵守秩序，不并行挡道，不在公众场所高声交谈。

（3）保护生态环境。不踩踏绿地，不摘折花木和果实，不追捉、投打、乱喂动物。

（4）保护文物古迹。不在文物古迹上涂刻，不攀爬触摸文物，拍照摄像遵守规定。

（5）爱惜公共设施。不污损客房用品，不损坏公用设施，不贪占小便宜，节约用水用电，用餐不浪费。

（6）尊重别人权利。不强行和外宾合影，不对着别人打喷嚏，不长期占用公共设施，尊重服务人员的劳动，尊重各民族宗教习俗。

（7）讲究以礼待人。衣着整洁得体，不在公共场所袒胸赤膊；礼让老幼病残，礼让女士；不讲粗话。

（8）提倡健康娱乐。抵制封建迷信活动，拒绝黄、赌、毒。

三、中国公民出境旅游文明行为指南

- 中国公民，出境旅游；注重礼仪，保持尊严。
- 讲究卫生，爱护环境；衣着得体，请勿喧哗。
- 尊老爱幼，助人为乐；女士优先，礼貌谦让。
- 出行办事，遵守时间；排队有序，不越黄线。
- 文明住宿，不损用品；安静用餐，请勿浪费。
- 健康娱乐，有益身心；赌博色情，坚决拒绝。
- 参观游览，遵守规定；习俗禁忌，切勿冒犯。
- 遇有疑难，咨询领馆；文明出行，一路平安。

第五节 教育旅游与旅游教育

旅游与教育之间有着深刻的渊源关系。这一点我们从现实中存在的"教育旅游"和"旅游教育"这两种现象上就可以看得很清晰。教育旅游是一种旅游方式,是为教育而从事的旅游活动,它在当今的旅游可持续发展哲学思想指导下,与责任旅游、生态旅游、替代旅游、绿色旅游等诸范畴一起,构成了当今丰富多彩的旅游形式中最具历史使命感的一种旅游形式。而旅游教育则是一种更为规范的旅游可持续发展的实现途径,在整个专业教育系统也同样要灌输旅游可持续发展的哲学思想(朴松爱,2001)。

一、教育旅游

现代旅游有着复杂的社会和文化意义及功能,其中之一就是教育。旅游的教育意义以各种形态表现在不同的文化当中。在中国,旅游作为获得知识的途径,早已成为与"读万卷书"相提并论的人生哲理。在日本,旅游最基本的功能被称为"体验情理",把旅游比作人生的转折点。这个比喻象征着旅游作为教育手段的历史渊源。

"体验情理"是个人取得新的社会地位的时候的情理,主要由三个阶段组成:与初始状态的"分离期"、战胜生死考验的"过渡期"和新的地位被承认从而再回到社会当中的"再生期"。由此可见,体验情理就是个人离开集体获得新的知识以后再次回到集体的过程,与单独出去闯世界的年轻人战胜困难以后衣锦还乡具有异曲同工之妙。所以,旅游也就是个人离开集体通过学习获得新的人格的过程。到了近代,这种体验情理的旅游在形式和内容上都起了一些变化,但旅游的教育意义始终没有改变。19世纪欧洲的"大巡游"(Grand Tour)具有典型的"教育"特点。大巡游起源于17、18世纪贵族、富豪、学者们为了自我提高而周游法国、意大利等国家的主要城市的历史现象。英国的上流社会从15世纪末到17世纪初,把旅游作为子女教育的一个必要环节,因此盛行送子女到海外旅行,这个习惯逐渐变为惯例,不久就在整个欧洲的上流社会形成了制度。这种豪华旅游的最初目的是健康的人格培养,是一种体验情理的制度化。

在日本，为了让学生从旅行中受到教育，"修学旅游"制度成了学校教育的独特一环。修学旅游从明治年代开始普及，对日本的近代旅游发展起到了很大的作用。旅游在人格形成过程中作为修养和体验方面的教育，在当今的大众化旅游时代也备受世界各国的关注。如今，每年有大批青少年利用假期到国外作"修学旅游"，旅游的教育功能由此可见一斑。

现代旅游的教育意义以"教育旅游"的形式被继承下来并得到发展。其实，教育旅游的概念很模糊，不同的研究者给出的定义均有不同。普遍的定义是，从广义看，它是作为教育实施环节的观光活动。这个意义上的教育旅游，既包括上述传统的"大巡游"和"修学旅游"，也包括当今以可持续发展哲学为导向的一系列旅游形式。从狭义看，教育旅游就是通常说的"研学旅行"，即旅游者以提高教养和受到启发为目的的旅行，是特种旅游（Special interest tourism）的一种形态。下面我们探讨一下最近比较受关注的"狭义的教育旅游"。

教育旅游在旅游者的各种兴趣和爱好的基础上出现。这些兴趣和爱好涉及农学、考古学、文学、自然、建筑、绘画、观鸟、贸易、工业、城郭和宫殿、树木、庆典、钓鱼、狩猎、插花、园艺、宝石和矿物、音乐、高尔夫球、摄影、动物观察、滑雪、潜水、心理学研究、社会研究、民族研究等很多领域。

教育旅游根据其旅游资源的特点可分为两种类型。一种是以自然和历史遗迹等"自然旅游资源"作为对象的教育旅游，如民族风情旅游、生态旅游等。参加这种旅游的人一般是不喜欢受拘束的团体旅游者。这样的教育旅游一般配有具有专门知识和经验的导游。另一种是以"人文旅游资源"作为对象的教育旅游。这样的旅游资源对教育、文化的振兴具有重要意义，比如，大型主题会、博览会、地方的宣传活动及节日、民间企业的项目等。

作为特种旅游的教育旅游具有不同于一般旅游的特点。第一，参加教育旅游的旅游者同时也是有目的、有计划、有系统的学习者。尽管一般旅游也不排除具有学习的效果，但是，教育旅游除了这个学习效果外，还把有系统的、有组织的学习作为旅游的目的。第二，教育旅游为实现其学习目的，要安排"指导员"。这个指导员的作用与一般旅游中的导游是不同的。教育旅游中的指导员一般是围绕每个主题聘请的大学教师或专家，是这个学习主题中的导师兼导游。第三，教育旅游的"供应者"一般是大学、宗教团体、非营利性组织、博物馆和一般企业，很少由旅游业者提供（当然不排除个别旅行社组织的某种教育旅游形式）。要经过专门的策划、编排和组织，具有明确的主题，做到寓教于游。

从以上特点可以看出，教育旅游被认为是一种"新型旅游"，可以与旅游可持续发展的实践结合起来。目前，国外有很多学者致力于这方面的研究，但在国内还没有引起足够的注意。

二、旅游教育

旅游教育（tourism education）是通过各种学校教育来普及旅游知识的活动。旅游教育被关注的背景是世界范围内的旅游盛行。在西方发达国家，开始出现大众化的团体旅游是在20世纪50—60年代。奥丽安娜·普恩曾说现代旅游是与喷气式飞机一起起飞的。当时流行的观点是旅游发展和经济发展有紧密联系，旅游是朝阳产业，前景非常乐观。但从那时起，旅游开发的进展遇到了意料不到的负面冲击。到了20世纪80年代以后，人们对旅游活动和旅游开发的乐观预测开始黯淡下来，因为旅游目的地的环境破坏、文化冲击、社会经济等问题使旅游的效用大打折扣。中国作为发展中国家，在发展经济、创造外汇的利益动机下，也无例外地经历了类似的过程。

认识到旅游的负面影响以后，从20世纪80年代末到90年代初人们开始提倡"旅游可持续发展"的理念。也是为了普及这个理念，旅游教育才开始被提到议事日程上。如果考虑旅游的社会意义，它的发展与"我们共同的未来（Our Common Future）"息息相关。因而旅游教育的意义也非同一般。所有与旅游有关的人们都应该是接受教育的对象。

旅游教育的内容一般分成"旅游基础教育（education related to tourism theories）"和"旅游实务教育（education related tourism practice）"。今天的旅游基础教育，应该以掌握有关旅游可持续发展方面的系统理论知识为目的。而旅游实务教育的目的是掌握有关旅游事业和旅游行政方面的实践知识和技能。在西方国家，制订旅游教育计划时都注意根据教育对象设定标准和主题，掌握好基础教育和实务教育之间的平衡问题。当然这两种类型之间没有严格而明确的分界。

教育旅游在履行它的教育功能、并显示其高尚特点的同时，还有"人在旅行时便原形毕露"的低俗化特点。所以从来对旅游的评价是"健康"和"不健康"的两方面。什么叫健康、什么叫不健康，实际评价起来也比较模糊。但是，让所有旅游者掌握严谨的有关旅游现象的知识，了解自己所参加的旅游活动对整个社会和自然环境带来什么样的影响，这是"旅游基础教育"的重要目标。到现在，旅游研究成果还没有解决旅游基础教育应该"如何教和教什么"的问题。在国内很多院校，甚至还重复着20年前的老式教学计划，没有能够充分反映旅游实践发展需要。因此，旅游基础教育仍然是一个非常薄弱的环节，相对于日新月异的旅游事业蓬勃发展来说就更有落后之势了。在世界各国，要求普及旅游教育、提升旅游基础教育水平呼声越来越高。尤其在一些先进的客源国，人们更是感到这个问题的重要性。现在在北美，有些研究者已经探讨在初等、中等学校教育中引进旅游基础教育的问题，而且部分地区已经开始实施。

旅游实务教育是为了培养旅游业所需人才的必备技能和技术方面的教育。旅游业的基本业务是以提供服务为中心的，所以对人才的依赖度比其他行业高。因此，录用合适人才的同时要经常进行服务技能和技术方面的教育培训。但是服务的标准、程序等的研究在世界各国才刚刚开始引起重视，还没有完整的资格认定和技能评审等制度。随着旅游业的发展，对旅游实务教育的需要也会逐渐多起来。美国和欧洲诸国在专科学校和短期大学设立了以实务为中心的旅游教育和培训课程。美国的大学还着力培养旅游产业方面的经营管理人才。

中国的旅游教育起步比较晚，在20世纪80年代初才开始有旅游教育，随着国家把旅游业当作国民经济支柱产业予以重点扶持，才开始在各大学陆续增设旅游管理专业，但因教师、教材、学术研究水平等诸多问题，中国的旅游教育还没有形成自己的成熟的教育体系，在整个教育过程中也很少真正把旅游可持续发展作为旅游教育的指导思想。

三、教育旅游、旅游教育与旅游可持续发展三者的统一

从目前世界各国的旅游发展实践来看，旅游可持续发展目标的实现，除了要进行各种必要的制度性建设之外，很重要的一个途径还在于旅游行为（包括旅游者行为和旅游产业行为）本身的规范和自觉，在这种情况下，以教育为目

的的旅游（教育旅游）和普及性的旅游教育，就成为旅游可持续发展实现的重要途径。恰恰在这一点上，教育旅游、旅游教育、旅游可持续发展三者达到了有机的统一。从一个国家角度看，旅游业未来的成功主要取决于这个国家的教育能力，这不仅仅是对旅游从业人员进行教育的能力，而且包括对旅游者和目的地居民关于各自文化方面的教育，以便更好地促进相互了解与正确评价。

■ 思考与习题

1. 旅游客源地政府活动的基本矛盾是什么？
2. 如何看待旅游对客源地积极方面的影响？
3. 旅游者的行为特征有哪些？
4. 旅游者容易受到哪些伤害？
5. 如何看待文明与旅游的关系？
6. 什么是教育旅游、旅游教育？

思考与习题答案

系统篇

　　旅游系统是由旅游动力系统、旅游产品供给系统、旅游价值链协调系统、旅游目的地协调系统四个子系统构成的,每个子系统下面还可以细分成许多个子子系统。其中:旅游动力系统是战略子系统,应用系统哲学观念来思考,使旅游系统和系统环境一体化;旅游产品供给系统是作业子系统,应用系统分析技术来建立模式,以有效利用资源和完成目标;旅游价值链协调系统是产业协调子系统,应用系统管理方式来综合,协调产业内部相互之间的关系;旅游目的地系统管理是区域协调子系统,应用系统管理方式来综合,协调区域内部相互之间的关系。

第七章　旅游动力系统

　　复杂适应系统理论（CAS）认为，主动性或适应性是一个十分广泛的、抽象的概念，并不一定就是生物学意义上的"活的"意思。只要是个体能够在与其他个体的交互中表现出随着得到的信息不同，而对自身的结构和行为方式进行不同的变更，就可以认为它具有主动性或适应性，适应的目的是生存和发展。因此，"适应性主体（adaptive agent）"和"利益相关者/利益主体（stakeholder）"是两个不同的概念：适应性主体是理论上的术语，而利益相关者是实践中的术语；适应性主体是宏观层面的、抽象的，而利益相关者是微观层面的、具体的；适应性主体应用于战略层面的系统思考，利益相关者应用于作业层面的系统分析和协调层面的系统管理。

　　系统哲学观念认为，整体是一种力的系统、结构和综合体，是作为一个单元来行事的，整体通过新陈代谢而使自己不断地更新。CAS理论认为，个体之间的相互影响不是简单的、被动的、单向的因果关系，而是主动的适应关系。以往的历史会留下痕迹，以往的经验会影响将来的行为。这种情况下，线性的、简单的、直线式的因果链不复存在，实际的情况往往是各种反馈作用（包括负反馈和正反馈）交互影响的、互相缠绕的复杂关系。

　　唯物辩证法认为，矛盾存在于一切客观事物和主观思维的过程中，矛盾贯穿于一切过程的始终，事物内部的基本矛盾是事物发展的根本动力。因此，可以认为，旅游适应性主体活动的根本动力就是旅游适应性主体活动的基本矛盾，旅游系统内部的结构变化是旅游系统演化的直接动力。旅游动力系统研究可以提供我国旅游可持续发展的管理政策，树立超前观念，制定未来旅游发展战略。

第一节 旅游动力系统概述

一、文献回顾

有关旅游动力系统的研究：一是以混沌理论和复杂性理论为基础的研究，如 McKercher（1999）；二是以系统动力学和控制论为基础的研究，如王云才（2002）；三是以系统基模为分析工具的研究，如 Walker 等（1999）；四是对旅游发展驱动机制的研究，如彭华（2000）。袁国宏（2004）提出了旅游动力系统的概念，认为旅游动力系统是由旅游者、旅游产业、旅游社区、目的地政府、客源地政府五大类适应性主体活动的基本矛盾构成的系统。邓超颖（2012）基于系统动力学和自组织理论，提出生态旅游可持续发展动力系统是由需求系统、吸引系统、中介系统、支持系统、监管系统构成的。

混沌理论和复杂性理论正成长为描述复杂系统如何运行的合理的思想学派。旅游本质上是作为一个混沌的、非线性、非确定性系统来运行的，而现有的旅游模型不能圆满地解释构成一个旅游系统的各种要素之间及要素内部的复杂关系。在旅游研究中，特别是在目的地演化等问题上，复杂系统的思想常常被自觉或不自觉地运用。McKercher（1999）在《旅游的混沌方法》中提出一个基于混沌理论和复杂性理论的概念性旅游系统模型（见图7-1）。他认为旅游系统是一个以非线性方式运行的、具有混沌特点的复杂系统。旅游系统包含旅游者、信息向量、影响信息沟通效率的因素、目的地、外部旅游利益主体、旅游外部影响因素、旅游内部影响因素、系统输出、混沌制造者（Rogues）9个要素。要素间的复杂互动使旅游系统以一种非线性的方式运行，紊乱和突变都是内在于旅游系统的特点。这使得旅游系统具有不可预测性和不可控制性，从而导致任何试图对旅游系统进行自上而下的控制都将趋于失败。McKercher 也指出，与所有混沌系统一样，旅游系统同样对初始条件具有强烈的敏感性，即最初发展阶段的一个小的变化可能导致出现完全不同的结果。

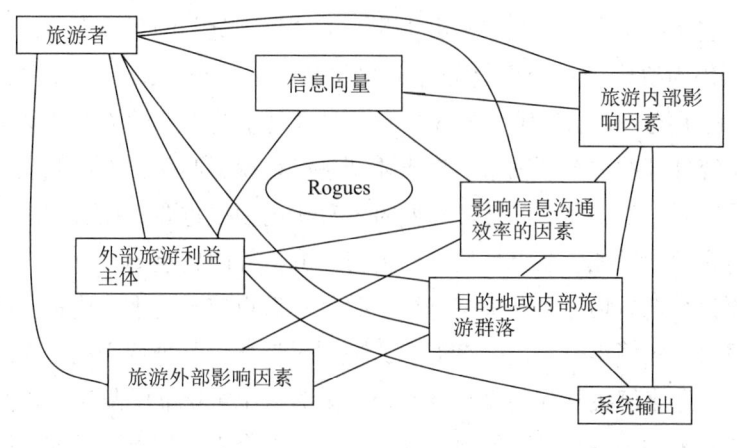

图 7-1 旅游复杂系统模型

二、旅游现象具有复杂性

一是因为旅游适应性主体（adaptive agent）活动具有复杂性。旅游动力系统是由旅游者、旅游产业、旅游社区、目的地政府、客源地政府五大类适应性主体活动的基本矛盾构成的系统，各子系统之间彼此相互联系，形成了众多的关系环，所以由旅游适应性主体构成的系统具有系统复杂性的基本条件。随着各旅游适应性主体活动的基本矛盾相对强度发生变化，导致旅游适应性主体的主导地位变迁，使旅游现象在不同时期呈现出不同的性质。二是因为"游客回路"和"全面关系流"的存在。单个旅游者活动表现为一个"游客回路"，总体旅游者活动表现为各种关系流的存在，即以不同地域之间的人员流动为特征，以游客流为载体，形成了服务流和物质流，带动了资金流和人才流，拉动了信息流和商务流，创造了文化流和科技流。

开放的复杂巨系统有许多层次。所谓的层次是指从我们已经认识得比较清楚的旅游者活动子系统，到我们可以宏观观测的整个旅游系统内部的系统结构的层次。旅游系统是涉及人脑系统、人体系统、社会系统和地理系统的复杂巨系统。简单巨系统强调外因，即一系统对他系统的外部联系，如正反馈、负反馈、时间滞延。复杂巨系统既重视内因即系统的内部联系，又重视外因即系统的外部联系。它认为内因决定了一个系统的记忆性、继承性、自动性、环境路径敏感性、环境不连续性、同因异果性，以及与此相关的一切系统复杂性，如自组织、进化、突变等产生"不可预测"或"反直觉"的系统现象，以及混沌现象；而外因决定了一个事物的外部强关联性（如正反馈、负反馈、时间滞延），它是系统动力学的研究内容。内部联系是系统内部的关系环网络，外部联系是系统外部的关系环网络，对于复杂系统来说，两者都不可偏废。在研究事物的质变时，如演化、变迁、突变时，分析内因更重要；在研究事物的量变时，如游客数量增减、热点目的地变更时，分析外因更重要。

还原论是把事物分割开来，进行实验，然后再综合起来。这是 300 年前形成的培根法，几百年来人们一直沿用这种"科学方法"进行研究工作。但是这套方法不能用来解决开放的复杂巨系统。因为这个系统非常复杂，不知道怎么分割，切开来的小系统已不是原来的系统了，这个系统的点滴研究也无法进行综合。因为，虽然系统状态 $S_z(t)$ 可分解，但系统结构 $R_z(t)$ 分解之后就失去了原来的性质。状态是简单的、基础的，结构是复杂的。系统动力学认为"部分 $e(p)$" 仅仅由环境和与它存在关联的部分 $e(p_i)$ 决定的，忽略了部分 $e(p)$ 的内部状态 S_{in}，这对于简单巨系统是适用的，如信息存储单元。但是，由于复杂巨系统的部分 $e(p)$ 是"具有适应性的主体（adaptive agent）"，它能够与环境及其他适应性主体进行交互作用，在这种主动的、反复的、相互的作用过程中，不断地"学习"或"积累经验"，并且根据学到的经验改变自身的结构和行为方式。

总之，系统动力学认为事物的演化和发展是由外因决定的，因而是机械的；唯物辩证法认为，事物的演化和发展的根本动力来自内因 S_{in}，外因只是条件，它需要通过内因才能发挥作用。适宜的温度能使鸡蛋变成鸡崽，却不能让石头发生类似改变。因而系统动力学研究复杂巨系统具有很大的局限性。虽然一些学者认识到旅游系统是一个开放的复杂巨系统，但由于缺乏科学的方法论指导，没有把时间变量引入旅游系统中，对于系统状态和系统结构等理论问题仅停留在概念性描述阶段。

本章关于旅游动力系统的研究可以对中华人民共和国成立以来的旅游发展历程进行合理解释，提供我国旅游可持续发展的管理政策，树立超前观念，制定未来旅游发展战略。窦群（2001）认为，旅游理论研究滞后于旅游实践的发展，首先表现于旅游业产业定位这个难题：我国许多区域发展旅游业的急切欲望和这些决策欠缺的科学论证形成了鲜明对照；对旅游业的认识停留在肤浅的水平上，缺乏科学的、系统化的理性分析直接导致决策方面的全局问题；在现实中，政府决策的偏颇，进一步影响到部分投资者、经营者甚至包括学者，都存在对旅游产业定位不同程度的偏颇认识；我国许多区域出于对发展旅游业的热衷，提出旅游业支柱产业发展战略，但是这些战略的提出缺乏科学、理性的分析作为基础；事实上，并不是每一个地方都适合把旅游业作为支柱产业，而且发展旅游业把握恰当时机至关重要。

第二节　旅游动力系统的集合性

在旅游各部分的相互关系中，"旅游适应性主体"是主动的，其他不过是被动的组成部分。旅游适应性主体可以概括为旅游者、旅游产业、旅游社区、目的地政府、客源地政府五大类。

旅游系统的核心是"高质量的完整旅游经历"，而影响完整旅游经历质量的是旅游适应性主体。旅游系统中最大的变量是旅游者的行为变量。一个系统由两个或两个以上的子系统构成，由于构成系统的子系统称为要素，所以系统是由各个要素结合而成的。旅游动力系统是由各旅游适应性主体的根本动力构成的，包括旅游者活动的根本动力$e(p_1)$、旅游产业活动的根本动力$e(p_2)$、旅游社区活动的根本动力$e(p_3)$、目的地政府（即旅游主管部门或目的地管理组织）活动的根本动力$e(p_4)$、客源地政府活动的根本动力$e(p_5)$ 5个要素构成的，联结这五个要素的枢纽是高质量的完整旅游经历。

如本书的"主体篇"所述，旅游适应性主体活动的根本动力是其基本矛盾：旅游者活动的基本矛盾，是指人们生活在时间、空间、人势方面的有限性与客观世界在时间、空间、人势方面的无限性之间的矛盾。旅游产业活动的基本矛盾，是指旅游者需求一次完整的旅游经历，与各旅游接待单位一般只供给旅游者日程安排中某一时段的需求之间的矛盾。旅游社区居民未能参与旅游决策和社区赋权（empowerment），与旅游决策影响到社区居民的福利之间的矛盾是旅游社区活动的基本矛盾。目的地政府通过发展旅游以取得更多的政治、经济、社会、文化利益，与旅游对政治、经济、社会、文化、资源、生态环境产生"负效应"之间的矛盾，是目的地政府活动的基本矛盾。客源地国家或地区各级政府为了促进和发展旅游事业、增进社会文化繁荣、加强国际理解与和平、尊重人类基本的自由和权利，与旅游对客源地政治、社会、文化、经济"负效应"之间的矛盾，是客源地政府活动的基本矛盾。以上五个要素的内部关系，以及这五个要素彼此之间的外部关系，这种错综复杂的关系的集合就构成了旅游动力系统的结构。这 5 个要素处于动态的环境（政治、法律、社会、文化、经济、技术、自然、生态环境等）之中。要素之间形成了 42 个关系环，构成了旅游系统的复杂性。旅游动力系统模型如图 7-2 所示。

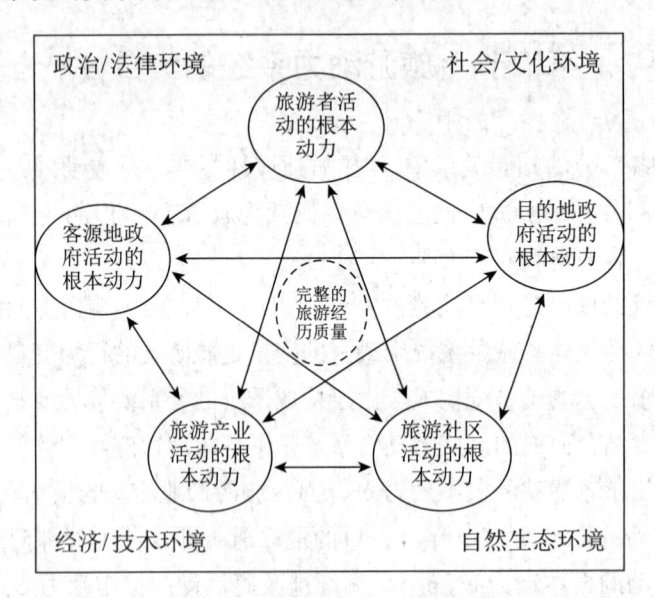

图 7-2　旅游动力系统模型

综上所述，旅游动力系统的集合性可用数学上的集合符号表示为：

$$旅游动力系统 = \{e(p_1), e(p_2), e(p_3), e(p_4), e(p_5)\}$$

第三节　旅游动力系统的状态与权变管理[①]

　　价值共创研究诞生于 21 世纪初,是近年来学术界的热点领域,受到越来越多学者的青睐。价值共创（co-creation）是指企业未来的竞争将依赖于一种新的价值创造方法,即以个体为中心,由消费者与企业共创价值的理论。传统的价值创造观点认为,价值是由企业创造,通过交换传递给大众消费者,消费者不是价值的创造者,而是价值的使用者或消费者。随着环境的变化,消费者的角色发生了很大转变,消费者不再是消极的购买者,而已经转变为积极的参与者。消费者积极参与企业的研发、设计和生产,以及在消费领域贡献自己的知识技能创造更好的消费体验,这些都说明价值不仅仅来源于生产者,而是建立在消费者参与的基础上,即来源于消费者与企业或其他利益相关者的共同创造,且价值最终是由消费者来决定的。

　　价值共创对企业和消费者都具有重要的意义。通过让顾客参与价值共创,帮助企业提高服务质量、降低成本、提高效率、发现市场机会、发明新产品、改进现有产品、提高品牌知名度、提升品牌价值等,这些构建了企业区别于其他竞争对手的竞争优势。消费者通过参与价值共创,可以获得自己满意的产品,获得成就感、荣誉感或奖励,通过整个价值共创的交互获得独特的体验等;消费者的这些收获又进一步对企业产生影响,如提高顾客的满意度、忠诚度、购买意愿等。

　　旅游体验共创,也称为旅游体验价值共创,是近年来诸多旅游学者的关注焦点。旅游体验共创分为生产领域的体验共创和消费领域的体验共创。旅游消费领域的体验共创作为一种新的价值创造形式,共同创造的是体验价值,价值的创造由旅游者主导和决定的;其研究体现在三个方面：旅游者单独创造价值、旅游者与企业互动共创价值、旅游者与旅游者之间互动共创价值。

---

　　① 资料来源：袁国宏,郭强,刘人怀. 旅游动力系统的状态与权变管理［J］.软科学,2008（10）：49-52.

一、旅游直接动力系统的层次性

所谓"直接",是指要素之间不是通过中介组织,而是直接相互联系、相互作用并发生关系。旅游直接动力系统如表7-1所示,包括三个子系统:旅游者活动的根本动力e(1)、旅游企业活动的根本动力e(2)、旅游社区活动的根本动力e(3)。柯武刚、史漫飞(2000)在《制度经济学》中认为,动力机制包括爱、命令和自我利益,旅游者活动的根本动力也可按此划分。

表7-1 旅游直接动力系统的根本层次与茎叶层次

动力系统		根本层次	茎叶层次	
旅游直接动力系统	e(1)旅游者活动的根本动力	e(1.1):以"爱"为动力机制的旅游,如家庭及个人事务型旅游		
		e(1.2):以"命令"为动力机制的旅游,如商务、会议等差遣型旅游		
		e(1.3):以"自我利益"为动力机制的旅游	e(1.3.1):人与自然之间的矛盾(如观光旅游)	e(1.3.1.1)回归大自然方面
				e(1.3.1.2)认知大自然方面
				e(1.3.1.3)征服大自然方面
			e(1.3.2):人与人之间的矛盾(如民俗旅游)	e(1.3.2.1)今人与今人方面
				e(1.3.2.2)今人与古人方面
				e(1.3.2.3)今人与未来人方面
			e(1.3.3):人自身的矛盾(如度假旅游)	e(1.3.3.1)身体方面
				e(1.3.3.2)心理方面

续表

动力系统		根本层次	茎叶层次
旅游直接动力系统	e(2)旅游产业活动的根本动力	e(2.1)：供给方呈"孤立"状态与需求方促使其普遍联系的矛盾	……
		e(2.2)：供给方的产品呈"静止"或刚性状态与需求方的需要发展变化的矛盾	……
		e(2.3)：供给呈"片面"状态（实物/服务）与需求的全面丰富性（如资源/商品/服务/体验/转型）的矛盾	……
	e(3)旅游社区活动的根本动力	e(3.1)：经济方面的正、负效应矛盾（如物价上涨）	
		e(3.2)：社会文化方面的正、负效应矛盾（如拥挤）	
		e(3.3)：生态与环境方面的正、负效应矛盾（如环境恶化）	

二、旅游间接动力系统的层次性

所谓"间接"，是指要素之间相互联系、相互作用的方式是通过"中介"发生作用的，作者通过对中国原国家旅游局工作文件的分析，也证明了这一点。旅游间接动力系统如表7-2所示，包括两个子系统：目的地政府活动的根本动力e(4)；客源地政府活动的根本动力e(5)。

表 7-2 旅游间接动力系统的根本层次与茎叶层次

动力系统		根本层次	茎叶层次
旅游间接动力系统	e（4）目的地政府活动的根本动力	e（4.1）：目的地规划的动力	e（4.1.1）：旅游规划与区域发展的矛盾
			e（4.1.2）：旅游规划与地区发展的矛盾
		e（4.2）：目的地开发的动力	e（4.2.1）：旅游开发与农业发展的矛盾
			e（4.2.2）：旅游开发与工业发展的矛盾
			e（4.2.3）：旅游开发与商业发展的矛盾
			e（4.2.4）：旅游开发与文化事业发展的矛盾
			e（4.2.5）：旅游开发与会展业发展的矛盾
			e（4.2.6）：旅游开发与其他产业/事业发展的矛盾
	e（4）目的地政府活动的根本动力	e（4.3）：目的地管理的动力	e（4.3.1）：接待游客与经济可持续发展的矛盾
			e（4.3.2）：接待游客与社会文化可持续发展的矛盾
			e（4.3.3）：接待游客与资源合理利用的矛盾
			e（4.3.4）：接待游客与环境保护的矛盾
			e（4.3.5）：接待游客与政治利益及制度建设的矛盾
		e（4.4）：目的地营销的动力	e（4.4.1）：吸引游客中存在的矛盾
			e（4.4.2）：运送游客中存在的矛盾
			e（4.4.3）：向游客提供实物和服务中存在的矛盾
			e（4.4.4）：无微不至地满足游客需求中存在的矛盾
	e（5）客源地政府活动的根本动力	e（5.1）：输出旅游者与客源地政治外部负效应的矛盾	
		e（5.2）：输出旅游者与客源地经济外部负效应的矛盾	
		e（5.3）：输出旅游者与客源地社会文化外部负效应的矛盾	

e（4.1）为目的地规划的动力；e（4.2）为目的地开发的动力；e（4.3）为

目的地管理的动力；e（4.4）为目的地营销的动力。

e（5.1）为输出旅游者与客源地政治外部负效应的矛盾；e（5.2）为输出旅游者与客源地经济外部负效应的矛盾；e（5.3）为输出旅游者与客源地社会文化外部负效应的矛盾。

三、旅游系统复杂性的根源

对于任一给定的系统 $Z(n)$，仅当系统支配层次 H_d 上至少存在一个关系环时，即 $\theta_d \geq 1$，系统结构 $R_{zd}(t)$ 以至系统状态 $S_z(t)$ 和系统行为 $H_z(t)$ 才能不仅仅是系统环境 $E(S)$ 的函数。正是系统支配层次 H_d 上的关系环，使得系统能够支配系统结构以至系统状态 $S_z(t)$ 和系统行为 $H_z(t)$ 的变化，从而使系统具有记忆性、继承性、自动性、环境路径敏感性、不连续性和同因异果性，以及与此相关的一切复杂系统现象。对于任一给定的系统，系统支配层次上的关系环是系统结构的重要组成部分，它决定并支配着系统结构的运动及规律。

对于任何一个给定的系统，如果系统支配层次上没有关系环，那么，它的系统结构运动及规律是由系统环境决定和支配的，系统没有决定和支配自身运动和发展的能力，更没有推动自身运动和发展的动力。因此，在恒定的系统环境中，它的系统结构以至系统状态和系统行为保持静止，不存在演化过程。这样的系统具有极端的简单性，不能演化和形成复杂的系统结构，从而不具有高级的系统行为或系统功能。然而，对于任何一定给定的系统，如果系统支配层次上存在关系环，那么，它具有决定并支配自身内部结构，即系统结构的运动及规律的能力，以及推动系统结构运动和演化的能力。

因此，即使在恒定的系统环境中，由于关系环运动的推动引起系统结构的复杂运动，从而可能产生无限复杂性和多样性的系统结构，使系统具有高级的系统行为或系统功能；然而，当系统支配层次上的所有关系环都停止运动时，系统结构也随之停止运动。自然界和社会中存在大量这样的系统，它们在一定的系统环境中具有自组织、进化、渐变和突变的演化过程，产生不可预测或反直觉的系统现象以及混沌现象等。所有这些实际上都是关系环推动系统结构运动的结果。

所有这些表明，关系环是系统复杂性的根源，没有关系环就没有一个无限复杂性和多样性的自然界和社会，关系环普遍存在于这个无限复杂性、无限多样性的自然界和社会中。这是一个许多领域的科学家，特别是控制论科学家从具体的系统研究中认识到，并试图从理论上揭示和证明的一个富有哲学意义的命题。因此，对关系环决定并支配一般系统运动及规律的研究具有丰富的研究内容和重要的科学意义。在具体的复杂系统研究中，必须正确标识系统结构支配层次上的关系环，充分研究和了解它们的运动及规律，这是我们对系统复杂性取得正确理解和控制的基础（林福永，1998）。

旅游系统是一个贯穿于人脑系统、人体系统、社会系统、地理系统、星系系统五个系统层次的开放的复杂巨系统，究竟哪一个系统层次是旅游系统的支配层次？对这个问题的不同回答是检验旅游学概论的心理学版本、经济学版本、管理学版本、地理学版本的根本标准。旅游学概论的心理学版本看重的是旅游体验；经济学版本看重的是旅游购销模式；管理学版本看重的是旅游适应性主体；地理学版本看重的是旅游空间分异。

四、针对旅游动力系统状态采取的管理政策

权变管理理论认为，管理环境发生了变化，管理的理论与方法也要发生变化，管理的理论与方法是管理环境的函数。正因为旅游的矛盾是不同的，所以要调动旅游的动力，就必须针对不同的旅游现象和旅游关系，引导其协调不同级次的矛盾。对大多数旅游的共同矛盾，可以采用共同的方法来驱动，而对不同的矛盾则要采取不同的方法，切忌"一刀切"。针对旅游动力状态采取的管理政策如表 7-3 所示。

表 7-3　针对旅游动力系统状态采取的管理政策

旅游适应性主体活动的根本动力	追求的统一	旅游管理政策举例和旅游研究方向
旅游者活动的基本矛盾	人与自然之间的和谐 （回归、认知、征服大自然） 人与人之间的和谐 （今人与今人、今人与古人） 人自身的和谐 （身体方面；心理方面）	倡导生态旅游、海洋旅游； 倡导探险旅游、沙漠旅游； 倡导乡村旅游、节庆旅游； 倡导文化旅游、体育旅游； 倡导度假旅游、健康旅游； 倡导研学旅游、邮轮旅游； 发展旅游新业态； 休闲管理……

续表

旅游适应性主体活动的根本动力	追求的统一	旅游管理政策举例和旅游研究方向
旅游产业活动的基本矛盾	经济效益 社会效益 生态与环境效益	创建国际旅游消费中心； 旅游企业管理模式； 文旅融合与体验管理； 游客行为与营销； 员工行为与管理……
旅游社区活动的基本矛盾	社会效益 生态与环境效益	对当地居民进行教育和培训；把居民的想法融入开发之中；增加居民的各种机会；建立当地的"社区权益和财产管理委员会"；增强旅游对社区影响的研究和监测；加强旅游对社区环境冲击的监测……
目的地政府活动的基本矛盾	经济可持续发展 社会可持续发展 文化可持续发展 资源合理利用 环境保护 政治利益与制度建设	旅游规划与大数据分析； 目的地营销与管理； 促进产业结构调整、促进区域经济协调发展、旅游区域联合； 旅游服务规范化和标准化； 旅游警察、旅游巡回法庭和工商旅游分局……
客源地政府活动的基本矛盾	促进和发展旅游事业 增进社会文化繁荣 加强国际理解与和平 尊重人类基本的自由和权利	开展普及性的旅游教育； 旅游安全／危机／灾难／风险管理； 保障出境游客的人身安全； 公民组团出境旅游目的地的审批，控制出境游的流向……

第四节 旅游动力系统结构的分析[①]

把复杂性当作复杂性处理，是复杂性研究的方法论原则；这并非否定复杂性研究也需要简化，而是强调存在与经典科学不同的简化路线或指导思想；复杂性要求必须在保留系统产生复杂性之根源的前提下进行简化。对旅游动力系统结构模型中的42个关系环进行简化分析，可以为旅游分支学科的创建提供研究思路和研究对象，廓清旅游分支学科的研究边界。"读万卷书"属于文化范畴，已经形成了"教育学"学科门类；"行万里路"属于旅游范畴，必将形成"旅游学"学科门类。

---

① 资料来源：袁国宏，郭强. 旅游动力系统结构研究[J]. 商业研究，2011（3）：126-132.

一、"旅游小魔术三角"中存在的关系环及其解释

从微观层面看,旅游直接动力系统包括旅游者活动的根本动力 e(1)、旅游企业活动的根本动力 e(2)、旅游社区活动的根本动力 e(3) 三个要素,它们是通过"向旅游者提供高质量的旅游经历"来联结的。研究旅游者活动的根本目的在于,向旅游者提供高质量的旅游经历,促进人的全面发展;研究旅游产业活动的根本目的在于,增进人们对旅游所产生的环境效应和经济效应的理解,强化人们的生态意识,更好地发挥旅游在提升、优化国民经济结构中的作用,促进人与自然、社会、环境的和谐统一;研究旅游社区活动的根本目的在于,如何更好地进行目的地的开发与管理,改善接待地区居民的生活质量。

由于旅游直接动力系统是由旅游者活动的根本动力、旅游产业活动的根本动力、旅游社区活动的根本动力 3 个要素构成的系统,它的关系环数具有最大值 5 个。

如图 7-3 所示,系统 Z(3) 构成了一个"旅游小魔术三角",t 时刻具有 5 个不同的关系环,可以用数学公式记为:

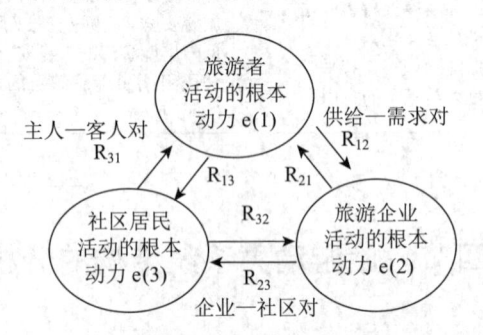

图 7-3　"旅游小魔术三角"中存在的关系环

(1)"旅游企业 ↔ 旅游者"构成的关系环 $Y_1(t)$。它是旅游经济学、接待业管理等学科的理论依据(参见以"将感受/体验/经历/阅历作为旅游产品的学派""将旅游吸引物作为旅游产品的学派""企业内的价值链""企业间的价值链""电子商务对旅游价值链的影响"为主题的相关文献)。

$$Y_1(t) = \{E_{01}(k), R_{01}(t)\} \tag{7-1}$$

$$E_{01}(k)=\{e(1),e(2)\} \tag{7-2}$$

$$R_{01}(t)=\{R_{12},R_{21}\} \tag{7-3}$$

（2）"社区居民↔旅游者"构成的关系环 $Y_2(t)$。它是旅游人类学和旅游社会学等学科的理论依据，它已成为西方旅游研究文献的主题，包括"真实性"等理论。

$$Y_2(t)=\{E_{02}(k),R_{02}(t)\} \tag{7-4}$$

$$E_{02}(k)=\{e(1),e(3)\} \tag{7-5}$$

$$R_{02}(t)=\{R_{13},R_{31}\} \tag{7-6}$$

（3）"旅游企业↔社区居民"构成的关系环 $Y_3(t)$。它是旅游生态与环境、闲暇研究或户外游憩等学科的理论依据。

$$Y_3(t)=\{E_{03}(k),R_{03}(t)\} \tag{7-7}$$

$$E_{03}(k)=\{e(2),e(3)\} \tag{7-8}$$

$$R_{03}(t)=\{R_{23},R_{32}\} \tag{7-9}$$

（4）"旅游企业→社区居民→旅游者→旅游企业"构成的关系环 $Y_4(t)$。它是旅游企业发展战略、旅游企业管理学等学科的理论依据。旅游企业出于经济交换的目的，向旅游者提供产品，无微不至地满足旅游者的需求；同时由于有责任改善接待地区居民的生活质量，如优先雇用当地居民、利用旅游企业的设施向当地居民提供便利条件，甚至向当地居民赋权等（参见以"从企业角度明确利益相关者的责任"为主题的相关文献）。

$$Y_4(t)=\{E_{04}(k),R_{04}(t)\} \tag{7-10}$$

$$E_{04}(k)=\{e(1),e(2),e(3)\} \tag{7-11}$$

$$R_{04}(t)=\{R_{12},R_{23},R_{31}\} \quad (7-12)$$

（5）"社区居民→旅游企业→旅游者→社区居民"构成的关系环 $Y_5(t)$。它是社区发展战略与设计、旅游生态学等学科的理论依据。旅游企业通过促销活动吸引游客，同时有责任促进旅游的公平发展（参见以"向旅游者提供高质量的旅游经历""社区驱动旅游发展"为主题的相关文献）。

$$Y_5(t)=\{E_{05}(k),R_{05}(t)\} \quad (7-13)$$

$$E_{05}(k)=\{e(1),e(3),e(2)\} \quad (7-14)$$

$$R_{05}(t)=\{R_{13},R_{32},R_{21}\} \quad (7-15)$$

二、"旅游大魔术三角"中存在的关系环及其解释

从宏观层面看，由于旅游间接动力系统是由旅游者活动的根本动力 $e(1)$、目的地政府活动的根本动力 $e(4)$、客源地政府活动的根本动力 $e(5)$ 三个要素构成的系统，它们之间形成了"旅游大魔术三角"，它的关系环数具有最大值5个。

如图7–4所示，系统 $Z(3)$ 构成了一个"旅游大魔术三角"，虚线表示两个主体之间是间接发生作用的。t 时刻具有5个不同的关系环，可以用数学公式记为：

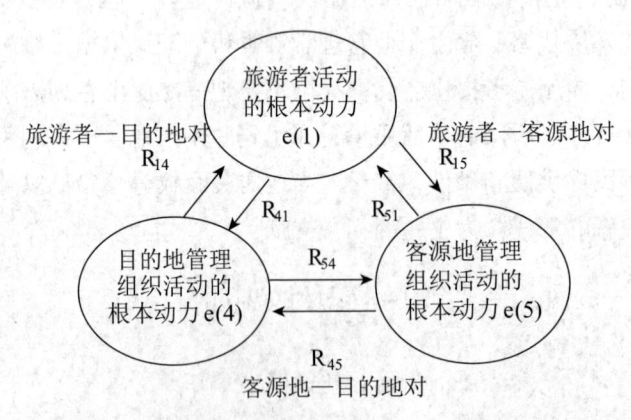

图7–4　"旅游大魔术三角"中存在的关系环

（1）"目的地↔·↔旅游者"构成的关系环 $Y_6(t)$。它是旅游市场营销类、旅游法规类、规划设计类、旅游资源开发与管理、旅游公共管理等学科的理论依据。

$$Y_6(t) = \{E_{06}(k), R_{06}(t)\} \quad (7-16)$$

$$E_{06}(k) = \{e(1), e(4)\} \quad (7-17)$$

$$R_{06}(t) = \{R_{14}, R_{41}\} \quad (7-18)$$

（2）"客源地↔·↔目的地"构成的关系环 $Y_7(t)$。它是旅游地理学、文化民俗类等学科的理论依据。

$$Y_7(t) = \{E_{07}(k), R_{07}(t)\} \quad (7-19)$$

$$E_{07}(k) = \{e(4), e(5)\} \quad (7-20)$$

$$R_{07}(t) = \{R_{45}, R_{54}\} \quad (7-21)$$

（3）"客源地↔·↔旅游者"构成的关系环 $Y_8(t)$。它是旅游教育与人力资源等学科的理论依据。客源地政府和旅游管理机构出于政治等原因控制旅游者的流向和流量，为提升公民的旅游素质对中小学生开展普及性的旅游教育等。

$$Y_8(t) = \{E_{08}(k), R_{08}(t)\} \quad (7-22)$$

$$E_{08}(k) = \{e(1), e(5)\} \quad (7-23)$$

$$R_{08}(t) = \{R_{15}, R_{51}\} \quad (7-24)$$

（4）"客源地→·→目的地→·→旅游者→·→客源地"构成的关系环 $Y_9(t)$。它是旅游政治学、旅游标准与质量管理、旅游产业管理、旅游发展战略、区域旅游发展战略规划等学科的理论依据。客源地政府和旅游管理机构对增进人们对旅游所产生的环境效应和经济效应的理解，强化人们的生态意识

（参见"旅游所产生的环境效应与经济效应的关系"相关文献）；引导修学性、体验性、生态性等的教育旅游，规范旅游者的行为（参见以"可持续旅游管理教育"为主题的相关文献）；对旅游灾难、危机等偶发事件进行预警和善后处理都负有义不容辞的责任（参见以"目的地管理战略"为主题的相关文献）。

$$Y_9(t) = \{E_{09}(k), R_{09}(t)\} \qquad (7-25)$$

$$E_{09}(k) = \{e(1), e(5), e(4)\} \qquad (7-26)$$

$$R_{09}(t) = \{R_{15}, R_{54}, R_{41}\} \qquad (7-27)$$

（5）"目的地→·→客源地→·→旅游者→·→目的地"构成的关系环 $Y_{10}(t)$。它是旅游服务与安全、旅游生态环境等学科的理论依据。目的地政府通常承担着树立目的地形象，开展目的地营销，提高目的地的可进入性，向游客提供服务，无微不至地满足游客需求的任务（参见以"目的地形象与营销""目的地竞争与合作""向旅游者提供高质量的旅游经历"为主题的相关文献）。同时，目的地政府对于目的地的可持续发展负有义不容辞的责任，即促进目的地的公平发展（参见以"从政府角度明确利益相关者的责任"为主题的相关文献）；改善接待地区居民的生活质量（参见以"旅游对地方经济增长的贡献""将旅游业作为消除贫困的发展战略"为主题的相关文献）；强化人们的生态意识；以及保护未来旅游开发赖以存在的环境质量（参见以"生态旅游认证与可持续旅游认证""自然目的地的管理""文化的可持续性"为主题的相关文献）。

$$Y_{10}(t) = \{E_{10}(k), R_{10}(t)\} \qquad (7-28)$$

$$E_{10}(k) = \{e(1), e(4), e(5)\} \qquad (7-29)$$

$$R_{10}(t) = \{R_{14}, R_{45}, R_{51}\} \qquad (7-30)$$

第五节 旅游动力系统结构的演化[①]

掌握旅游系统动态原理、研究系统的动态规律，可以使我们预见系统的发展趋势，树立起超前观念，减少偏差，掌握主动，使旅游系统向期望的目标顺利发展。本节借鉴马斯洛的人类需要层次理论和协同理论，构建旅游动力级次发展模式。

一、旅游动力系统诸要素的合作与竞争

（1）旅游适应性主体活动的根本动力是分等分级的，呈波浪式涌现。

一般来说，只有在低"级次"的矛盾统一以后，才会进一步追求较高级次矛盾的统一，而且低"级次"的矛盾统一的程度越高，对高"级次"矛盾统一的追求就越强烈。

旅游动力系统在不同的发展阶段，其系统结构是不同的，如图 7-5 所示。旅游发展水平在 0A 时，旅游者活动的根本动力占第一位、旅游产业活动的根本动力次之；旅游发展水平在 BC 时，旅游社区活动的根本动力跃居首位，旅游产业活动的根本动力、目的地政府活动的根本动力次之；在 D 点以后，客源地政府活动的根本动力、目的地政府活动的根本动力已成为主流。

旅游核心性产品是指高质量的完整旅游经历，但在不同的旅游发展水平下，旅游核心性产品的生产主体及其关系是不同的。旅游者和旅游服务诸行业/企业在旅游核心性产品的生产中发挥基础性作用，随着旅游发展水平的提高，旅游社区、目的地政府、客源地政府在旅游核心性产品的生产中起着越来越强的主导性作用。

---

① 资料来源：袁国宏. 旅游业可持续发展的动力系统研究［J］.旅游科学，2004，18（1）：17-21.

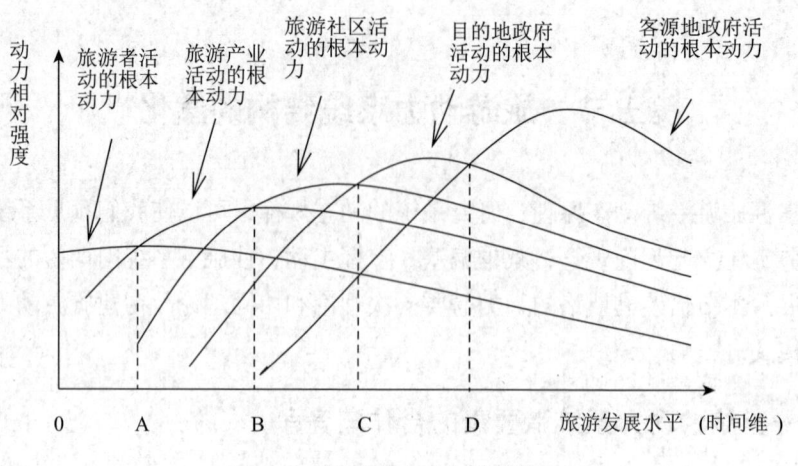

图 7-5 旅游动力级次发展模式

（2）矛盾的存在是促使旅游产生某种驱动行为的基础。

当事物不存在矛盾时，也就没有事物发展的动力与活力；反之，若事物矛盾存在，就必然存在事物发展的动力因素。五个旅游适应性主体活动的根本动力是旅游系统生来就有的，但在不同国家、不同目的地、不同的旅游发展水平下，旅游系统的动力相对强度、显露程度可能不同。例如，有的国家发展旅游非常注重"创汇情结"，而有的国家发展旅游在拥有了一定的外汇后就转而追求更高级次矛盾的统一，对旅游创汇看得比较淡。另外，即使是同一个国家发展旅游，在不同的情况下也会有不同的、需要优先考虑统一的某种矛盾。

（3）当某种矛盾的对立得到统一后，这种矛盾也就失去了对旅游系统发展动力的唤起作用。

当某一级次的矛盾对立得到统一后，下一级次尚未统一的矛盾就会成为旅游系统的动力。高"级次"的矛盾，不仅内容比低"级次"矛盾广泛，统一的难度也大。据经验估计，80%的旅游者活动的基本矛盾和70%的旅游产业活动的基本矛盾一般会得到统一，但只有50%的旅游社区活动的基本矛盾、40%的目的地政府活动的基本矛盾和10%的客源地政府活动的基本矛盾能得到统一。

二、旅游现象的性质

"旅游现象"是指旅游系统的表现特质。旅游充满了多种多样的矛盾，是一个矛盾复合体，但由于旅游发展的水平不同，矛盾的主次程度、显露程度可能不同。其中通常存在一个主要矛盾，它决定和制约着其他许多次要矛盾，旅游现象的性质就由这个主要矛盾来决定。由于主要矛盾和次要矛盾在一定条件下可以相互转化，因而旅游现象的性质就不是一成不变，在不同条件下表现出不同的性质。此外，由于五种旅游适应性主体活动的根本动力在不同时期，在不同国家或地区，它们的力量和关系不同，使旅游现象呈现出不同的性质。

各种旅游适应性主体主导"旅游性质"的时代，从来不会在某一年份截然地开始和结束。相反地，存在着旋律的重叠，各种主题在大调、小调的各种调式的变换中演奏出来。例如，当旅游者活动的根本动力居于主导地位时，旅游现象呈现出文化性。当旅游产业活动的根本动力居于主导地位时，旅游现象呈现出经济性。当旅游社区活动的根本动力居于主导地位时，旅游现象呈现出社会性。当目的地政府活动的根本动力居于主导地位时，旅游现象呈现出"可持续性"，其中，当人类关怀子孙后代的利益而确立可持续发展的行为模式，导致各旅游适应性主体与自然之间的矛盾居主要矛盾时，旅游现象呈现出"生态性"。当客源地政府活动的根本动力居于主要矛盾时，旅游现象呈现出"人权性"。

三、我国旅游发展历程回溯与阶段划分

系统的本质是"过程的复合体"。从动态上揭示旅游动力系统结构演化的机制，表明了旅游的发展是一个自然历史过程。我国旅游的发展历程可划分为三个时期：

（1）第一时期为中华人民共和国成立初至1977年的政治接待时期，以1949年成立的厦门"华侨服务社"和1954年成立的"中国国际旅行社"这两个机构的建立为标志。

这一时期，旅游部门以政治性接待为己任，基本上只从事接待到访友人的工作。旅游发展主要由入境旅游者和目的地政府驱动，入境旅游者活动的根本动力可能更重要。

（2）第二时期为1978—2003年的"赶超战略"时期，旅游发展主要由旅游者和旅游产业驱动。

以邓小平同志于1978至1981发表的关于发展旅游业的五篇谈话为标志，我国旅游业确立了"适度超前的赶超战略"。1978年至2000年，旅游者活动的根本动力更重要，我国旅游业经历了从单一入境旅游市场发展模式，到入境旅游、国内旅游两个市场并举，再到入境旅游、国内旅游、出境旅游三个市场的发展过程。2001年至2003年，旅游产业活动的根本动力更重要，例如，1998年中央经济工作会议首次将旅游业列为国民经济新的增长点；2000年1月国家旅游局提出"建设世界旅游强国，培育新兴支柱产业"的宏伟目标；2001年1月国务院在北京召开全国旅游发展工作会议，我国旅游业确立了"全面创新的持续赶超战略"，随后全国有24个省、区、市提出把旅游业作为"支柱产业/主导产业/先导产业"来发展。

作者在国家旅游局网站中查阅到403条工作通知（2001.8—2008.8），工作文件中几乎没有涉及旅游者活动和旅游社区活动，说明这两个因素是微观因素，主要在旅游规划与开发中引起人们的重视，几乎没有纳入国家政府的管理视野，但已成为西方旅游学者研究的热点领域，这一点在威廉·瑟厄波德（2001）的《全球旅游新论》中可以清楚地看到。这一时期，大量的工作文件是关于对旅游产业、目的地政府和客源地政府的管理。2001—2002年，涉及旅游产业的文件占67%，而且内容几乎都是关于旅行社管理、景区管理；目的地政府次之，占29%，而且内容几乎都是境外接待社"经营资格"方面的公告；但在2003—2008年，涉及目的地政府的文件居于第一位（50%），旅游产业次之（41%）。这充分说明：第一，2003年是一个转折点；第二，2003年以前，我国旅游产业活动的根本动力居于主导地位，这与我国确立的以经济建设为中心的指导思想和政府主导型旅游发展战略是分不开的。

（3）第三时期为2003年至今的"旅游可持续发展"时期，旅游发展主要由目的地政府和旅游产业驱动。

以国家旅游局下达的三个文件即"2002年度通过复核的中国优秀旅游城市名单"（2003-03-04）、"旅游经营单位预防控制传染性非典型肺炎应急预案"（2003-04-16）和"关于加强中国公民出境旅游市场管理的通知"（2003-09-01）为标志。没有旅游活动就没有旅游系统，SARS让旅游界看到了旅游系统的真实存在、旅游系统的边界和目的地政府对旅游可持续发展的责任。

数据分析表明，2003—2005年有关旅行社和旅游景区的文件各占一半，没有关于旅游饭店的文件；但在2006年关于旅行社的文件数上升至68.0%，关于旅游景点的文件下降至12.0%，并开始出现关于旅游饭店的文件；在2006—2008年里，有关旅行社的文件都保持绝对领先地位，而且比重在半数以上。这充分说明，旅行社对整个旅游系统的协调管理占有优势地位。2006年有关旅行社的文件绝大部分是注销、取消、暂停、恢复出境游组团社的资格问题，小部分是关于旅行社保险、质量保证金和业务年检的问题；有关饭店的文件主要是关于"绿色饭店"的内容。值得一提的是，2006年的第一号文件是"关于在全国旅游行业开展向文花枝同志学习活动的决定"，这是关于旅游团的安全问题，其实也是关于旅行社问题，尽管作者在统计时将导游管理纳入目的地政府的人力资源管理方面。2008年2月首次出现针对旅游业而不是企业的文件，内容是关于做好（汶川大地震）灾后旅游业恢复发展有关工作的意见。以上分析说明，目的地政府直接或间接通过旅游企业促成旅游可持续发展。

2003—2008年有关目的地管理文件的数据分析表明，目的地管理的内容涉及14个方面，按文件数目排列依次是：旅游安全/突发事件、"黄金周"及其他统计、旅游规划设计单位资质审核或其他机构审批、客源地管理职能、表彰先进个人或标杆企业、优秀旅游城市及其他目的地管理、导游及其他人力资源管理、国家政策法律、旅游规章条例、目的地营销、游客投诉与质量监督、游客教育、旅游市场秩序和其他。

● 旅游安全/突发事件飙升到第一位，2002年6月首次出现加强旅游安全管理工作的通知；2003年防治"非典"和2008年"抗冰救灾""抗震救灾"使旅游危机管理成为旅游主管部门的头等大事。

● "黄金周"预报和其他统计，反映了目的地政府利用需求管理手段防止"旅游超载"。

● 规划设计单位资质审核或其他机构审批反映了目的地政府通过规划手段缓解旅游社区活动的基本矛盾，2003年1月首次出现关于旅游规划机构资质的公告。

● 客源地管理职能体现在对旅行社的管理，例如旅行社经营出国旅游业务资格、大陆居民赴台湾地区旅游、出境游组团社发生游客滞留情况、出境旅合同、境外旅行社接待中国旅游团队的资格和可以组团前往的目的地国家。

- 表彰先进个人或标杆企业主要是关于全国旅行社百强名单、表彰巾帼文明岗和巾帼建功标兵、全行业向全国模范导游员和全国优秀导游员学习、旅游行业全国青年文明号等方面。
- 导游管理体现在开展导游管理网络联网大检查、导游IC卡联网交叉检查等。国家政策法规是关于学习"三个代表"重要思想、践行社会主义荣辱观和推进旅游诚信建设、海峡两岸旅游交流等。
- 旅游规章条例是关于对旅游规章的清理、服务质量与环境质量评分细则、"绿色旅游饭店"标准实施、旅游景区商标知识产权保护、旅游资源保护暂行办法、中国优秀旅游城市检查标准等。
- 目的地营销是关于中国国际旅游网上博览会、中国旅游主题及宣传口号、中国旅游网改版建议等。
- 游客投诉与质量监督是指公布"黄金周"旅游投诉电话、"黄金周"涉及旅行社投诉处理、旅行社团款纠纷投诉等。
- 游客教育是指提升中国公民旅游文明素质行动计划、中国公民出国旅游文明行为指南和中国公民国内旅游文明行为公约,这也是客源地管理的内容。
- 旅游市场秩序及其他是指旅游业在"非典"后的恢复与振兴中进一步规范和整顿旅游市场秩序。
- 科研是指中国旅游研究院招聘、国家旅游局科研课题管理办法。

值得一提的是,2006年7月首次出现"旅游系统"一词,将原来的"旅游行业"改为"旅游系统"。

■ 思考与习题

1. 描述McKercher(1999)提出的基于混沌理论和复杂性理论的概念性旅游系统模型。
2. 描述旅游动力系统模型。
3. 如何看待旅游直接动力系统的层次性?
4. 如何看待旅游间接动力系统的层次性?
5. 如何针对旅游动力系统状态采取相应的管理政策?
6. 对"旅游小魔术三角"中存在的关系环进行解释。

思考与习题答案

7. 对"旅游大魔术三角"中存在的关系环进行解释。
8. 旅游动力级次发展模式的主要内容有哪些？
9. 如何看待旅游现象的性质？
10. 我国旅游业的发展历程可划分为哪三个时期？

第八章　旅游产品供给系统

我国旅游产品供给还存在不可忽视的问题，旅游产品质量难以提高。首先，以观光产品为主的发展导向使得我国的旅游产品出现了路径依赖现象。例如：观光产品文化内涵缺乏，科技含量低；休闲度假旅游产品的开发、建设、经营、管理和服务水平难以提高；需求潜力大、附加值高的专项旅游产品不足，其参与性、趣味性和娱乐性有待加强；世界遗产地和国家5A级旅游景区没有打造成世界级旅游精品；红色旅游没有与绿色环境、传统文化有机结合。

其次，旅游产业内部诸行业之间发展不协调，不利于旅游产品整体质量的提高。由于旅游七大要素不是每一个环节都能令旅游者感到满意，严重影响了旅游者对总体旅游产品的满意程度。在我国旅游领域，厕所脏、乱、差、少、偏，是人民群众和广大游客反映最强烈的问题，是社会公共服务体系和旅游过程中的最薄弱环节。原国家旅游局之所以将旅游厕所建设和管理行动称为"厕所革命"，是因为这不是一个简单的项目，不是某个行业能够完成得了的任务。面对几千年来形成的歧视厕所、鄙视厕所、忽视厕所、厕所文化缺失及顽固的如厕陋习，面对中国旅游业快速发展中天文数字的厕所需求和巨大的厕所欠账，当然需要一场革命！需要我们从思想认识、文化观念、政策措施、体制机制等方面进行一系列广泛而深刻的变革！

最后，"新旅游"主导形式对传统大众旅游产品提出挑战。特色产品设计将是未来旅行社竞争的关键，而为了取得主导权，旅行社必须开发设计捆绑式、品牌化、独特性的旅游产品，利用组合产品销售降低成本，借助"菜单式模块组合"赢得自助游客，并与各类旅游供应商进行战略合作，争取获得专利权或者控股。在我国，传统大众旅游模式还会在较长时间内占据主导地位，最终将被锁定在公务旅游、观光考察和老年旅游市场上。

2019年我国有1.55亿人次的出境旅游和超过1338亿美元的消费外流，稳居世界第一位；国内游客境外"爆买"日本马桶盖、日本电饭煲、韩国化妆品、澳大利亚奶粉、美国高档奢侈品等现象引人关注。出境旅游的高涨与入境旅游的低迷，外购产品的狂热与国内产品的滞销形成鲜明对比。低水平、同质化、粗放式的旅游产品大量存在，高品质、个性化、精细化的"新业态"产品和休闲度假产品供给严重不足。长期存在的恶性低价竞争、强制购物、欺客宰客、虚假广告行为、典型案例等乱象，既是对旅游业自我管理体系和水平的鞭策，也突出与旅游业相关的各个部门在管理方面的缺失。

2016年12月《国务院关于印发"十三五"旅游业发展规划的通知》指出：推进供给侧结构性改革有利于促进旅游业转型升级。供给侧结构性改革将通过市场配置资源和更为有利的产业政策，促进增加有效供给，促进中高端产品开发，优化旅游供给结构，推动旅游业由低水平供需平衡向高水平供需平衡提升。供给侧结构性改革就是要提高供给侧结构对需求变化的适应性和灵活性，创造"令人心动的有效供给"和"让人心安的产品质量"。旅游产品供给系统的结构性改革对旅游可持续发展的影响机理研究，有助于提升旅游要素水平，从而提高旅游经历质量（包括游客满意度和游客忠诚度两个维度）。

第一节　旅游产品概述

2009年12月1日《国务院关于加快发展旅游业的意见》中指出，要"逐步建立以游客评价为主的旅游目的地评价机制"。本章关于旅游产品供给系统优化与旅游经历质量关系的研究，可以提高游客的全面感知质量，从而提高旅游经历质量。

一、文献回顾

有关旅游产品的研究可分为将旅游感受/体验/阅历/经历作为旅游产品的学派（Tangeland 和 Aas，2011；Kim 等，2011）、将旅游吸引物作为旅游产品的学派（Mitchell，2012；Ma 等，2009；Cave 等，2007；Buckley，2007）、将目的地产品/旅游日程产品等概念代替旅游产品的学派（Murphy 等，2000；Li 和 Yang，2007）。为了综合各方观点，袁国宏和刘人怀（2006）提出了旅游产品供给系统的概念，并在随后发表的文章中对旅游产品供给和求学产品供给进行系统比较。

系统关系的集合构成了系统结构，系统结构决定了系统功能，而系统外部环境会影响系统结构。Gunn 于 1972 年提出了旅游系统的概念和旅游功能系统模型（见图 8-1）。Mill 和 Morrison（1985）、吴必虎（1998）、王家骏（1999）、Gunn（2002）等均沿着结构—功能分析的方向对 Gunn（1972）的模型提出了修正或补充。旅游功能系统模型的主要特点为：一是强调旅游系统的功能，二是系统结构和外部环境决定旅游系统功能。

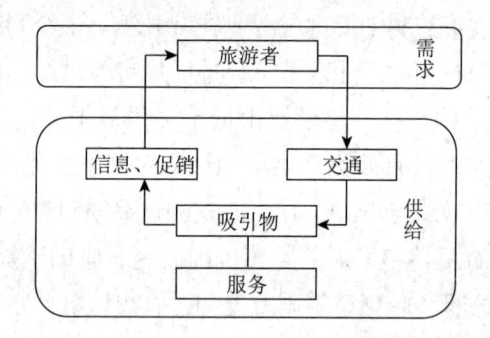

图 8-1　Gunn（1972）的旅游功能系统模型

Gunn（1972）提出的旅游功能系统模型突出了旅游吸引物的作用，可以作为一些学者将旅游吸引物视为旅游产品的理论根据。在该模型中，旅游系统由需求板块和供给板块两个部分组成，其中供给板块包括交通、吸引物、服务和设施、信息与促销四个要素，需求板块包括旅游者一个要素。这些要素之间存在强烈的相互依赖性，其中任何一个要素发生变化都会引起其他要素的变化。他将旅游教科书中的供给因素即旅游吸引物（Attractions）、旅游设施（Amenities）、旅游服务（Ancillary Service）和可进入性（Accessibility）替换成了吸引物、交通、服务、信息和促销，很好地解释了旅游产品的综合性、无形性、不可转移性、不可储存性、生产与消费的同一性。

Mill 和 Morrison（1985）提出的旅游功能系统模型突出了目的地的作用，可以作为一些学者将目的地视为旅游产品的理论根据（见图 8-2）。Mill 和

Morrison 的模型从营销的角度出发，把位于同一空间中功能互补的"吸引物"和"服务"两个要素归并为"目的地"一个要素。人们通常把 Gunn 的旅游功能系统模型和 Mill、Morrison 提出的模型合称为 G-M-M 模型。G-M-M 模型明确指出，一个有效运行的旅游系统模型必然表现为旅游者与信息的空间流动过程。旅游者通过交通/旅行这一媒介从市场流向目的地，而信息则通过促销/营销这一媒介从目的地流向市场。更进一步，上述两个流动过程也可以被理解为旅游者的出游决策过程和目的地的营销过程。因此，该模型的内在含义是，旅游功能系统有效运行的动力就在于"推"和"拉"两个作用，即目的地通过营销环节把旅游者"拉"过来，市场借助于交通环节把旅游者"推"出去。

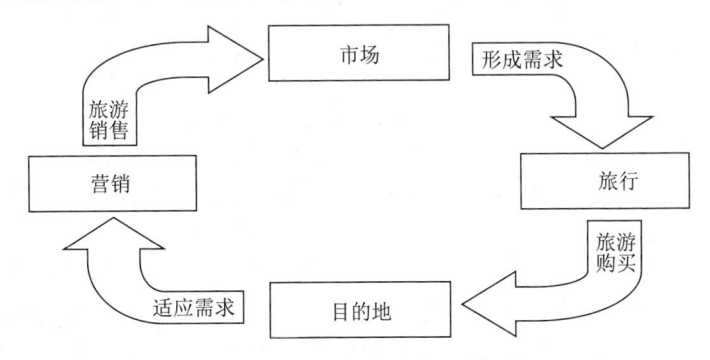

图 8-2　Mill 和 Morrison（1972）的旅游功能系统模型

从旅游功能系统模型的需求子系统角度定义旅游产品，指旅游者花费一定的时间、费用和精力所获得的一段旅游经历和感受。在派恩（1998）提出"体验经济"理论后，一些学者将体验作为一个新的旅游研究框架。例如，Stamboulis 和 Skayannis（2003）在"体验式旅游的创新战略和技术"中认为，旅游正经受重大的变化，并面临新的挑战即需要新的视野。当把体验作为一个重要特性来看待时，创新努力得到了新的战略价值。Sirakaya 等（2004）在"旅游产品评估中心情的作用"中实证研究了顾客心情对旅游产品服务评估的影响。Sánchez 等（2006）在"旅游产品购买的感知价值"中将感知价值看作一个动态变量，经历了购买之前、购买之时、使用之时和使用之后。虽然售后的感知价值被研究，但没有人研究如何测量一次购买的全面感知价值。MaZanec（2007）在"旅游产品和服务提供者的感知分析"中，利用感知分析（Perceptions-based analysis）研究旅游者的选择。

Smith（1994）最早从理论上对旅游产品进行系统研究。他在"旅游产品"中认为：旅游业是按照"类产品"和生产过程来划分的。因为旅游被看作一个产品，因此需要表明这样一个"类产品"和过程的存在。他提出了一个模型以描述这个产品（见图8-3）。

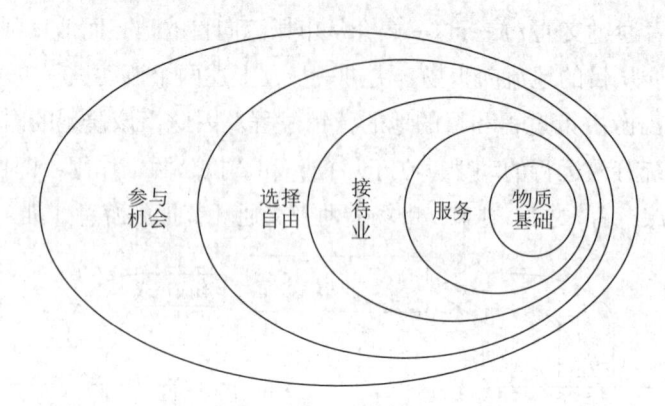

图8-3 Smith（1994）的旅游产品的一般模式

该模型的核心部分是物质基础（the physical plant），即位置、自然资源，或类似瀑布、野生动物、度假区等的设施，以及陆地、水体、建筑物和基础设施等构成旅游产品的物质基础。为了满足前来旅游的客人的需要，在物质基础的外围出现了各种为旅游者提供方便的服务。在服务之外还需要向旅游者提供某种额外的东西即接待业。此外，作为旅游产品给旅游者的选择是多样化的，游客具有充分的选择自由，这是旅游产品的重要组成部分之一。最后，旅游产品还要给游客直接参与的机会。该"类产品"从原材料投入，经由中间投入和产出，再到最终产出即旅游者的经历。该模型有助于把旅游看作一个产业，这支持了许多学者的直觉看法，即认为旅游产品从根本上来说是经历（experiences）。

二、尚待研究的问题

一是缺乏对旅游产品的系统研究，没有人能给出一个完整的旅游产品供给系统的理论框架。缺乏对旅游产品做概念性定义，从而引起概念的混淆。因为旅游产品是旅游学科特别是旅游经济学的核心概念，是旅游学理论大厦的基石，旅游产品概念的界定，有利于建立明确、清晰的旅游学科概念体系。其理论意义非常重大。二是现有的旅游产品理论只是应用相关学科的理论成果，如体验经济理论、市场营销理论、区域旅游规划理论等，没有进行论证。科学假设建立后，就要对研究的概念或重要名词作概念性及操作性定义，所谓操作性定义（operational definition）是以明确的、可观察的、可测量的方式来对变量下定义。赋予概念的操作性定义，才能具体表达概念所代表的意义，也才能由外在的观察与测量，进而得知概念的层次（吴明隆，2003）。

系统分析技术是根据优化准则，利用建立模型或模式的方法，以有效地利用资源，完成规定的目标。系统分析的准则是：①对各种备选方案进行分析和选择，紧密围绕向旅游者提供高质量的完整旅游经历；②从系统的整体利益出发，使局部利益服从整体利益；③在进行系统分析时，既要考虑到当前利益又要考虑到长远利益；④定量分析和定性分析相结合；⑤抓关键，不要局限于细枝末节。

本章中的"旅游经历"概念是从旅游者的角度看的。"目的地阅历"和"旅游阅历"是从旅游系统的角度看的，其中，"目的地阅历"是相对于单个旅游者而言的，而"旅游阅历"是相对于总体旅游者而言的。目的地阅历和旅游阅历两个概念的提出，意义在于将需求与供给统一起来，因为旅游系统本身既包括需求因素又包括供给因素。"旅游阅历产品"与"旅游产品供给系统"是内容与形式的哲学关系。

第二节　体验经济理论及其在旅游中的应用[①]

一、旅游经济的本质是体验经济

1. 体验经济的含义

要点一：经济学家们经常探讨商品和服务之间是以"可否触及"作为它们的区别；对于体验，我们可以导入"可否记忆"的区别界限；对于转型，我们可以引入"可否持续"的区别界限。但通常经济学家仅涉及经济提供物本身，

---

① 资料来源：袁国宏，张月芳. 基于体验经济理论的旅游产品价值分析［J］. 桂林：旅游高等专科学校学报，2006，17（4）：399-403.

而不考虑它们给客人带来的价值。无论什么时候，一旦一个公司有意识地以服务作为舞台，以商品作为道具来使消费者融入其中，这种刚被命名的新的产出——"体验"就出现了。体验是使每个人以个性化的方式参与其中的事件，当体验展示者的工作消失时，体验的价值却弥留延续。

要点二：体验是第四种经济提供物，它从服务中分离出来，就像服务曾经从商品中分离出来那样，但是体验是一种迄今为止尚未得到广泛认识的经济提供物。体验自始至终地环绕我们，而游客、商人和经济学家把它们归并到服务业，与干洗服务、汽车修理、批发分销和电话接线混在一起。但是当他购买一种体验时，他是在花费时间享受某一企业所提供的一系列值得记忆的事件，就像在戏剧演出中那样使他身临其境。

要点三：我们称企业为"体验策划者"，该企业不再仅仅提供商品和服务，而是提供最终的体验，充满了感性的力量，给游客留下难忘的愉悦记忆。然而，虽然体验舞台提供者的工作就在表演的瞬间消失了，但这种体验的价值会在欣赏者的记忆中留下深刻印象。大多数父母带着他们的孩子到迪士尼世界，不是为了这一事件本身，而是为了使家庭成员共同分享这个令人难忘的经历，这种经历成为其家庭日常交流的一个组成部分。

要点四：初级资源只是进行商品生产的初级原料；商品只是它们提供的服务的物质载体；服务只是它们所展示体验的不可触及的操作；体验只是创造壮丽的永恒的暂时状态。这些体验一旦产生，就只能留存在记忆中，供日后回忆。虽然，诸如飞机上的座位、宾馆客房中的床位、餐馆里的食物等有形物体是用来辅助创造体验的，但是它们绝不是旅游者所追求的目标。相反，旅游者希望得到的是由体验所带来的无形收益，如快乐、放松、方便、兴奋。购买有形产品只是提供了一条进入他们所追求的无形体验的"通道"而已。

2. 体验、转型是旅游者获得"满足感"的价值提供物

旅游服务的特点表现在四个方面：①无形性，即人们旅游归来后，得到的无形的"目的地阅历"，旅游购物品只不过是旅游者阅历的物化；②不可分离性，即旅游服务的生产和消费是同时进行的；③可消失性，即旅游服务不能储存以供未来使用；④异质性，即旅游服务难以达到像大规模生产型商品那样的标准化程度。

旅游产品除具有以上四个特点以外，还具有可记忆、可回味、可持续的特

点。从旅游者的体验出发，要达到全身心的感受；从规划设计者出发，要达到全方位的创造。通过我们全方位的创造，使旅游者的体验达到全身心的感受。魏小安（2004）说："从景区的质量角度，要求是'可进入、可停留、可欣赏、可享受、可回味'。提出可欣赏而不是可观赏，因为观赏只是看，欣赏必须有精神参与；可享受达到了一个比较高的境界，目前只是可感受，很多东西不可享受，甚至我们很少从享受这个角度来研究游客的体验。只有方方面面设计到位了，才让游客真正可享受。最后是可回味。达到可回味是达到最高的境界。""从一定程度上来说，旅游业也是生产文化、经营文化、销售文化的产业，而旅游者则是消费文化和享受文化。旅游者的根本追求，就是追求不一样的文化、异质文化。"

二、旅游体验与旅游转型

由于旅游者所获取的"目的地阅历"主要包括体验和转型两种经济价值，这里着重探讨旅游体验与旅游转型。

1. 旅游体验的四种形态

体验的基本类型可以用一个四分图来表示。图 8-4 中，横坐标表示"人的参与程度"。"被动参与"表示消费者并不直接影响表演，如听纳西古乐的人，他经历这件事的方式纯粹是作为观众或听众。"积极参与"表示消费者能影响这件事，从而影响体验的展示效果，如滑雪的人，他们积极参与了体验的创造过程。纵坐标表示"联系的类型"或"环境的相关性"，它使消费者和事件成为一个整体。"吸取"是指通过使人了解体验的方式来吸引人的注意力，如在看静态风景时，体验"走进了"客体；"沉浸"是指消费者成为切身经历的一部分，如看四维电影，客体"走进了"体验。这个四分图将体验分成了 4 个部分——娱乐（entertainment）、教育（education）、逃避现实（escape）和审美（estheticism），它们相互兼容，形成独特的个人经历。

一是娱乐体验。娱乐是通过感觉而被动地吸收的，游客参与娱乐体验是想去感觉。二是教育体验。通过教育体验，游客在积极参与的同时，吸收他面前展开的事件。游客参与有教育意义的体验是想"学习（Learning）"。这里讲的"学习"，不仅仅是指坐在教室里听老师讲课，老师给个分，这样意义并不大，而是在于改善工作绩效，这就是"干中学"，或者叫"行动学习"。三是逃避现实体验。逃避现实体验的游客，积极参与到一种浸入式环境之中。游客参与逃避体验是想"亲手去做"。四是审美体验。在审美体验中，每个人沉浸于某一事物或环境之中，而他们自己对事物或环境极少产生影响或根本没有影响，因此，环境基本上未被改变。游客参与审美体验就想到达现场。

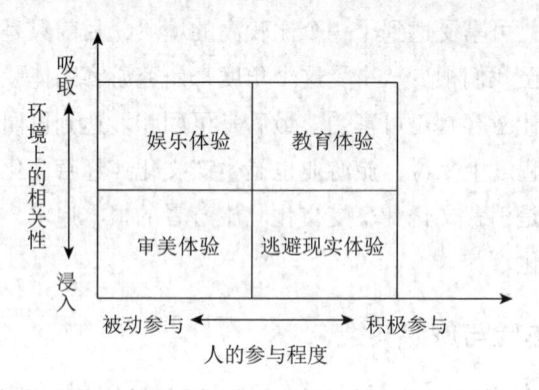

```
                    吸取
                     ↑
环              ┌─────────┬─────────┐
境              │         │         │
上              │ 娱乐体验 │ 教育体验 │
的              │         │         │
相              ├─────────┼─────────┤
关              │         │         │
性              │ 审美体验 │逃避现实体验│
                │         │         │
                └─────────┴─────────┘
                     ↓
                    浸入
         被动参与 ←――――――――→ 积极参与
                  人的参与程度
```

图 8-4　旅游体验的四分图

（资料来源：约瑟夫·派恩，詹姆期·吉尔摩，2002：73.）

体验的"甜蜜地带"是将娱乐、教育、逃避现实和审美融入寻常的空间之中，这类似于一个产生记忆的地方，一个有助于创造记忆的工具。此外，塑造整体印象，仅展示正面要素是不够的，体验提供者还要删除任何削弱、抵触、分散主题中心的环节。为避免要素与主题不贴切，迪士尼主题公园的人员总是兢兢业业地扮演他们的角色，不越雷池一步。只有在下班以后，在游人到不了的地方，他们才会进行自由的交谈。

2. 旅游转型：旅游者角色就是商品

人们选择旅游活动，如观光、度假、探险等，真正的追求是什么呢？旅游体验。不只是体验，还希望有好的身体、重塑自我、与众不同。参加极限旅游的人，购买的不是酸痛，而是自我实现、增强体魄；许多家庭参加度假旅游，是因为他们认为度假能使他们转型为一个全新的自我。这些是比体验本身更值得向往、更有价值的东西。在体验之上建构转型，类似于在服务上创建体验，不循规蹈矩的人、感情受挫折的人、宗教旅行的人、蜜月旅行的人都渴望转型。如果初级产品可互换，商品有形，服务无形，体验让人难忘，那么转型就是卓有成效的。其他经济提供物除了内耗，没有持久的结果，甚至体验的记忆也随时间消退。而寻求/购买转型的人还希望被引导到某个特别的目标状态，转型必须能触发这个预期效果。我们之所以称购买者为"有志者"，是因为他们追求不同凡响。没有态度、举止、思维等方面的改变，就没有转型发生。转型不只是程度和功能的转变，而且是种类和结构的更换。

虽然产品自然化，商品标准化，服务定制化，体验人性化，但转型是个体性的，有志者除了渴望变化特征之外，不存在提供物，它是变化自身。个人对体验做出反应，然后产生记忆，而转型则更深远，它改变了购买者的存在。有了转型，顾客角色就是商品。企业的经济提供物既不是使用的材料，也不是制造的实物；既不是执行的过程，也不是指挥的参与者。企业进行转型时，采用的提供物是针对个体的。无论通过生理、感情、智力还是精神方式，转型诱导者都要了解客户需求，才能有希望产生影响。过程需求与客户的向往相关联。但这里"向往"不是围绕外在的商品、服务，而是以"客户自身和他理想的自我"为中心。

约瑟夫·派恩（2002）认为，转型只能诱导，不能被提取、制造、提交甚至展示。转型这种经济提供物的建设需要经历三个阶段：分析需求—推出体验—跟进实施。

第一阶段：游客追求什么？哪些地方与游客需求无关？从几个方面进行转型才能成功？没有适当的分析，游客不能实现转型。旅游者离开惯常环境，具有"责任约束松弛"和"占有意识外现"的特性，因此，"转型诱导者"对防止旅游者染上不适宜或不道德的品质责无旁贷。当然，究竟结果如何，还依赖于诱导者的良知和世界观。

第二阶段：什么样的体验造成必要的转型？游客怎样从当前转变到他的理想状态？转型诱导者可选择体验的四个领域中任何一个作为转型的基础。娱乐体验改变了我们的世界观；教育体验驱使我们重新思考如何适应世界；逃避体验把个人能力和品质提升到新的境界；审美体验感染对奇迹、美丽和欣赏的感觉。四个领域中众多元素组成美好的出发点，大多数生动的旅游转型体验以这个出发点为中心展开，不管转型最终目标如何，因为在这一点上，体验最诱惑我们，最吸引我们对转型特质的关注。

第三阶段：体验为转型打造舞台，发生转型后怎样坚持呢？怎样保证转型不退步呢？只有经过时间考验的转型，才算是真正的转型。转型诱导者认为跟进实施是最难的阶段,也是很多人做不到的。转型引导者需要"关爱"的连续性,如果没有关爱,"一次性"的体验几乎不能产生转型提供物。自组织理论认为,没有远离平衡态,系统开放也是没有用的,系统仅能在平衡态附近涨落,与外界的交流仅是类似微扰的作用,不能使系统发生本质的变化。

三、旅游阅历产品的价值构成

价值是在人的选择和公共行动中一再显露出来的强烈偏好。它们被绝大多数人,在绝大多数时间里,置于很高的序位上,这一点可由其他偏好对它们的从属性来证明。这类价值的例子是自由、正义、安全和经济福利。

为游客提供量身定制的服务,将会给游客提供一种积极的体验,当然量身定制并不是根本目的,其根本目的是,为旅游阅历产品供给系统创造一种独特的游客价值。游客价值是旅游者在其活动中所获取的一切经济价值,包括从自然界和人类社会中直接提取的初级资源、制造出的有形商品、无形的服务、难忘的体验、卓有成效的转型。

由于旅游阅历产品价值主要是由体验构成的,而体验企业是按与游客相处的时间收费的。下面就对各行为主体"与游客相处的时间"进行分析,为旅游企业提高旅游阅历产品质量提供方法论基础。图8-5是"华东五市六晚七天游"地方导游接团计划书。

团号:HDL-0218H(4) 人数:37大2小 客源地:广东东莞
2月18日:广州飞杭州352/12:00(不用中餐),下午游岳王庙、六和塔、玉泉;入住宝善宾馆
2月19日:飞来峰、灵隐寺、游湖(3:00)、三潭印月、花港观鱼;住同上
2月20日:车赴苏州,游留园、虎丘;入住南林饭店
2月21日:游寒山寺,赴无锡,游蠡园、鼋头渚;入住无锡国际饭店
2月22日:赴南京,游中山陵、美龄宫、总统府;入住金宇饭店
2月23日:游长江大桥,赴上海,游豫园、南浦大桥、八佰伴;入住江天宾馆
2月24日:游外滩、南京路,送5319/16:55,飞广州(须确认)
注:(1)游湖时间:花港码头15:00;(2)无特殊情况不得擅自更改行程及用餐点。
杭州大厦旅行社

图8-5 "华东五市六晚七天游"的地方导游接团任务书

"组团社"是广东省东莞市中国旅行社,"地接社"是杭州大厦旅行社。杭州大厦旅行社在安排接待任务时,由计划调度部经理根据"华东五市游"旅游线路、"组团社"的意见、游客提出的特殊要求、区间交通的时间安排等具体情况,安排旅游者在目的地的这段"日程"。这次旅游活动共生产了 39 人次的旅游阅历产品,每人次的旅游阅历产品都各不相同。

旅游阅历产品的生产与消费表现为一个时间过程。据作者统计,在生产这 39 人次的旅游阅历产品过程中,唯有旅游者个人才见证了旅游阅历产品生产与消费的全过程(100%),其次是来自东莞中旅的全程陪同,他除了在游览景点中的游客自由活动、晚间活动、睡眠和其他游客自由活动时间外,他与游客在一起的时间占旅程时间约 50%;再次是杭州大厦旅行社的地方导游和司机,因为他们只负责目的地的接待任务,他们和游客相处的时间占旅程时间约 48%;其他各旅游接待人员与游客相处的时间占旅程时间约 0.3%,或者低于这一比例。在旅游接待诸行业中,住宿业与游客相处的时间最长,约 45%。

图 8-5 中的团号"HDL-0218H"表示杭州大厦旅行社、2 月 18 日、第 H 团;人数一般写着 37 又 2 分之二,因为小孩睡觉不占床位,但吃饭算一个人,所以旅行社对小孩按半价收费。下面的叙述带大家体验这个行动计划。

杭州:"岳王庙"是南宋抗金名将岳飞的坟墓和庙,岳飞被害时 39 岁,与他的儿子岳云一起以"莫须有"的罪名处死的,死后 20 年,新皇帝为岳飞平反昭雪。岳飞的墓碑上写着"宋岳鄂王墓",岳云的墓碑上写着"宋继忠侯岳云墓"。在岳王庙有许多著名的对联,如"正邪自古同冰炭,毁誉于今判伪真""青山有幸埋忠骨,白铁无辜铸佞臣"。在岳飞墓前可以看到四个跪着的、铁铸的奸人像,分别是万俟卨、张俊、秦桧和秦王氏,被称为"南宋的四人帮"。万俟卨是南宋大理寺的主持,相当于现在的最高人民法院院长;张俊是南宋四大抗金名将之一,但他因为嫉妒岳飞,所以做了"伪证";秦桧是当时的宰相;秦王氏是秦桧的老婆。"六和塔"中的"六和"是指佛教用语,指戒和同修、见和同解、身和同往、利和同均、口和无争、意和同悦,因《水浒传》中的鲁智深和武松在此出家而闻名。六和塔外观 13 层,实际只有 7 层,可以爬上去,共有 226 级台阶。"玉泉"位于杭州市植物园内,游客到那儿是观鱼的,全是两米多长的大青鱼,黑黝黝的,在水里游来游去。游客到"飞来峰"是看石窟的,一共有 338 尊石窟造像。大家都知道北方的四大石窟,如敦煌莫高窟、河南洛阳的龙门石窟、山西大同的云冈石窟、甘肃天水的麦积山石窟，但南方的石窟只有两处，即重庆的大足石刻和杭州的飞来峰。"飞来峰"的名称有点怪，有传说是从印度灵鹫山飞过来的，也有传说是从四川峨眉山飞过来的。其实是因为它与众不同、格格不入：周围的山峰300多米高，而它只有38米高；周围的山峰是石英砂岩，而它是石灰岩。"灵隐寺"意即仙灵所隐，济公曾经在此当和尚。"三潭印月"是杭州西湖中间的一座岛，在岛的旁边由三个石塔围成了一片水域，该水域是杭州西湖中水最深的地方。大家拿出一元钱的纸币，背面就是三潭印月图片；大家对着这个图片，算一算三个"潭"能印出多少个月亮？每个石塔中间是球形，四周有5个小圆孔；中秋节的晚上，杭州人在球形的塔身里点上蜡烛，将5个小圆孔蒙上白纸，蜡烛的烛光透过白纸就像月亮。三个"潭"可以印出32个月亮，因为：每人石塔的5个小圆孔就是5个月亮，加上水里的倒影就是10个；3个石塔就能印30个；加上天上的一轮月亮和水里的倒影就是32个。导游通常说33个，因为每个人心里还有一个月亮。"花港观鱼"是杭州市最大的一个公园，游客到那儿是观看小金鱼的。

苏州："江南园林甲天下，苏州园林甲江南。"苏州园林以沧浪亭、狮子林、拙政园、留园最为有名，分别代表宋、元、明、清时期的园林风格。"留园"以精雕细琢见长，如椅子雕有各种动植物图案，而且座背上还镶有一块大理石。"虎丘"是一座38米高的山，山上名胜古迹众多，被称为"吴中第一名胜"；山形似一只蹲着的老虎，"虎丘塔"像老虎的尾巴，因而得名。据说，虎丘是吴王阖闾的坟墓，是一座假山，山上的"剑池"是坟墓的入口，墓中埋有三千"鱼肠剑"。但山顶上有一块"千人石"，可以站立一千多人，如果虎丘是假山，那么，这么大的石块怎么搬上来的？"虎丘塔"是一座斜塔，比意大利的比萨斜塔还要斜。"寒山寺"因唐代诗人张继的《枫桥夜泊》诗而闻名。据说张继赴长安参加科举考试，但因为"安史之乱"而考试取消了，他只好坐船返回苏州，心情非常郁闷，这个时候传来寒山寺的钟声，消除了他的烦恼。所以，游客到寒山寺，是去撞钟的；你有多少种烦恼，就撞多少下；撞完之后，烦恼都没了。

无锡：无锡原名叫"有锡"，因这个地方有一座山，叫锡山，盛产锡矿而得名。在春秋时代，人们使用青铜器；所谓青铜，就是铜锡合金，所以古时候，锡比黄金还贵重。"有锡兵，天下争；无锡宁，天下清。"意即有锡的时候，天下兵戈相见；无锡了，就天下太平了。秦朝时，大将王翦带兵路过锡山，见人们还络绎不绝地前来"淘锡"，就喊"无锡了！无锡了！"于是，"有锡"改名叫"无锡"。"无锡锡山山无锡，太湖湖水水太糊"意即无锡的锡山没有锡了，太湖的湖水太脏了。蠡园是纪念春秋时期越国大夫范蠡而命名的。范蠡在浙江诸暨巡游，见一个村姑在洗衣服，形貌俊美，于是带她到越国王宫里，教她宫廷礼仪，并爱上了她。这个村姑就是中国古代四大美人之一的西施。范蠡把自己的女朋友西施献给吴王夫差，使用"美人计"灭了吴国后，范蠡没有嫌弃西施，而是带着西施泛舟于五里湖，弃官从商，号称"陶朱公"。清朝时，有一个官员想："上有天堂，下有苏杭"，苏州无非有园林，杭州无非有西湖；所以他想依托"五里湖"造一个园林，超过苏州园林和杭州西湖，所以就建了这个"蠡园"。"到无锡必游太湖，到太湖必游鼋头渚。""鼋"是人们想象中的动物，由龙的头、蛇的脖子、乌龟的身子、老虎的爪子、鱼的尾巴组合而成的；"渚"是半岛的意思。

南京："中山陵"是孙中山的陵园。孙中山在北京病逝，为什么要葬在南京呢？因为南京是中华民国的首都。孙中山去世时的身份是"总理"而非"总统"，是"党葬"而非"国葬"，所以中山陵的所有建筑物都是白面蓝顶，象征着国民党的青天白日旗。中山陵从牌楼到墓室，有392级台阶，代表当时中国的三亿九千二百万人口。在牌楼，从下往上看，全是台阶，没有平台；可是你登到墓室，从上往下看，全是平台，没有台阶。恰如人生，从下往上看，全是要爬的一个又一个社会阶梯；当你爬到事业顶峰，看到的只是一个个人生阶段而已。"美龄宫"是蒋介石夫人宋美龄的行宫，从空中看，它就像镶嵌在项链上的蓝宝石；"总统府"是中华民国的总统府，它曾经是太平天国的天王府；太平天国在南京定都11年。"南京长江大桥"值得一看，它是1960年年初动工的，建成于1968年年底，它是在长江下游建的，江面很宽，而且桥墩下面都是泥沙结构，建造难度很大，建成时以"最长的公路铁路两用桥"而载入《吉尼斯世界纪录大全》。

上海："豫园"中的"豫"通"愉"，是"愉悦老亲"的意思，是清朝的一个刑部大夫为了他的父亲安享晚年而建造的一个园林。"南浦大桥"是上海市区第一座跨越黄浦江的大桥，因为建造在长江入海口，为了保证大型船只能够通过，所以桥面非常高。"八佰伴"原是日本一个菜市场的名字，这个老板发财后建造并经营大型商厦。位于上海浦东的八佰伴商厦建得非常宏伟气派，楼顶像一个倒放的瓦片；后来日本人经营的"八佰伴"商厦倒闭破产了，上海市政府买下来并继续经营；导游一般把游客直接带到十楼，让游客一层一层地玩下来。"外滩"位于黄浦江畔，是近代中国半殖民地半封建社会的一个缩影，有53幢风格各异的西式建筑，如罗马式的大柱子、希腊式的圆顶、哥特式的尖顶……都是"鸦片战争"以后帝国主义国家建造的，因为当时上海是各国的租界。"南京路"是上海市的商业步行街；从外滩看，绿色尖顶的建筑物下面就是南京路。

第三节 旅游产品供给系统优化的分析技术选择[①]

一、基于价值工程理论的功能成本分析技术

1. 旅游阅历产品质量低劣的表现特征

自从派恩（1998）提出"体验经济"理论以来，"旅游体验/阅历/经历"问题持续受到人们的高度关注。

旅游产品供给系统中的核心性产品才是真正的旅游阅历产品，只有它才能让旅游者在旅程归来时获得"满足感"，不会"乘兴而来、败兴而归"，不会"不到某旅游地终身遗憾、到了某旅游地遗憾终身"。旅游产品优化（如增加游客参与内容、提高旅游服务质量、重新设计旅行社产品、树立企业形象等）是必要的，但现行文献缺乏系统性，而且缺乏旅游产品供给系统优化与旅游经历质量（向旅游者提供高质量的旅游经历是旅游可持续发展的第四个目标）关系的实证研究。

2. 游客价值创造的技术选择

市场价值标准即"让买卖双方都满意"，也就是企业和游客的价值标准必须统一。用户对价值的理解用公式表示为：$V_用$ = 功能/费用（价格）；企业

[①] 资料来源：袁国宏. 旅游线路与旅游者日程管理初探[J]. 中国人口·资源与环境，2006（S1）：351-354.

对价值的理解用公式表示为：$V_{企}$ = 收入/成本；如果把流通等中间环节忽略，则可以认为企业收入等于用户费用；由以上两个公式可以得到反映用户和企业价值标准的关系式：

$$V_{企} = \frac{1}{V_{用}} \times \frac{功能}{成本}$$

从上式可以看出，$V_{企}$ 和 $V_{用}$ 是反比关系，即企业与用户之间在评价效益好坏的标准上是相互矛盾的。因此，比较稳妥地创造游客价值的办法是从"功能/成本"这两个因素中去找出路。因此，无论是对企业还是对游客，统一的价值标准均可以用下式表示：

$$价值V = 功能F/成本C$$

由上式可知，评价对象效益的高低，不是单纯看功能水平的提高，也不是单纯看成本水平的下降，而是看两者比值的大小。价值评价标准的确立，不仅为市场营销创意指明了方向，而且还提供了创意的多种途径。

途径一：功能不变，成本降低。即 $V\uparrow = F/C\downarrow$

在不影响游客需求功能的前提下，通过降低成本，从而提高评价对象的价值，这是最常用的提高旅行社经济效益的方法。这可以证明，旅行社可以通过改进旅游线路提高价值。

途径二：功能提高，成本不变。即 $V\uparrow = F\uparrow/C$

成本不变，产品的价格不变，就能保持原有的利润率。功能提高了，游客花同样的钱，可以买到更好的产品，从而提高旅行社竞争力，扩大产品销路，增加旅行社收益，也就是提高了价值。这可以为旅行社非价格竞争找到理论根据。

途径三：功能提高，成本降低。即 $V\uparrow\uparrow = F\uparrow/C\downarrow$

这种途径价值提高最多，但必须在技术、管理两个方面都有所突破、创新。这里，功能提高不仅指原有功能水平的提高，更主要的是指，为进一步满足游客需求对产品整体功能结构的改进。对此，必须有管理措施的配合才能实现。旅游日程安排通过体验化设计、增加游客参与项目就属于这种类型。

途径四：成本略有提高，功能有更大的提高。即 $V\uparrow = F\uparrow\uparrow/C\uparrow$

功能成本评价不是单纯追求成本下降，如提高产品功能时，成本一般也会相应提高，但只要功能提高的幅度大于成本提高的幅度，价值仍然会有所提高。这可以作为各种替代性旅游、豪华档旅游找到理论依据，也可以为国外目前正在兴起的"绿色供应链管理"提供理论依据。

途径五：功能略有下降，成本大幅度下降。如 $V\uparrow = F\downarrow /C\downarrow\downarrow$

功能成本评价不是单纯追求功能提高，为适应多层次游客的需求，开发一些低档次价廉的产品，只要成本下降的幅度大于功能下降的幅度，价值仍然会有所提高。这可以为"大规模旅游""经济档旅游"提供理论依据。

二、基于大规模定制理论的旅游线路规划技术

目前在我国旅游理论界，常常将旅游线路与旅游日程混同起来，这两个概念与旅游产品一起常常交替使用。将旅游线路规划纳入"产品链管理"，将旅游日程安排纳入"作业管理""价值链管理"，有利于旅游阅历产品供给系统优化。

1. 旅游线路的实质

目的地的旅游线路是指旅游批发商在研究旅游者的出游目的、消费特点、消费规模、消费水平等前提下，把目的地的各种旅游要素（如食、厕、住、行、游、购、娱等）产品按时间顺序有机地组合起来，形成的产品链，如丝绸之路旅游线、华东五市旅游线等。旅游线路规划（Planning of tourist route）的实质是产品链管理，产品链管理是对在整个价值链上的产品流所发生的一系列完整的活动和信息的经营管理过程。旅游线路是一条产品链，由若干个"组织单元"的产品构成，这些"组织单元"可划分为旅游餐饮、旅游厕所、旅游住宿、旅游交通、旅游景区、旅游购物、旅游娱乐等类型。目的地的旅游线路是旅游批发商的产品，它类比于大学学历产品供给系统中"某年级某专业的教学计划"。

2. 旅游线路的特点

旅游线路不是一个单一的产品，它的组成成分由各种目的不同、经济结构不同的组织来提供，其成功在于把各种成分的合适组合传递出去以满足旅游者的需要，这种传递要求协调与合作。精品线路，应当是景观丰富奇特、文化主题突出、配套设施完善、市场形象鲜明、组织运作有效、服务质量优良的产品。

魏小安在《旅游纵横》一书中说："旅游产品是信息时代的产品，不同于工业时代的产品，旅游产品不是一个实体性的产品，这些我们在海外促销时，感觉最清楚。如'旅游产品'是任何东西都搬不了的，只能搬出一堆信息来，通过这些信息性的介绍来体现这条旅游线路的优势，体现旅游线路的吸引力。旅游产品的形式主要是信息形态，它需要大量信息的提供与选择。如我想去一个地方，在网站上先搜索，不但可以看到简单的图片，还能看到动态性的资讯，实际上就在很大程度上减弱了旅游消费不能'先尝后买'的弱点"。

3. 旅游线路优化的技术选择

旅游线路是旅游阅历产品大规模生产中所使用的"模块"，应用这种"模块"可以使旅游产品的生产既满足游客个性化要求，又满足低成本、高效率的要求。当然，一人次的旅游产品可能不使用模块，也可能使用一个或多个模块。约瑟夫·派恩（2000）指出，大规模定制（Mass Customization，MC）就是个性化定制产品/服务的大规模生产。无论是制造业还是服务业，大规模定制都是企业竞争的新前沿。其核心是产品品种的多样化和定制急剧增加，而不相应地增加成本；其范畴是个性化定制产品/服务的大规模生产；其最大优点是提供战略优势和经济价值。

（1）品种多样化程度越来越高，并通过增强反馈圈，融入越来越高的定制化，直到每一个客户都能够买到个性化的产品或服务。大规模定制的任务是以客户愿意支付的价格，并以能获得一定利润的成本，高效率地进行产品定制。如果没有首先经历持续改进（Continuous Improvement）和精益生产（Lean Production），大规模生产商不能马上转向大规模定制。频繁、动态、持续地改进过程，使企业既达到低成本，又获得高质量，并提高了大规模定制所需要的灵活性和响应能力。

（2）大规模定制中，低成本主要是通过范围经济来实现的，即应用单个工艺过程便可更便宜、更快速地生产多种产品和服务。公司常常两者兼顾，用标准化零部件实现规模经济，零部件按多种方式进行组合，形成多种最终产品，从而实现范围经济。和手工生产相比，大规模定制一般在它的生产过程中具有高度的灵活性；它使用通用的工具和机器，以及工人的技能；它按订单生产而不是按计划生产；它导致了产品和服务的高度多样化和定制化。

（3）大规模定制的积极作用是使新的竞争模式改变了反馈圈（Feedback

loop），转向个性化定制产品/服务的大量生产。大规模定制经营商将他们的商品和服务模块化，"模块化"是既能达到低成本，又能实现个性化定制的关键。模块化结构由两个基本元素，即一套模块和一套连接系统组成，使得大规模定制得以实现。除了模块化结构，大规模定制仍需要一种环境模块，也包括两种基本元素，一种是设计工具，将顾客需求匹配于公司的能力；另一种是经过设计的相互作用，在此作用之中，企业展示出一种设计体验，而这种体验有助于帮助顾客决定自己的确切需求。

三、基于价值链理论的旅游日程安排技术

1. 旅游日程安排的概念

我国旅行社通常称旅游日程安排为"旅游行程"。对于客源地的组团社来说，旅游日程安排（tourist itinerary）是旅行社根据人们的出游动机、出发时间、地点、时间—金钱预算，及其他具体要求，在目的地的旅游线路这个"模块"的基础上，调度全程陪同、地方陪同、司机等服务人员，落实每天的交通、游览、住宿、餐饮、购物等活动项目，对整个旅游者行程（从"出发"到"结束"的一段时间波谱）所做的计划、组织和控制。旅游日程安排的领导职能通常由导游完成，计划、组织和控制职能由旅行社的计调部经理完成，而司机通常起执行者的角色，导游和司机构成了一个旅游活动项目组。对于不委托组团社的"自助游客"来说，旅游日程安排通常是由游客自己预先或临时安排完成的，当然游客也可能在目的地委托当地旅行社代办一些业务，也可能加入目的地的"散客旅游团"。

2. 旅游日程安排的实质

管理是一个协调工作活动的过程，以便能够有效率和有效果地同别人一起或通过别人实现组织的目标。作业管理（operation management）是指将劳动力、原材料等资源变成销售给顾客的最终产品和服务的转换过程中的设计、作业和控制。每一个组织都具有一个将输入转换成输出，并由此产生价值的作业系统。旅游日程安排的实质就是作业管理，作业系统投入的是"人"，经过系统转换后，系统产出的也是"人"——"拥有某目的地阅历的人"。

3. 旅游日程安排的特点

计算机及其网络的普及成为解决自助旅游成本约束的重要技术支撑。面向

最终用户的"菜单式产品组合方案"和"开放式产品设计空间",使得细分化的旅游需求可以高效地集中在一起,形成规模化的购买力。旅游系统以旅游阅历产品质量为中心的趋势,直接推进了自助游产品设计和市场开发,也使得"新旅游"获得了成长动力。随着散客越来越多,将来旅行社经营"委托代办"的业务会越来越多,所以自助旅游时代很快就会来临。

魏小安(2002)认为,从国际上看,早期自助旅游发展到所谓工业化时代的自助旅游时,组织化程度大幅度提高;发展到后工业化时代,组织化程度又在逐渐下降。在发达国家,参加团队的旅游者占30%,自助游客占70%;我国上海春秋旅行社已经形成了电子销售网络,在网上做"散客成团"的业务,口号是"网上成团,散客享受团队价"。在知识经济时代,旅游者可以利用现有的电子信息技术条件,出发前通过电子邮件预订机票、饭店,甚至景点,自己安排日程,由原来消费者变成了一定意义上的生产者。

4. 旅游日程安排优化的技术选择

供应链是指从原始的供应商开始,经过制造商、批发商、分销商、零售商等环节到最终用户,形成了一种逻辑上的链式结构。供应链管理是指对整个供应链系统进行计划、协调、执行、控制和优化的各种活动和过程。旅游业是吸引游客,运送游客,向游客提供住处,并无微不至地满足游客需求的一门科学、艺术和经营之道。由于旅游产品的生产过程表现为旅游者的流动,是游客流、服务流、资金流、信息流,而不是物流,因此对于旅行社来说,供应链就成了价值链。价值链分析技术可以作为提高旅游日程安排效率的一种工具。

四、基于投入产出分析的旅游卫星账户技术

1. 旅游卫星账户(TSA)的由来

国民账户体系(A System of National Accounts,SNA),是以西方经济学,特别是凯恩斯的经济理念为基础,以总需求分析为前提,将整个国民经济划分为家庭、厂商、政府和国外四大部门进行分类研究,并把总投入区分为原始投入和中间投入,其中原始投入包括工资、租金、折旧、利息和利润等,它们是构成国民收入的重要内容,也是建立国民账户的基础。SNA由一套账户准则和表式构成,大部分国家都用SNA测量产业的投入和产出以及各个产业的资金流向。

旅游卫星账户（Tourism Satellite Accounts，TSA）就是在国民账户之外，按照国际统一的国民账户的概念和分类要求单独设立出来的一个虚拟账户，它通过把所有与旅游消费相关的（包括直接和间接）部门中由于旅游消费而引致的产出部分剥离出来，单列入这一虚拟账户，以准确地度量、评价旅游业对经济的影响。为了简化TSA所隐含的有关SNA方法，分析人员必须理解制造矩阵、使用矩阵和最终需求矩阵，以及配合使用游客调查、家居消费调查、企业调查等数据资源，从而估计各个产业的产出究竟有多大，各种商品的最终需求究竟有多少，并剥离出可纳入旅游的部分。

1991年在渥太华召开了"旅游统计国际会议"，这次会议成为TSA发展初期的一个重要契机，形成了一套系统的关于旅游统计的建议，会议还推荐了有关旅游的标准定义和分类；1999年世界旅游组织在法国尼斯召开了"关于旅游对经济影响的度量方法"国际会议，着重衡量旅游业对经济的影响；2002年世界旅游组织在马德里发布了"国家旅游主管部门关于开发旅游卫星账户的指导方针简要"。

2. 旅游卫星账户的本质

TSA是在不违背SAN93基本原则的前提下，以世界旅游组织的《TSA被推荐的方法框架》为指南，以一国经济内商品和服务的一般供需平衡为基本出发点，用需求法定义旅游者、旅游消费、团体旅游消费、旅游固定资本总额等概念，用供给法定义旅游特定产品、旅游特征活动、旅游增加值、旅游就业等概念，规范旅游统计的范围和方法，建立若干个基本表式以及相关账户和总量指标。

这些表式主要包括：国内旅游产品供需表、旅游增加值表、旅游花费表、固定资本形成总额表和旅游就业等。从本质上看，TSA是为了适应旅游分析需要，对现有的国民经济核算体系进行的数据剥离和再整理。因此，TSA自身既是一个逻辑严密的框架体系，又可视为该国的国民经济核算体系的一部分，两者在基本概念、核算方法上是一致的。

3. 旅游卫星账户的功能

（1）TSA通过提供国际通用的、具有说服力的关于旅游业产出的确凿事实与数据，提高人们尤其是政府部门对旅游业的重视程度，为政府的相关公共决策提供依据，并与其他产业部门产出情况相比较。

（2）作为一个逻辑严密的国民经济核算和概念体系，TSA 的作用不仅在于对旅游业的"地区经济贡献率"分析具有重要的方法论意义，而且作为一个宏观经济核算的框架和体系，TSA 可以深入地为地区旅游业政策分析、模型建立、旅游业生产率测量提供依据。

（3）TSA 具有分析应用和预测功能，TSA 可以帮助经济学家解释复杂的旅游经济现象，为分析旅游经济与一国整体经济的相关性提供科学的方法。

（4）TSA 也是政府了解和掌握旅游经济运行状况，从而进行宏观经济管理的重要手段。

第四节　基于游客视角的旅游产品深度开发[①]

袁国宏（2014）针对游客确定一套调查问卷，旅游产品供给系统的问卷项目来源于体验经济理论及其在旅游中的应用、衡量旅游产品供给系统的游客全面感知质量，包括核心性产品、便利性产品、支持性产品、扩展性产品、旅游营销信息产品五个分量表。因素分析的结果表明：旅游产品供给系统是由社会交往（扩展性产品）、游客体验（核心性产品）、阅历保障（支持性产品）和阅历完整（便利性产品）4 个因素构成的，旅游经历质量只有一个维度。相关分析和回归分析的结果表明，旅游产品供给系统对旅游经历质量具有非常显著的正向影响。完整的旅游经历质量是旅游系统的核心，是旅游可持续发展的第四个目标。若想促进旅游产品供给系统的有效运转，就应该从旅游产品的社会交往、游客体验、阅历保障和阅历完整 4 个因素入手，统筹兼顾旅游产品的社会属性、自然属性和公共属性 3 个本质属性，避免犯"盲人摸象"式的错误。

一、以"社会交往"为核心的旅游产品深度开发建议

根据因素分析，旅游产品供给系统中的社会交往因素在四个公共因子中的因素负荷排在第一位。从旅游产品供给的角度看，"社会交往"主要发生在旅游饭店。根据相关分析，社会交往与旅游经历质量的相关系数为 0.584，在

---

① 资料来源：袁国宏，郭强. 基于游客视角的海南省旅游产品深度开发建议［J］.特区经济，2015（9）：137–141.

0.01的水平上显著；根据回归分析，社会交往对旅游经历质量有非常显著的正向影响，标准化回归系数为0.589，P值小于0.00。这充分证明了旅游的社会属性，即旅游的本质之一是人类积极而健康的社会交往活动。旅游是人民之间普遍性社会交往的一种活动，不仅有助于增强各地、各国人民之间的相互了解和友谊，而且有助于增强地区之间、国家之间的友好关系。因此，旅游企业在旅游产品设计、生产中，要重视树立旅游接待企业形象和旅游目的地形象，重视游客与旅游从业人员之间，游客与旅游接待企业之间，游客与其他游客之间，游客与当地居民之间的沟通、互动、交往。

1. 树立旅游接待企业形象

首先，培养旅游从业人员的服务意识，以提供优质高效的服务。其次，对服务人员进行标准化、规范化的培训。最后，加强企业与旅游专业教学单位的合作，尝试定岗培养、订单式培养，解决旅游服务人员素质低、服务差的问题。随着游客品味越来越挑剔，他们对旅游产品的质量也提出了越来越高的要求，因此优质高效服务要"以人为本"，对服务的每一个细节都要设身处地站在游客角度，在标准化、规范化服务的基础上提供个性化服务。例如，旅游经营者为漂流游客准备遮阳帽或雨衣，为排队的游客准备长凳，为海边漫步的游客准备冲脚的水龙头，为带小孩的家庭提供婴儿车等。对于旅行社来说，树立企业形象除提高服务质量以外，还应通过网站营销、多媒体网络终端营销、会员制营销等来实现。

2. 树立旅游目的地形象

树立目的地形象是一项系统工程，要求目的地政府、企业、社会等的共同努力。当前应以优化旅游发展的软环境和硬环境为抓手：既要加大对旅游公共服务、基础设施和人才培养等的投入；又要严厉打击乱涨价、"黑导游"和强迫消费等行为，加强旅游市场监管。

3. 使旅游服务向优质高效提升

优秀员工在营造旅游氛围中应发挥主导作用，主要表现在微笑、令人愉悦的行为、眼神交流、特定角色的表演，以及与顾客接触的每一个细节。如果将饭店、景区等旅游接待单位比作舞台的话，工作人员就是舞台上的演员，主动勤快、谦恭有礼、风趣幽默、对顾客有求必应的服务态度都是游客获得快感的最直接来源；而彬彬有礼、迅速及时、熟悉业务、准确无误、诚实可信、干净卫生是游客对服务员的六种期望。所以，必须使工作人员融入"剧场的氛围"，成为与游客互动的演职人员，共同创造令游客难忘的深刻体验。

4. 为游客与其他游客之间的交往搭平台、创条件

例如，针对自助游客建立散客接待中心，针对团队游客组织开展娱乐活动等。游客与其他游客之间的交往不仅可以实现信息交流、相互学习，而且有利于培养感情、增进友谊。又如，奖励旅游产品通常由公司的董事长、总经理等高管作陪，获奖员工可以携带家属，在旅游过程中公司高管向获奖员工征询发展大计、开座谈会等，不仅让公司高管认识了获奖员工及其家属，让获奖员工之间相互学习，而且起到了很好的激励效果。一些游客的出游动机就是为了与其他游客之间的相互交流，如大学毕业十周年同学聚会、学术研讨会、青少年夏令营、冬令营、家庭及个人事务型旅游等。

5. 对当地居民进行教育宣传，尤其是诚信、友善等社会主义核心价值观的教育

当地居民是主人，旅游者是客人，主客之间的交往互动，对旅游经历质量有很重要的影响。社区参与旅游发展能降低旅游业带来的消极影响已经得到人们的共识。在旅游产品创新过程中，尤其是在住宿、餐饮、土特产品、地方民俗和才艺表演等方面，需要当地居民积极主动地参与。此外，在团体包价旅游的日程安排中，要为游客留出充足的自由活动时间，以便他们可以探访目的地的亲朋好友。"他乡遇故知"，格外令人高兴。

二、以"游客体验"为核心的旅游产品深度开发建议

根据因素分析，旅游产品供给系统中的游客体验因素在四个公共因子中的因素负荷排在第二位。从旅游产品供给的角度看，"游客体验"主要发生在旅游景区。根据相关分析，游客体验与旅游经历质量的相关系数为 0.306，在 0.01 的水平上显著；根据回归分析，社会交往对旅游经历质量有非常显著的正向影响，标准化回归系数为 0.308，P 值小于 0.00。这充分证明了旅游的自然属性，即旅游的本质之二是一种高层次的消费活动，它是人们生活中的一种基本需要；就构成现代旅游主要组成部分的消遣旅游而言，旅游是一种以审美、教育、逃避现实和娱乐为突出特征的消遣休闲活动，是综合性的体验实践。因此，在旅游产品供给中，游览娱乐设施要满足游客的审美、教育和娱乐体验；

交通运输设施、食宿接待设施和旅游购物设施要重视异域化设计，从而满足游客的逃避现实体验。旅游产品体验化开发的原则有：

1. 主题追求文化性、原真性

鲜明的主题应体现文化旅游资源的特点，展现地域性和独特性，因为旅游者愿意体验到原汁原味的文化，就像在遗产资源的保护和传承中讲究原真性一样。演艺产品如黄巧灵的"千古情"系列、张艺谋的"印象"系列，结合了当地景点的文化和地域特色来打造，所以取得了巨大的成功。

2. 产品体现差异性、独特性

旅游的动机之一就是追求新、奇、异、美、特，这就要求产品的设计避免雷同。文化因地域差异而内涵各有特色，旅游产品开发应植根于当地的地脉、史脉与文脉，以满足市场的体验需求。项目设计中充分考虑如何通过色彩、声音、质地等激发游客体验兴趣。据统计，西方国家每隔三年就要对主题公园进行产品创新，迪士尼乐园能成为全球主题公园的典范，多年来吸引着大批的游客，正是因为他不断通过产品创新来跟上技术、时代、环境的变化，从米老鼠、唐老鸭到狮子王、花木兰，再到星际宝贝，迪士尼的动画明星总是在变，娱乐项目也在不断变化，但"创造快乐"的宗旨从未改变。

3. 活动强调挑战性、参与性

文化旅游活动项目的设计不仅要体现文化性，而且要增加参与性、趣味性、挑战性。文化只有被游客感知、理解、参与，才会带来新鲜感、满足感、亲切感。例如，深圳华侨城"欢乐谷"景区每年举办国际滑稽节、时尚文化节、玛雅狂欢节、国际魔术节、国际流行音乐节等，通过举办主题晚会、节庆活动让游客参与。再如，民俗村里做豆花、推磨，农家乐的水果采摘等，让游客主动地参与到旅游服务中。

4. 手段重视技术性、数字化

运用现代化的立体影射技术、感应技术和虚拟交互式技术等，结合二维码、App等手段，调动游客参与的积极性。用手机微信的"扫一扫"功能来扫描二维码，以此获悉各种有关景区文化的多元化解说内容；开展智慧旅游，实现景区文化的立体化展现和游客对景区文化多样化的感知。此外，还可以开发一款现场体验景区文化的游戏项目或智能手机游戏软件，游戏过关达到一定比例者，可获得免费的旅游纪念品或者景点门票。在革命战争战役遗址，利用沙盘、彩绘、图板、模型等传统展示工具，以及立体电影、投影仪、电子触摸屏等高科技产品，营造出一个动静皆宜、亦真亦幻的战斗场景。

5. 体验展示有深度、多样性

在具体的体验场景和体验舞台设计中，应根据主题线索设计丰富的体验剧情，策划多种体验活动项目，丰富体验类型和增加体验深度。所以，产品在满足人们基本需求基础上应留下更多体验空间给游客，让游客在互动的体验过程中获得高度的享受感、满足感、刺激感。例如，新加坡圣淘沙岛的海洋馆是使用视角、听觉、嗅觉、味觉和触觉五种感官刺激的成功案例。

三、以"阅历保障"为核心的旅游产品深度开发建议

根据因素分析，旅游产品供给系统中的阅历保障因素在四个公共因子中的因素负荷排在第三位。从旅游产品供给的角度看，"阅历保障"主要指旅游公共服务。根据相关分析，阅历保障与旅游经历质量的相关系数为 0.299，在 0.01 的水平上显著；根据回归分析，阅历保障对旅游经历质量有非常显著的正向影响，标准化回归系数为 0.308，P 值小于 0.00。这充分证明了旅游的公共属性，即旅游的本质之三是一种公共服务。客源地提供旅游预报等服务、旅游局开展旅游文明素质行动、旅游主管部门认真对待投诉对旅游者来说，是旅游活动的意外收获。旅游公共服务是指由政府或其他社会组织提供的，以满足旅游者共同需求为核心，不以营利为目的，具有明显公共性的产品和服务的总称。旅游公共服务质量主要包括旅游公共信息、旅游安全保障、旅游公共交通、旅游便民惠民、旅游行政监管、旅游宣传教育 6 个方面（李健仪等，2016）。据原国家旅游局统计，自助游的散客比例超过 83%；旅游活动常态化、大众化、散客化、个性化发展的趋势，使我国旅游业发展对旅游公共服务的需求更为迫切。旅游公共服务水平的高低不仅直接关系到旅游整体服务质量的优劣，而且已成为衡量一个地区旅游发展水平的重要指标。海南旅游公共服务供给体系应从以下方面来构建和完善：

1. 供给主体多元化

可以在地方政府主导下，鼓励行业协会、社区、消费者组织、企业、相关事业单位甚至个人参与旅游公共服务体系的建设，引入市场竞争机制，提高旅游公共服务供给的效率和效益。例如，在旅游基础设施建设方面，政府可以通

过招投标等方式让个人或企业承担旅游公共设施的建设；在旅游信息服务方面，政府可以邀请企业一起参与目的地信息咨询服务体系的建设。在一定条件下，政府、市场、社会都有可能成为旅游公共服务的供给主体。政府追求公平的价值，市场遵循效率的法则，社会崇尚正义的理念，三者在解决同一社会问题时彼此间却存在密切的互动关系。李爽等将转型时期旅游公共服务多元化供给模式概括为四种：政府主导型、市场主导型、社会自愿型、政府—市场—社会综合联动型。总之，在当前海南建设国际旅游岛的大背景下，应推动旅游市场向社会资本全面开放，进一步深化对外合资合作；减少行政审批，在用地、宣传推广、投融资等方面加大政策扶持。

2. 供给方式多样化

重视政府、市场和社会三种力量的结合，引入市场化和社会化机制，通过补助、特许经营、合同外包、内部市场、产权交易、用者付费、凭单制、放松管制、政府间协议、合同承包、志愿服务等多种供给方式，将具有准公共产品性质的旅游公共服务产品通过市场配置方式来提供，政府部门则主要起监督和保障的作用。例如，上海市的官方旅游热线962020，即旅游呼叫中心，采用的就是"合同承包"的供给方式，由政府与私人企业签订合同，私人企业负责生产，政府采购后再向公众提供公益性咨询服务。杭州市政府采用"补助"的供给方式，通过每年1000万元专项财政资金的补贴，给予杭州旅游集散中心各种公共交通和门票补助优惠，减少了生产者的供给成本，提高了公众对这些产品的购买能力。广东、上海、杭州、厦门等地也推出了诸如旅游优惠券、旅游一卡通、旅游休闲卡等做法，通过"凭单制"的供给方式，引入了市场竞争机制，减少和消除服务供给垄断。

3. 供给技术信息化

所谓"智慧旅游"，是指依托大数据、云计算、物联网、移动互联网、人工智能等高新技术，整合旅游目的地吃、住、行、游、购、娱、厕以及与旅游相关的各类资讯和服务于一体，利用触摸屏、电脑、智能手机等多种服务终端，为旅游企业、旅游主管部门、公众提供各类旅游公共服务的综合应用平台。首先，建立公共旅游信息服务中心，在海南省范围内建立有效的旅游公共服务数据资源共享和分级管理机制，主要通过旅游企业门户网站、政府电子政务、旅游政务网等形式来实现。其次，可充分利用智能手机的功能，将游客手中的通信设备变为手机客户终端，整合吃、住、行、游、购、娱、厕等方面的旅游资讯。再次，通过电子媒体促进旅游交流、合作与宣传。利用网络与多媒体技术，将官方微博、官方网站与游客体验终端实现实时互动，第一时间播报旅游相关资讯、查询相关信息。最后，促进旅游执法信息化。通过在个体移动终端上安装的各种程序，方便旅游执法人员随时在现场查询信息及采集数据。建立全方位旅游监测保障系统，利用信息技术对旅游消费环境进行监测，包括旅行社、饭店、旅游交通以及景区的质量、卫生、环境监测服务等。

4. 供给开发途径优化

海南作为我国唯一的热带海岛省份，有着独特的历史人文和充沛的阳光、丰富的滨海资源、湿地资源、热带雨林资源，加上日趋完善的高尔夫、邮轮游艇、会展设施，为设计开发观光游览、修学科考旅游、体育旅游、商务旅游、休闲度假、健康养生等旅游产品提供了丰富的素材。针对目前海南省旅游资源开发不足，旅游景点发展不平衡的问题，应该拓展现有的旅游公共服务供给途径，从多维度、多层次对海南省的景区、城市、乡村、海洋旅游资源进行深度开发和打造。例如，深度开发现有的景区旅游资源，加快传统景区的功能转型，以信息化技术为依托，引入现代休闲方式，开发多种休闲项目和路线，着力打造其休闲度假区的功能。再如，加快打造以田园风光、"环城市游憩带"为重点的城市休闲度假带，深度开发城市旅游资源，丰富现有的城市旅游项目。

四、以"阅历完整"为核心的旅游产品深度开发建议

根据因素分析，旅游产品供给系统中的阅历完整因素在四个公共因子中的因素负荷排在最末位。从旅游产品供给的角度看，"阅历完整"主要发生在旅行社。根据相关分析，阅历完整与旅游经历质量的相关系数为 0.116，不显著；根据回归分析，阅历完整对旅游经历质量有非常显著的正向影响，标准化回归系数为 0.122，P 值小于 0.01。阅历完整因素与旅游经历质量的相关性得不到验证，这是因为它是一种政府行为和企业行为，护照签证及区间交通、目的地的旅游线路、旅游者的行程安排对游客来说并非必要；但阅历完整因素对旅游经历质量仍然有非常显著的正向影响。这充分证明，旅游市场出现了新变化：旅游者外出旅游更愿意选择散客而非团队，从被安排到自己安排。2011 年"海

南国际旅游岛线路产品创新设计大赛"产生了涵盖全岛的 6 条精品线路,即环海南岛热带滨海观光体验游、海南岛东线滨海度假休闲游、海南岛中线民俗风情文化体验游、海南岛西线特色探奇游、热带原始雨林生态游、海洋探奇休闲游。此外,新形势下海南岛还应重点开发以下旅游产品:

1. 老年旅游产品

旅游线路设计应注意几点:饮食方面宜卫生、易消化,让老年人既要品尝到不同地区特色饭菜,也要照顾到老年人多喜欢素食、牙口不好的特点。住宿方面要安全、舒适、安静、整洁,不求奢华。交通方面以空调火车卧铺或飞机为宜,坐汽车颠簸厉害,备感疲劳。游览方面线路要短,考虑到老年人行动缓慢、阅历丰富的特点,旅游景点宜精练而特色鲜明,可以怀旧、垂钓、养生、文化等为主题。购物方面不宜安排过多,因为老年人具有节俭、务实的特点。娱乐方面要轻松、平静,活动时间不宜过长,既要满足老年人的社交需要和精神生活需要,又要充分考虑他们的体力和睡眠。此外,由于老年人闲暇时间多且自由,出行时间适合安排在旅游淡季,既价廉又不拥挤。

2. 民俗旅游产品

黄炜等(2013)的研究表明,民俗旅游者有独特的价值需求:感受民俗趣味、随性生活、猎奇、观赏民族风情为第一层次的价值需求,对民俗旅游者有普遍强烈的吸引力;互动体验、城市疏离感、原始本真、赏原生美景、品地方美食为第二层次价值需求,是民俗旅游产品创新中容易被忽视却拥有巨大市场前景的顾客价值点;冒险、艳遇浪漫、艺术创作为第三层次价值需求,代表部分游客群体的突出需求,是景区构建差异化特质的突破点;探古寻根、购买特色商品和民族特产是第四层次价值需求,也是游客完成一次完整旅游经历的补充性价值需求。海南黎族、苗族等民俗旅游资源丰富,在旅游开发中大有潜力可挖。

3. 养生旅游产品

城市人口因为环境和生活压力等因素,许多人处于"亚健康"状态,笼养需要放养,导致庞大养生旅游需求。海南有着太多的养生旅游资源:从地域看,西部的人文景观、独特的海岸线、中部的热带雨林等;从季节看,冬季游海,夏季游山、尖峰岭、霸王岭、吊罗山、七仙岭等无一不是能让游客惊喜的旅游资源。对于患有慢性疾病或者亚健康的患者来说,可以选择一些有针对性的旅游景点去养生。例如，海滨旅游可以使人心旷神怡，对神经衰弱、忧郁症、贫血等患者具有一定的助疗效果；高山地区空气清新、负氧离子含量高，对身体素质差、糖尿病等患者也具有一定的助疗效果。对旅行社来说，可以专门为游客开辟养生旅游线路，组织游客到长寿乡探秘，开展保健知识讲座等。

4. 医疗旅游产品

中医疗养游是以健康为主题，以旅游的方式感受中医疗法，让患有"亚健康"或其他需要中医疗养疾病的人在治疗中享受大自然的滋润。据世界卫生组织的一项预测性调查表明，目前全世界亚健康人口的比例达到75%。因此，把海南打造成我国最大的休养、疗养基地和健身康复中心，大力开发集观光、休闲、度假和中医疗养于一体的特色旅游产品，让游客在游览海南热带海岛美景之余，接受专家的推拿、拔火罐、药浴、针灸、牵引等养生康复治疗，同时聘请专家开设中医保健的专题讲座。

5. 研学旅游产品

首先，要注意主题的选择。要针对大、中、小学生的知识结构和兴趣爱好，开发出形式多样、特色鲜明、学生喜闻乐见的修学旅游主题，如地质成因游、生物游、观鸟游等。其次，要注意形式的选择。在产品设计上，要深入挖掘修学旅游中的"游"和"学"的契合点，把两者有机地融合起来，把教育理念融入旅游活动中，注重文化与娱乐的统一，知识与欣赏的结合。在景点内容的安排上，做到人文、社会资源、自然的合理设计和搭配，用创意设计来创新旅游产品。让学生在旅游中体验美好，感悟人生，达到寓教于乐、寓教于游的目的。再次，要注意过程的设计。在游前、游中、游后的每个环节都要精心设计，不仅要体现游，还要从游中学、游中获；同时要由专业人士进行全过程指导、设计，体现教育型旅游产品的专业化和精品化。最后是责任问题，要注意教化责任和安全责任。

■ 思考与习题

1. 描述 Mill 和 Morrison（1985）提出的旅游功能系统模型。
2. 描述 Smith（1994）的旅游产品的一般模式。
3. 如何界定旅游阅历产品？
4. 为什么说旅游经济的本质是体验经济？

思考与习题答案

5. 旅游体验可分为哪些类型？
6. 如何看待旅游阅历产品的价值构成？
7. 旅游产品供给系统优化可以选择哪些分析技术？
8. 基于游客视角，如何对旅游产品进行深度开发？
9. 什么叫旅游公共服务？旅游公共服务供给体系应从哪些方面来构建和完善？

第九章　旅游价值链协调系统[①]

我国旅游产业整体素质低。首先，现代企业制度的建立受到多种利益导向的制约。随着"国家、集体、个人、内资、外资五个一起上"等促进旅游业发展的产业政策的出台，不同投资主体的大量投资迅速进入旅游企业，这些企业资产关系复杂，既具有企业性质，更具有招待基地的性质，大部分企业的建设、经营本身就有多重目标，企业的自主经营和自我发展也受到了极大限制。尽管从1998年开始各级政府机关陆续同所属经济实体脱钩，但这些企业与原有母体之间仍然存在千丝万缕的关系，在这些企业中建立现代企业制度的步伐受到了一定的阻碍。

其次，体制的制约使企业的扩张受到限制。由于目前我国旅游企业经营过程中还存在某些地域性或部门性保护、垄断现象，不利于旅游企业跨行业、跨地区的集团化发展。尽管北京、广东、江苏、安徽、陕西、浙江等地都成立了"旅游集团"，作为地方旅游局的直属企业，他们主要是通过行政资产划拨的方式直接组成的，其实质是"地域性旅游资产联合体"。

最后，由于旅游线路产品的各要素供应商都是不同的利益主体，产生了上游企业向下游企业转嫁经营风险的行为，如"三角债"和"零负团费"现象，很难发挥旅游产业整体的协同效应和旅游经济的协调发展。

随着人们度假旅游的兴起以及旅行距离的缩短，客源地与目的地之间的交通、信息便捷化，旅游信息不对称和旅游消费不确定性问题也随之削减。这时，旅游者可以通过客源地旅游零售商的交通代理服务和目的地的散客接

[①] 资料来源：袁国宏，郭强.旅游价值链系统管理与旅游可持续发展关系的实证研究[J].管理学报，2015，12（6）：888-895.

待体系来满足自己的旅行需要；旅游开发将以景区开发管理为主将转向目的地建设管理为主，城市将成为旅游产业的重要空间；景区营销为主将转向目的地营销为主；旅游产业组织建设的重心将从旅游批发商转向旅游零售商和旅行代理商，包括包机公司、票务代理、饭店服务代理、导游服务代理、出租汽车代理业务等。总之，我国旅游业面临着优化产业结构、转变增长方式、提升发展质量和水平的艰巨任务，迫切需要由粗放型经营向集约化经营转变，由数量扩张向素质提升转变，由满足人们旅游的基本需求向提供高质量的旅游经历转变。

供应链的研究始于20世纪60年代制造业中的物料计划和物流运输。旅游产品综合性的特点使得单个旅游企业无法提供总体旅游产品，这就促成了旅游供应链（TSC）的形成和发展。1975年联合国世界旅游组织的报告中指出旅游产业分销渠道本质上就是一种旅游供应链。

20世纪80年代"旅游供应链研究"才受到理论界和实业界的关注，之后实践需求的迫切和理论供给的短缺使得"旅游供应链研究"得到了迅速发展。为了旅游可持续发展的旅游运营商倡议会（Tour Operators Initiative for Sustainable Tourism Development，TOI）于2000年3月在德国柏林成立，TOI还建立了供应链研究所（SCWG），之后旅游供应链/价值链管理成了持续令人感兴趣的主题。21世纪以来，我国传统的"旅游七大要素"研究已较为完备，但要素整合研究欠缺，亟须旅游供应链的指导和实践。

总体旅游者活动的外在表现是不同地域之间的人员流动，通常概括为"游客流"。由于运动的相对性，随着游客流和资金流从客源地向目的地运动，服务流与信息流也从目的地向客源地相对运动。本章关于旅游价值链系统管理与旅游可持续发展关系的研究，可以提高旅游价值链/供应链管理水平，进而推动旅游业持续健康发展，巩固其支柱性产业的地位。

第一节 旅游价值链管理概述[①]

一、有关旅游价值链/供应链管理的研究

近年来，旅游供应链/价值链（供应链是价值链的一种表现形式）是国内旅游研究的热门领域。郭华和庄晓平（2007）认为，旅游价值链系统是一个由旅游企业内部价值链、旅游企业之间供应链和基于 Internet 的开放式的全球网络供应链三个层次构成的系统。冈恩（Gunn）于 2002 年提出了一个新的旅游功能系统模型，以强调旅游产品供给系统内部诸要素之间的复杂关系（见图 9-1），可以作为旅游价值链管理的理论根据。在该模型中，供给和需求两个最基本要素之间的相互匹配（Need-Supply Pairs，N-S 对）构成了旅游系统的基本结构。在供给子系统里，吸引物、促销、交通、信息和服务 5 个要素之间存在错综复杂的关系，构成了众多的关系环。这些要素共同作用，提供符合市场需求的旅游产品。

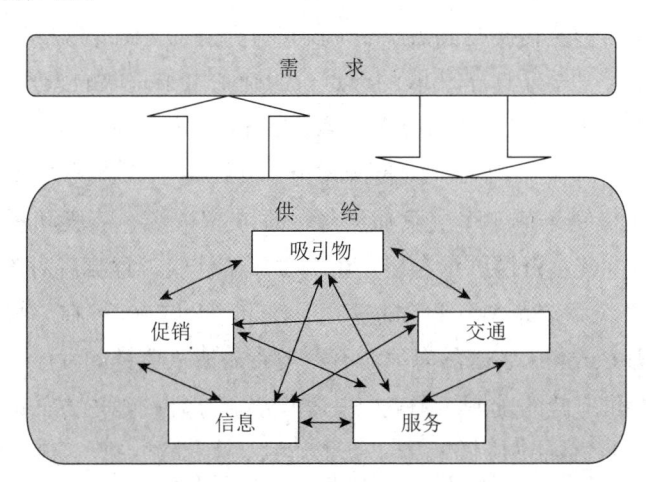

图 9-1 Gunn（2002）强调系统关系的旅游功能系统模型

---

① 资料来源：宋露露，袁国宏. 国内旅游供应链管理研究综述［J］. 商业经济研究，2015（6）：121-123.

Gunn 于 2002 年提出的旅游功能系统模型是对旅游系统认识的一个飞跃。一方面，Gunn 的研究使我们认识到，供给与需求间的匹配关系是实现旅游系统功能的基础，而传统认为的一些旅游固有的特点（如空间特点）都是非本质性的。这样，对旅游系统的分析关键就是对旅游产品供给和需求的分析。另一方面，Gunn 对供给子系统的描述很好地体现了旅游产品作为一种组合产品的特点。吸引物、服务、交通等因素交织在一起，构成了旅游产业体系。虽然 Gunn 于 1972 年提出的旅游功能系统模型对供给与需求的关系也予以强调，但当时对供给和需求的描述很大程度上停留在对旅游者、信息及促销、交通、吸引物、服务 5 个要素的分类上，强调旅游者的决策过程和目的地的营销过程，以及旅游者与信息的空间流动过程。相比之下，Gunn 于 2002 年提出的模型更加抓住了旅游系统的本质关系。

由于对旅游供应链概念理解上的差异，国外有关旅游供应链的文献可以划分为两类：

一类文献局限于供应链的原始含义，着重于对"物流"的研究，目的是提高物流的效率。例如，Kothari 等（2005）在"电子获取：饭店供应链管理的一个新兴工具"中认为，在饭店业，应该有效地设计实物、服务和信息的流动，将原材料的价值转换成最终产品/服务的价值。该研究考察了 Philadelphis 地区饭店采购经理对于电子获取的观点，明确了电子获取的感知成本和利益，描述了在获取中 IT 的战略作用。Xiao 和 Smith（2008）在"美食旅游供应链：一个初步考察"一文中引入了供应链理论，并讨论了它与美食旅游的相关性；初步描述了供应链条的三个美食旅游产品即农贸市场、节庆和餐馆。他们认为，地方因素和美食资源的结合以产生美食旅游体验，意味着对该美食主题及其构成的理解以及获得这些资源的途径。Deale 等（2008）在"将当地收获的虾销售给美国 Carolina 南部的海滨游客：美食旅游供应链的发展"中研究有关虾的美食旅游供应链的发展，调查码头零售设施在虾的销售方面的联系。

另一类是将旅游供应链赋予了新的含义，着重对"游客流"的研究，目的是旅游可持续发展。Sigala（2008）认为，尽管供应链管理（supply chain management，SCM）和可持续性的重要性日益突出，但是，至今仍然没有人研究 SCM 在旅游实践中的应用。在可持续旅游方面，日益增长的环境意识和绿色需求需要企业实施可持续供应链管理政策。旅游运营商能够极大地影响和促进旅游可持续发展，这是因为他们的中心分配角色，并且能够引导旅游者流向目的地和供应商。为了将可持续性整合进旅游供应链中，他在回顾有关供应链的管理和协作方面的文献后，提出了实施可持续性 SCM 的模型，以及该模型在分析欧洲旅游运营商 TUI 案例中的应用。Zhang 等（2009）考察了旅游产品的特征，并且识别、探索了旅游供应链和旅游供应链管理中的核心问题和概念。Budeanu（2009）探索了 8 个大型旅游经营商采取环境供应链管理（ESCM）的做法，调查结果显示，由于缺乏监管机构的压力和节约成本的好处，采用 ESCM 是由于公众压力所引发的，它的实现受到组织因素和战略近视的限制。Tapper 等（2003）认为，旅游供应链包括，所有用来满足旅游者需求的商品和服务供应者（它们构成了旅游产品供应体系），这些企业直接或间接与旅游经营商、旅游零售商合作，此外还包括，在旅游者活动过程中，直接向其销售商品或服务的目的地其他供应商。具体地说，旅游供应链包括，住宿、交通、吸引物、酒吧、餐馆、纪念品和手工艺品、食品生产、垃圾处理系统以及对旅游业的发展起支持作用的目的地基础设施等，他们把垃圾循环利用、处理部门纳入旅游供应链体系，构建了绿色旅游供应链（Tourism green supply chain，TGSC）的完整体系（见图 9-2）。

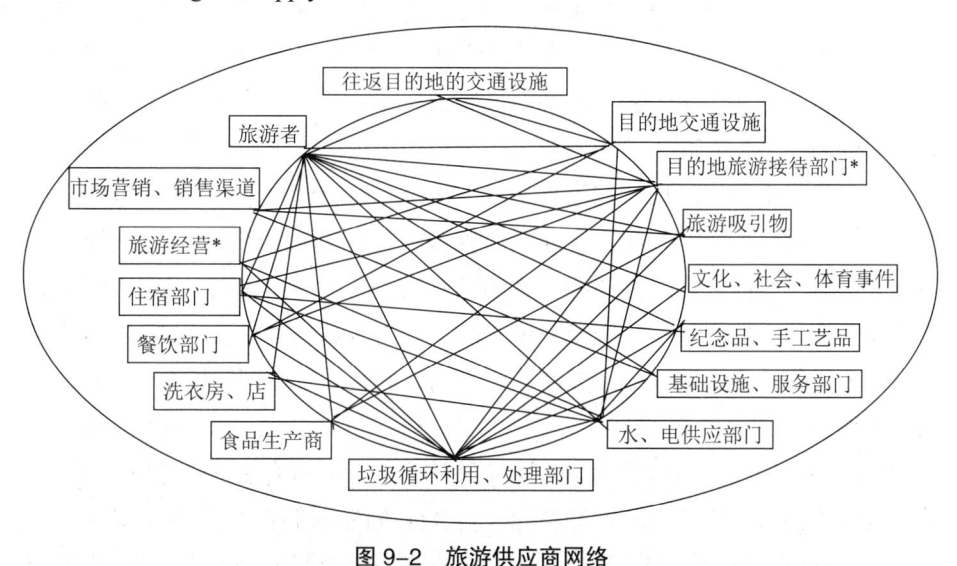

图 9-2　旅游供应商网络

［注：*旅游经营（Tour operating）包括广告宣传、采购、开发包价旅游产品、市场营销及销售、旅游信息网络；*目的地旅游接待部门（Group operations）包括目的地交通、旅行接待设施。资料来源：Richard Tapper，2003：4.］

二、对相关研究的评价

强调旅游产品供给系统内部诸要素之间的关系非常重要，它体现旅游经济与休闲经济的本质区别。休闲经济与旅游经济常常交织在一起，然而它们内在的基本矛盾是迥然不同的。休闲业是基于供给方视角的，其客源主要是当地居民；而旅游业是基于需求方视角的，其客源是外来旅游者。发展休闲经济的意义在于社会经济状态的改变，是量变；而发展旅游经济的意义在于社会经济结构的改变，是质变。一些社会服务业如社会餐饮业、社会旅馆业、社会交通业、社会"休憩"业（包括公园）、社会购物业、社会娱乐业等，虽然也可能为旅游者提供服务，但不具备旅游业优化社会经济结构的功能，即它们对于社会经济结构的优化、质的提升没有现实意义，因此从性质上应属于休闲产业。

"关系的集合比要素的集合更重要"。旅游经济的功能不仅仅表现为经济状态"量"的增加，更表现为经济结构"质"的提升；经济结构的优化反映了旅游经济的本质，旅游乘数效应、系统经济、动力产业、协调带动性的存在就是例证；如果仅仅注重经济状态的话，就低估了旅游经济的作用。所谓系统经济事实上是一种新的旅游发展模式，它建立在重新认识旅游业概念的基础之上。一个国家或地区的旅游业，在发展之初，主要依赖自然禀赋和历史文化遗产，旅游经济相对于整个社会经济而言有相当高的游离性。随着量的积累，旅游产业的领域不断扩展，结构不断复杂，对社会经济的影响也越来越大。当旅游业发育到一定程度之后，就不再是一个简单的、高度独立的行业，而是一个由若干性质截然不同的行业组合起来的貌似松散的综合性产业，这时旅游业的发展要牵涉广泛的社会经济架构，旅游经济效益的最终实现在很大程度上依赖于系统经济的良性运转。系统经济模式的中心内涵是交叉联合，这种交叉联合与过去旅游行业内部的横向或纵向联合不同，而是指旅游部门同其他相关部门的协调增长。

文献回顾表明，该领域的理论研究只是简单套用相关学科的理论成果，没有深入地与旅游的理论与实践融合起来。具体来说，研究中存在的问题有：

（1）旅游价值链、旅游供应链等相关概念的界定简单套用价值链、供应链的概念，没有体现旅游的本质。例如"经由采购原材料、制成中间产品和最终产品以及把产品销售到消费者手中等一系列过程"，却没有人深入研究什么是旅游价值链的原材料、中间产品、最终产品，旅行社与旅游饭店等供应商之间如何形成了供给与需求的关系。旅游供应链难道只是研究"物流"的吗？

（2）旅游企业内的价值链研究文献非常少，而且现有文献只是简单套用整合营销、服务营销的理论，用"顾客价值"代替"游客价值"。许多学者认为，旅游者花费了时间、金钱、精力和体力等代价，得到了产品、服务、人员和形象，这只是服务营销中"顾客让渡价值"的内容。旅游者难道与一般顾客没有区别，他们真正寻求或购买的是什么？

（3）旅游企业间的价值链，只是借用价值链、供应链的相关成果，虽然构建了大同小异的模型，但这些模型却没有体现旅游的本质特征。例如，在众多的模型中，"游客流与资金流"与"信息流、物质流与服务流"是反向的。旅游中的资金流果真是这样流动的吗，那么如何解释旅游回扣现象、零负团费现象？旅游供应链中的信息、物质、服务果真是分别从各旅游供应商，流向旅游批发商、旅游零售商，再流向游客的吗，那么如何解释旅游产品的无形性、不可转移性、不可储存性、生产与消费的同时性？

（4）对我国旅游供应链管理中存在的问题与对策的研究，只是相关文献资料的嫁接、引用、借鉴。科学研究的数据来源必须基于实际观察所得或搜集的真实数据，以明确的统计分析结果数据来支持研究假设或否定研究假设。一种缺乏以实际数据证据为支持的想法或概念，只是一种理想性的假设或臆测而已。只有验证过的才是可信的（吴明隆，2003）。

旅游供应链属于比较前沿的课题，还有很多方向值得深入研究：深度挖掘旅游供应链的促进机理、竞合方式、顾客价值的实现形式；评价指标体系的完善，研究方法的创新，模型的实用化；网络信息时代，信息共享的自愿性和安全性的实现；主动开发出新的旅游需求，实现高新技术与旅游服务的对接；供应链融资、收益和利润分配问题，以及实际社会福利变化的跟踪对比；智慧旅游背景下的旅游供应链管理问题；目的地政府和居民的作用，这是旅游供应链的特殊性，必须加以考虑；我国已经成为世界最大的旅游客源国，出境旅游的人次数和消费额均居世界第一，出境旅游供应链管理问题迫在眉睫；TOI 成立后，旅游供应链管理问题引起了人们的关注，但旅游供应链管理与旅游可持续发展的关系如何、作用机理是什么有待研究；抛开单纯运营层面的分析，转而从战略的角度，研究旅游供应链与现代服务业（如物流业、金融业、文化创意产业、会展业、信息服务业、咨询业）的产业融合问题。

"系统哲学和系统分析可以应用于各种资源的管理"。那么，当把"旅游价值链"作为系统来安排经营时，就叫旅游价值链系统管理。旅游价值链系统管理要求从注重实效的观点出发，采用链条整合的方法，强调协调"旅游价值链"构成要素相互之间的关系。相应地，旅游价值链管理的特点是：一是以目标为中心，始终强调旅游价值链的客观成就和客观效果；二是以整条旅游价值链为中心，强调"整条价值链"的最优化而不是部分的最优化；三是以责任为中心，分配给旅游价值链上诸节点企业/当事人一定的任务，而且要能衡量其投入和产出；四是以链条节点企业/当事人为中心，各节点都被安排做具有挑战性的工作，并根据其业绩支付报酬。同时，在旅游价值链管理中，有四个紧密联系的阶段：创建旅游价值链系统的决策、旅游价值链系统的设计、旅游价值链的系统运转和控制、旅游价值链系统运转结果的检查和评价。

第二节 旅游价值链系统的协调机制

一、旅游价值链系统运转的促进机制

1. 供应链与价值链的运转机制

供应链是围绕核心企业，通过对信息流、物流、资金流的控制，从采购原材料开始，制成中间产品以及最终产品，最后由销售网络把产品送到消费者手中的将供应商、制造商、分销商、零售商、直到最终用户连成一个整体的"功能网链结构"模式。供应链管理就是使供应链运营达到最优化，以最少的成本，使供应链从采购开始，到满足最终顾客的所有过程，包括工作流、实物流、资金流和信息流等均高效率地操作，把合适的产品以合理的价格，及时准确地送到消费者手中。其基本思想是要实现企业的总成本最优和满足客户需要。

价值链就是，从"原材料加工"到"产成品"到达最终用户手中的过程中，所有增加价值的步骤所组成的、全部有组织的一系列活动。价值链管理的目标是建立价值链战略，这个战略为了满足最终用户的需要和欲望，并使价值链上的相关节点企业达到无缝整合。在价值链管理中，最终客户定义什么是价值，

以及怎样制造和提供。价值链在企业管理中被广泛用来分析企业生产经营活动各个环节中的价值转移是否出现价值流失或价值增值现象，以及如何对价值链进行优化与重构来提高产品的最终价值。价值链管理以整合链上节点企业的内、外部资源为基础，以信息技术为依托，以提高质量和服务水平、降低总成本为目标，不断自我改造以适应环境变化，可谓目前最先进的作业管理模式。

郑霖和马士华（2002）总结了供应链与价值链的联系与区别。联系：①供应链和价值链两者统一体现于企业运动之中，两者的研究对象相同，都离不开具体的企业和具体业务，如物流、资金流、信息流等；②价值链是一条增值链，供应链也是一条增值链，两者都是由市场需求拉动的，而且随着市场的变化而不断发展；③企业间的竞争，实质上既是价值链间的竞争，也是供应链间的竞争；④价值链决定供应链，供应链服务和服从于价值链；⑤价值链研究可指导供应链研究，供应链研究又可丰富和促进价值链研究。

供应链与价值链的区别如下。①价值链管理是一种战略管理方法，不仅涉及具体业务，如计划、库存等，更涉及一些无形的要素，如公司理念、企业文化、企业战略等；而供应链只涉及具体的业务，虽说现在将其提升到战略高度，但它仍是完成价值链管理的一种战术和手段。②价值链管理的核心是如何创造价值，如何提高效益；而供应链是如何提高企业运行效率，提高效率是为了更好地提高效益。③价值链反映的是企业更深层的内容，如经营战略、竞争优势等；供应链反映的是表层的具体业务运作，如物流、库存、信息流等，所以供应链管理在定量研究和实际操作方面的研究比价值链管理更成熟。④创造价值是企业存在和发展的最终目标，价值链永远是企业管理研究的主题，而供应链只是对一定时期内价值链的反映，随着价值链的发展，必然还会出现新的表现形式，如虚拟企业等。⑤供应链只是价值链的一种表现形式，价值链还有其他多种表现形式，如服务链、产品链、知识链、产业链、创新链、区域链等。它们的区别如表9-1所示。

表9-1 价值链管理与供应链管理的区别

	价值链管理	供应链管理
出发点	战略思想	集成的管理思想
研究重点	如何创造效益和价值	如何降低成本和提高生产率

续表

	价值链管理	供应链管理
研究内容	经营战略、竞争优势	物流、资金流和信息流
应用时限	永远是企业管理研究的主题	一定时期内价值链的反映
对象范围	内部活动和外部活动	外部活动为主
管理重点	宏观、战略、定性	微观操作、运行管理、定量

综上所述，价值链与供应链的联系是：供应链是价值链的一种表现形式，价值链与供应链之间是哲学上的内容与形式的关系；企业间的供应链与企业内的价值链合并在一起构成了整体价值链。价值链与供应链的区别是：供应链管理是内部导向的，关注资源流进组织的效率，而价值链管理是外部导向的，不仅关注流进组织的资源，而且关注流出组织的产品和服务；供应链管理是效率导向的，目标是降低成本、增加产出，而价值链是效益导向的，目标是为客户创造更高的价值；价值链管理应注重宏观、战略、定性等方面的研究和应用，而供应链管理则应注重微观操作、运行管理、定量等方面的研究和应用。

2. 旅游价值链的运转机理

总体旅游者活动的外在表现是不同地域之间的人员流动，通常概括为"游客流"。由于运动的相对性，随着游客流和资金流从客源地向目的地运动，服务流与信息流也从目的地向客源地相对运动。旅游价值链是围绕旅游批发商和其他核心企业，通过对游客流、资金流、服务流、物质流、信息流的控制，经由吃、住、行、游、购、娱、厕等一系列旅游活动过程，将旅游供应商、旅游批发商、旅游零售商、旅游者连成一个整体的"网链"结构模式。

旅游价值链管理就是对涵盖旅游者完整经历的一系列活动和信息的全部过程进行管理，这些活动和信息是关于在旅游价值链上流动的产品的，而且这些活动和信息是有序的和相互关联的。对于旅游价值链来说，"原材料"指（出发前）不拥有目的地阅历的人，"产成品"指（返回后）拥有目的地阅历的人。

二、旅游价值链系统特质的表现形态

1. 以旅游批发商为核心企业的"客源支配型"旅游价值链模式

旅游批发商从单个的旅游供应商那里，分别购置组成旅游线路产品的各个部件，即零散的旅行要素组件，包括交通运输、食宿接待、游览娱乐、旅游购物等，然后将它们包装，并命名为一个旅游线路品牌。旅游批发商的核心职能是生产，而不是中介，因为旅游批发商虽然批量购买接待行业的各种旅游服务项目，但他必须根据市场需求状况进行组装、加工，并融入旅游批发商的各种服务项目，进而形成了线路产品。以旅游批发商为核心企业的"客源支配型"旅游价值链模式如图9-3所示。

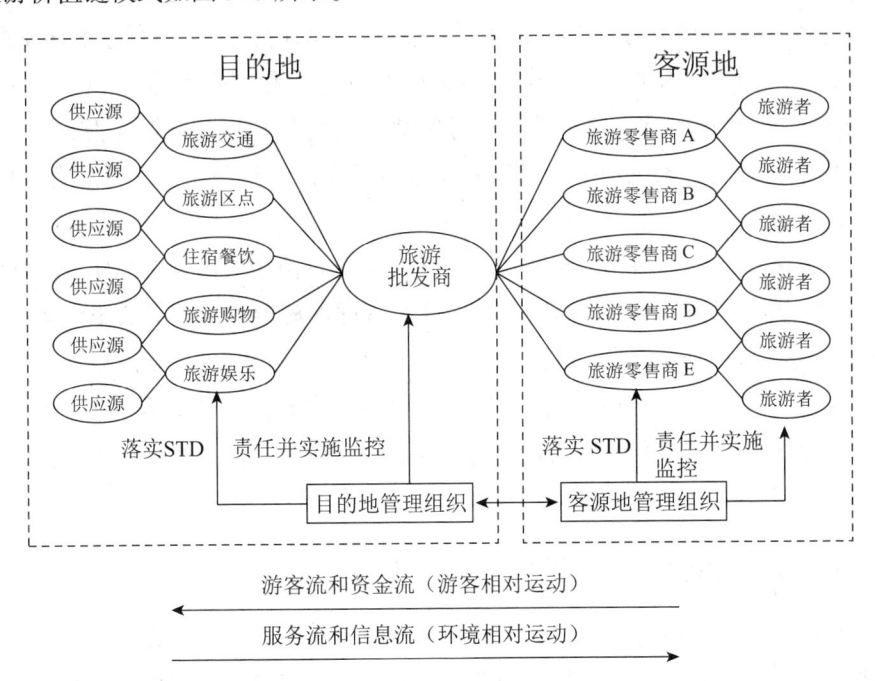

图9-3 以旅游批发商为核心的"客源支配型"旅游价值链模式

旅游批发商之所以能在价值链中居于支配地位，是因为他们能掌控客源的流向和流量，从而能约束价值链上其他节点企业的行为。目的地管理组织和客源地管理组织为了旅游可持续发展，通过与旅游供应链"核心企业"合作，落实旅游供应商（或旅游接待单位）、旅游批发商（或旅游运营商）、旅行代理商（或旅游零售商）和旅游者各自的责任，并实施控制职能。

2. 以著名旅游景区为核心企业的"资源支配型"旅游价值链模式

对于像北京故宫、安徽黄山等"连导游都要买门票"的著名景区，它不必考虑客源问题，只需专注于资源保护，因此它可以对整条价值链承担领导地位。

此外，随着信息技术的发展、游客出游经验的成熟，旅游市场出现了新变化：散客日渐增多，团体游客逐渐减少，而且传统的团体包价旅游正向"交通+住宿"的"自由行"模式转变；旅游景区的自我宣传力度和积极性不断提高，与游客的直接接触更加紧密；旅游者的需求种类日渐繁多，旅游产品组合层出不穷等。因此，路科（2006）认为新形势下的旅游价值链模式应以"重新确认链条核心节点"为目标而再造，确立以景区为核心的旅游价值链模式。

为了保护资源环境，应设立旅游质量监督部门，对旅游供应商和旅游景区，以"游客体验（Visitor Experience）"质量和"资源保护（Resource Protection）"目标为准则进行监控；对旅游价值链上的节点企业以执行规定或标准为主，对"整条价值链"则以收集旅游者反馈信息为主，进行综合评价，并提出改进意见。

以旅游批发商为核心节点的价值链模式主要是由于经济发展的驱动，其出发点是"需求引致供给"；而以旅游景区为核心的旅游价值链模式更注重行为规范的约束与公众的监督，其出发点是"供给导致需求"。"谁稀缺，谁就居于支配地位"。除以旅游批发商为核心企业的价值链管理主流模式外，还可以有以旅游饭店、旅游交通、旅游购物、旅游娱乐等为核心企业的旅游价值链管理模式。

三、旅游价值链系统竞争的参与方式

纵向一体化是最近几年出现在欧洲旅游中介服务业的一种普遍趋势，并在产业组织层面引发了结构、行为和绩效方面的显著变化。吴晓隽（2005）通过分析欧洲旅游中介服务业纵向一体化的特征和动因，并对纵向一体化行为在欧洲旅游中介服务业造成的影响及后果进行研究和总结。Budeanu（2005）以10个最大的欧洲旅游运营商 TUI、Airtours、C&N、Thomson、Kuonl、First Choice、LIT、Nouv Front、Club Med、Hotelplan 为例，强调旅游运营商在促进可持续旅游中的潜力。

1. 欧洲旅游供应链发展现状

第一类是全面纵向一体化。与 1990 年前后在世界范围内掀起的第五次兼并浪潮相呼应，同时借着个别领域放松管制的机遇，比如欧盟主要国家放松对航空业的管制，欧洲旅游中介服务业的纵向一体化具有涉及面广、规模大的特

点。旅游运营商（Tour Operator）不仅为了掌握网络经济优势，"前向一体化"兼并旅行代理商（Travel Agent），而且大举向交通领域、住宿领域扩展，几乎把旅游产业链的各个环节都转化为组织内部关系。这种行为已经不是个别企业的策略，而是欧洲大型旅游运营商的普遍选择。以英国为例，1980年代以前，当今的英国几大寡头运营商中只有Thomson Travel Group通过1965年成功购买Britannina航空公司和1972年成功收购旅行代理商连锁组织Lunn Poly实现了全面纵向一体化。然而，时至今日，四大旅游运营商都已通过向上下游的扩张实现了纵向一体化（见图9-4）。

其他	组团社 商务旅行机构	组团社 游轮	组团社	组团社 游轮
住宿	287家饭店 152124个床位	125家度假饭店	73000张床位	多家饭店
航空	Britania Airways	Mytravel	JMC Airworld	Air 2000
旅游批发商（或旅游运营商）	TUI	Mytravel	Thomas Cook	First Choice
旅游零售商（或旅行代理商）	Lunn Poly	Going Places	Thomas Cook	Travel Choice

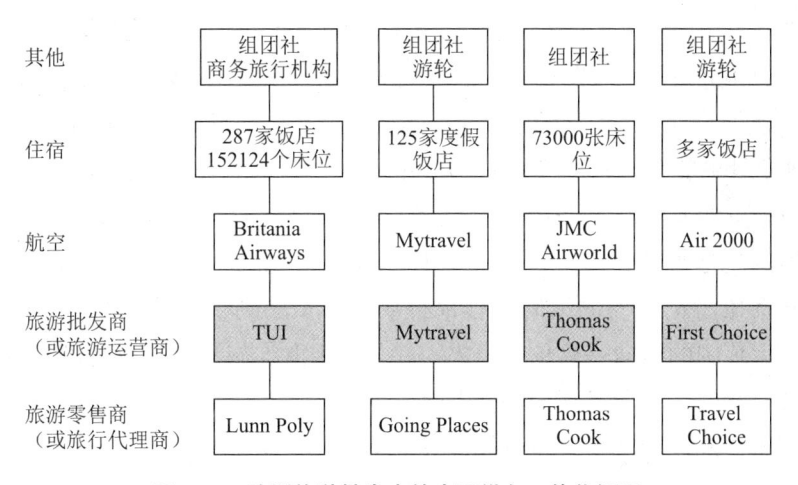

图9-4 欧洲旅游批发商的全面纵向一体化概况

（资料来源：相关公司网站）

第二类是循序渐进的纵向一体化。欧洲旅游中介服务企业在实施纵向一体化战略的过程中是分步骤逐步推进的，最终形成了全面纵向一体化的态势。最初，它们通常是收购接待社，通过经营自己在目的地的"工厂"来获利，这样同时也能部分限制新的竞争（Bywater，1992）。一旦某个目的地的需求增加到很充足的程度，运营商就会开始考虑在饭店部门进行投资。然后，当达到必要的数量（通常至少为40万个客人）时，旅游运营商通常会开始进军包机领域。当然也有运营商在这个时候会投资定期航班，并以包价旅游产品中的交通部分、单独销售机票和向其他旅游运营商推销机票等业务来消化定期航班的容量。最近，由于欧盟对航空业管制的放松，廉价航线（no-frills）的开通对旅游运营商的包机业务造成了强大的竞争压力，各主要旅游运营商目前已经开始考虑通过进入廉价航线市场来增强自身的竞争力。

第三类是资本强力扩张型纵向一体化。旅游企业的纵向一体化通常可以采用两种形式：一种是通过资本扩张来实施纵向一体化，这种形式的一体化属于纵向集中；另一种是通过各种形式的战略联盟来实行纵向一体化，这种形式可称为纵向联合。虽然从理论上讲，由于旅游组织的特殊性，各个组织所需要的资本投入不同，纵向集中往往由旅游产业链的高层次向低层次推进，而低层次向高层次的整合往往采取纵向联合的方式。但是，在欧洲旅游中介业，由于存在资本实力雄厚的大型旅游运营商，他们所实施的纵向一体化基本以纵向集中为主，即通过兼并、收购或合资的形式来控制处于旅游产业链中不同层次的其他旅游企业。当然，不同国家的旅游运营商所采取的形式有所不同。例如，英国和西班牙的旅游运营商经常采取合资的形式来控制包机公司，而德国的旅游运营商则更多地投资于经营定期航班的航空公司。

第四类是跨国纵向整合。近年来，随着新兴市场和新兴目的地的不断涌现，欧洲旅游运营商的纵向整合视野从国内扩展到整个欧洲乃至全球范围。这种更大范围的纵向一体化的结果，就是导致欧洲旅游中介业的进一步集中。有人甚至预测，如果欧盟有关当局不采取限制措施的话，那么市场上的旅游运营商还会进一步减少，很可能最终只剩下两三个寡头。因为通过跨国整合，最大的几个运营商已经拥有很强的市场力量。比如，TUI在全球拥有3700家旅行代理商、81个旅游运营单位和88架飞机，并且在70个国家拥有32个组团社以及在285个饭店拥有150 000多张床位。2002年，TUI的营业额约为238亿欧元，雇员人数达到70 000人，为2200多万个消费者提供服务（见表9-2）。

表9-2　2002年度欧洲四大旅游运营商经营业绩

公司名称	途易（TUI）	任我行（Mytravel）	托马斯库克（Thomas Cook）	第一优选（First Choice）
注册国	德国	英国	英国	英国
年营业额	238亿欧元	82亿欧元（英国境内）	80亿欧元	38亿欧元

续表

公司名称	途易 （TUI）	任我行 （Mytravel）	托马斯库克 （Thomas Cook）	第一优选 （First Choice）
员工	70 000 人	27 968 人	28 000 人	14 000 人
顾客人数	2200 万	1500 万	1400 万	500 万

资料来源：European Commission，Structure，Performance and Competitiveness of European Tourism and its Enterprises（http://europa.eu.int）；转引自吴晓隽（2005）。

欧洲旅游中介服务业的纵向一体化有其内在必然性，实行一体化的旅游企业要比未实行一体化的旅游企业更具竞争优势，更能在旅游市场上实施自己既定的发展战略和经营目标。值得注意的是，一些专注于某一市场夹缝的中小旅游运营商尽管由于市场容量的关系，销量有限，但成功地取得了相当高的边际利润。Holloway（1998）指出，一些在市场夹缝中提供特色旅游产品的小型旅游运营商的毛利润也能达到25%。另外，Mintel（2001）的一项研究显示，AITO（Association of Independent Tour Operators）一些成员的税前利润率也证实了这一点：Kirker Travel 的税前利润率达到28.49%；Serenity Holidays 为20.62%；VFB Holidays 为19.93%。

2. 欧洲客源支配型旅游供应链管理的做法与效果

欧洲旅游运营商对供应链管理的具体做法不尽相同，但基本上都包含了3个步骤。第一步，制定供应商共同遵守的规定和标准。依据供应商的特点制定适用的规定和标准是供应链管理的基础，旅游运营商在设计规定和标准时一般参照有关的法律法规，并且都有较强的针对性。第二步，要求供应商执行规定和标准，并提供相关培训和技术支持。员工受教育程度和供应商对旅游运营商制定的规定、标准的重视程度对供应链管理的成功至关重要，所以要及时让供应商、旅游者、企业员工、目的地相关部门了解和支持旅游运营商的规定和标准。第三步，对供应商进行监控、考核，依据结果决定是否继续与其签约。

欧洲旅游运营商实施供应链管理的结果表明，同供应商合作共同管理供应链，可以使旅游运营商、供应商、旅游者、目的地多方受益。

（1）从经济角度分析，通过提高经营效率、减少垃圾产出、减少能源和水的消耗等手段改进供应链，降低了企业成本。并且通过供应链管理改善了企业的环保和社会责任行为，使旅游者对产品价值的认同提高，创造出更多重复购买行为和吸引旅游者产生新的消费需求，从而增加税收收入和企业收益。

（2）通过供应链管理，旅游运营商和供应商实施可持续发展行为，符合旅游业发展的时代潮流和趋势，满足了旅游者需求，为企业赢得良好的声誉，同时也解决了产品生产中的环保问题，产品质量提高。这两者使得旅游者消费满意度和对产品的忠诚度提升，从而增加了市场机会，提高了品牌价值，使旅游运营商更容易为目的地公众所接受。

（3）通过供应链管理，旅游运营商良好的企业经营行为和高质量、环保性的产品也能降低其与供应商、政府、员工和当地社区之间产生纠纷的风险，改善旅游运营商作为目的地合作方的形象和地位。这就意味着旅游运营商会更容易得到资金以追加投资，更有利于同政府交往获得更多的支持，增加员工的创造力和忠诚度。

四、旅游价值链系统价值增值的实现途径

价值链在企业管理中被广泛用来分析企业生产经营活动各个环节中的价值转移是否出现价值流失或价值增值现象，以及如何对价值链进行优化与重构来提高产品的最终价值。价值链管理的目标是建立价值链战略，这个战略为了满足客户的需要和欲望，并使价值链上的相关群体达到无缝整合。一个好的价值链可以使各成员像团队般的工作，每个成员都为全部过程增加相应的价值，如快速组装、更准确的信息、更快的客户反应速度和更好的服务等。价值链中各成员合作得越好，越会更好地为客户解决问题。当客户所要求的价值被创造了，客户的需求和欲望被满足了，价值链中的每个节点企业都会获益。公司应当为它们所添加的价值，而不是他们所引致的成本索取回报。旅游价值链除了具备一般价值链的功能外，还有一些特殊功能：

1. 整合客源市场的结构

据国家旅游局"中国旅游业统计公报"，2005年不同出行目的的游客比例为：观光游览（11.1%）、探亲访友（64.4%）、会议/商务（5.90%）、度假/休闲（3.3%）、文化/教育/科技交流（1.2%）、健康医疗（4.3%）、宗教/朝拜（0.9%）、其他（8.9%）。从表9-3可以看出，不同出行目的的游客对吃、住、行、游、购、娱、厕的需求是不同的，但目前只有以"观光游览"为目的的团体包价旅游才可以较方便地获得成熟的产品，其他出游目的和出游方式的

成熟产品相对较少，需要游客零星地向各行业的旅游供应商购买。

表 9-3　2005 年不同出行目的的旅游需求差异

		观光游览	探亲访友	会议商务	度假休闲	文教科技	健康医疗	宗教朝拜	自助游
行	交通业	●	●	●	●	●	●	●	●
游	景区点	●			●	●			
住	住宿业	●		●	●	●	●	●	
吃	餐饮业	●					●		
购	零售业								
娱	娱乐业	●		●	●				

2. 实现对动态市场的快速反应

未来大型旅行社的竞争焦点不在于保持核心竞争力，而在于通过价值链上灵活的资源调整来动态地寻求新的竞争力。例如，"外包"是在企业内部资源有限的情况下，仅保留最具竞争优势的核心资源，而把非核心业务外包给旅游价值链的上游和下游供应商，以优化企业资源配置，实现企业自身持续发展的一种战略方法和管理模式。

据调查（斯蒂芬·罗宾斯，2004），进行价值链管理的益处包括：提高客户服务水平（44%）、降低成本（40%）、加快运送速度（40%）、提高质量（39%）、减少设施闲置（35%）、提高后勤管理水平（27%）、提高销售量（26%）以及增加市场份额（20%）。旅游产业是一个以游客流和资金流为轴心而形成的配置产业，凡是为旅游者活动提供直接服务的行业/企业，都是这个配置产业的组成部分。有的企业在旅游产业供给链中居于"上游"，有的企业居于"下游"。显然，一体化经营的旅游集团企业获得的利润总额比未进行一体化的旅游独立企业要多，旅游者还能以更低的价格来享受这种产品和服务。

3. 重构和优化旅游价值链的结构

复杂适应系统理论（CAS）认为，个体的相互作用才是整体的基础；当我们说"整体大于部分之和"的时候，指的正是这种相互作用带来的增值，复杂系统丰富多彩的行为正是来源于这种增值。这种相互作用越强，系统的进化过程就越加复杂多变。电子商务条件下，旅游价值链又出现了新的成员——旅游网站。传统旅游价值链的模式通常为：旅游供应商⇔旅游批发商⇔旅游零售商⇔旅游者。在电子商务条件下，传统"旅游价值链"受到了挑战，旅游价值链的模式发生了很大的变化，开始由"一对一"的模式向网状的模式转变，"价值链"开始演变为"价值网"，如图9-5所示。

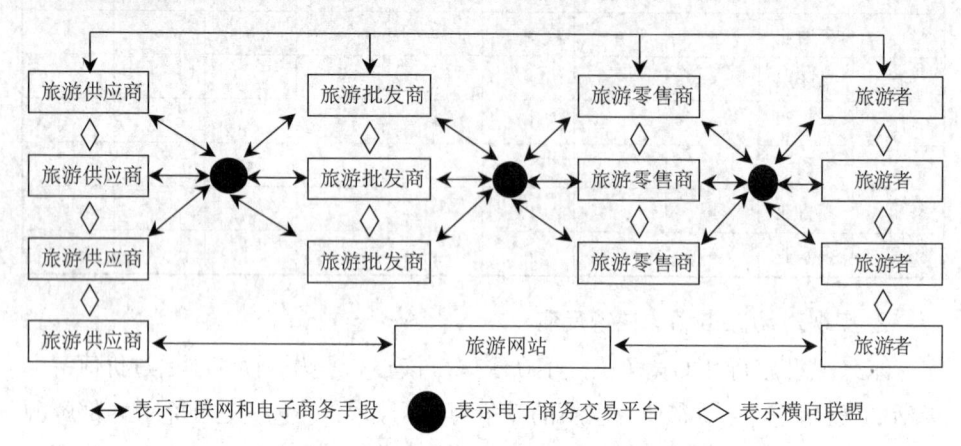

⟷ 表示互联网和电子商务手段　● 表示电子商务交易平台　◇ 表示横向联盟

图9-5　电子商务下网状的旅游价值链

（劳本信等，2005）

透过价值网，可以看到价值链的成员之间实行的是"多对多模式"，即通过互联网和电子商务手段将众多的旅游供应商、旅游中间商、旅游者纵横交错地联系起来。互联网和电子商务手段的应用弥补了传统旅游价值链的不足，并带来了更多的灵活性。旅游价值链节点企业之间不再是固定的联系，可以交叉联系，也可以跨环节联系，如旅游供应商不仅可以与多个旅游批发商协作，还可以越过批发商和零售商而直接向旅游者销售，从而创造出多种价值链模式。价值链节点企业在广泛的选择机会中进行有效的资源优化整合，从而提高价值链的效率。旅游价值链的优化与重构将以"顾客让渡价值"最大化为导向。旅游价值链重构的目的就是通过最优的资源配置，使"价值链"能发挥最大的效能和实现最大的增值。

4. 落实旅游可持续发展原则

TOI认为，旅游运营商经营发展的核心因素是把可持续发展原则整合到供应链中，通过供应链上的企业共同合作来推动旅游可持续发展和企业自身发展。TOI鼓励旅游运营商制定供应商共同遵循的可持续发展规定和标准，支持旅游运营商主动为供应商提供有益的支持。TOI建立了供应链研究所，对旅游供应链在实施可持续发展中的种种困难进行分析，提出解决困难的各种可能措施；并通过举办会议，组织TOI成员企业就如何依据可持续发展理念选择供应商、如何把可持续发展理念贯彻到合同中去进行交流和讨论，让供应商了解旅游运营商制定规定和标准的原因，了解实施环境保护和社会责任将带来的收益价值。

第三节　我国旅游价值链管理的战略思路[①]

Robbins（2004）总结了成功价值链管理的六个主要条件：协调与合作、技术投资、组织过程、领导、员工、组织文化和态度，如图9-6所示。

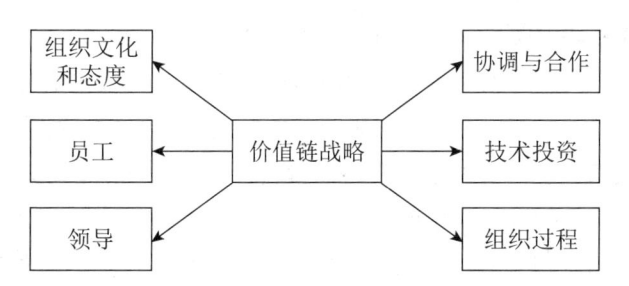

图9-6　成功的价值链管理的六个要求

资料来源：（美）斯蒂芬·P·罗宾斯（Robbins S P），2004：565。

1. 价值链上各节点企业的合作，包括分享信息资源以及灵活地确定价值链上各节点企业的责任

旅游理论研究应该根据旅游产业链的运行规律和产业关联理论，使用旅游卫星账户的投入产出定量研究方法，确定旅游产业链内各行业协调发展的比例关系，包括数量结构和层次结构；政府应根据本地区的实际情况和旅游产业链的发展规律，制定本地区的旅游产业发展规划，消除瓶颈环节（俗称"短

---

① 资料来源：刘人怀，袁国宏. 我国旅游价值链管理探讨［J］. 生态经济，2007（12）：102-104.

腿""短板"），同时对一些超出市场需求的环节进行限制，并制定相关政策，促使相应资源能够有效地退出；旅游企业应该根据旅游价值链的内在经济规律，积极参与价值链的分工与合作，尤其是要做好市场需求前景的预测，在动态中追求与价值链上其他环节的平衡，并在市场环境发生变化时有效地进入和退出。

2. 恰当的组织流程，包括更好的需求预测、合作工作以及衡量在价值链上发生的各种活动所取得成效的标准

加强价值链中各节点企业之间的合作，需要建立合理的利益分配机制，控制上游企业向下游企业转嫁风险，避免出现"三角债"和"零负团费"现象；价格机制和利益分配机制的建立不仅需要运用经济学的一般理论，还要用博弈论的思想分析利益主体的决策行为；由于旅游区不仅仅是一个企业，因此在涉及旅游区如何参与利益分配的问题时，要加入目的地政府这个重要的利益主体，以强调游客教育和资源保护。

3. 强大而尽职的领导，包括强化旅游价值链核心企业的地位

一是要培育大型的旅游集团。旅游集团可以通过股权联结的方式组建，也可以通过特许经营、租赁经营、管理合同等契约方式组建，还可以通过企业战略联盟的方式组建。二是要强化目的地政府主导。各旅游接待单位生产"中间产品"，相当于旅游产品的制造分公司；旅行社组合这些"中间产品"成为"最终产品"，相当于旅游产品的销售分公司。要搞好这众多的"分公司"之间的协调，必须有"总公司"来"补位"，以完成国际联络与合作、政策与法规制定、质量规范与管理、旅游发展战略与计划制订等工作，因此，我国许多地方的旅游政府主管部门就起到了"旅游集团总公司"的作用。

4. 恰当的员工制度，包括灵活的职务设计、有效的招聘程序和持续的培训

旅游价值链管理中的职位设计，需要将主要精力放在职位设计是否能够更有利于员工为游客创造和提供价值上，这就需要员工的工作内容和工作形式具有灵活性。灵活的工作需要灵活的员工，组织招聘工作就是甄选那些有更强学习和适应能力的员工。员工不仅要认识到游客的重要性，而且要接受财务、信息技术和公司战略方面的培训。一个好的价值链可以使各节点企业像团队般的工作，每个节点企业都为全部过程增加相应的价值，如快速组装、更准确的信息、更快的游客反应速度和更好的服务等。

5. 适宜的、起支持作用的组织文化和理念，包括分享、合作、开放、灵活、相互尊重、信任

强调打破区域的行政性界限，依照构建价值链的要求配置旅游资源和要素；强调政府在区域间旅游发展政策、统一协调区域旅游产业布局、统一规划区域重大旅游基础设施体系及生态环境保护、开展技术协作和信息交流等方面的作用。

6. 投资建立一个支持这种合作和分享的技术框架

传统的层级式的信息流、资金流受到 Internet 的推动而被打断，所有的传统经营者都成了信息中介：传统的旅游企业的变革，有的成为网上旅行代理商（OTA），有的成为 Internet 推动下的批发商；目的地营销组织（DMO）的变革，其网站有的成为目的地网络门户，有的成为旅游市场项目管理机构，有的甚至成为网络平台；计算机预订系统（CRS）和全球分销系统（GDS）的变革，如建立新的商业模式和新的竞争策略。

第四节　我国旅游供应链管理的策略选择

1. 促进旅游运营商的纵向一体化

旅游运营商应掌控"两源"即上游掌控旅游供应商、下游掌控客源和"三个一体化"即横向一体化、纵向一体化和国际一体化。尹幸福（2004）在"中外旅游集团的实力对比分析及启示"中，从政府职能和政策环境、市场环境和行业发展历程、国外企业核心竞争能力、国际一体化四个方面来分析，认为我国旅游集团和国际大型旅游运营商都有共同的发展规律，这就是按"现实见利见效，未来掌控旅游价值链"的要求，逐渐建立并发育出具有竞争力的"经营模式"。

换言之，要想确立未来在价值链上不可替代的竞争地位，唯一的选择就是"前向一体化"，全力以赴控制价值链的"客源端"，有效地积聚顾客；在提高服务规模与水平的基础上，深化与顾客的联系，树立品牌。反过来，实行"后向一体化"，控制价值链的"供应商端"，按顾客的需求整合旅游接待单位，

吸引更多、更广泛的顾客。

2. 确立旅游运营商在旅游供应链中的核心地位

欧洲旅游运营商引导、鼓励供应商在经营活动中实施其制定的规定和标准、有效监控和选择供应商，从而使得旅游运营商更有效地整合供应链，降低交易风险和交易成本，提高产品质量和企业经营效益。欧洲旅游供应链管理的实践证明，对供应商进行有效管理要以3个条件为基础：同供应商建立长期的合作关系、公平的价格、能够提供稳定的客源。这3个条件无一不是以旅游运营商较强的经济实力为后盾的。

只有旅游运营商自身具有强大的实力，才能够对供应链上的供应商实施影响力，才能推行对供应商统一管理的规定和措施。因此，在目前单体规模较小的状况下，国内旅行社应充分利用各种条件进行规模扩张和地域拓展，加快供应链型集团化进程。一方面，国内旅行社应充分利用自身资源形成核心能力，发挥核心优势；另一方面，应当积极凭借自身的核心能力和实力，成长为供应链中的领导核心，运用并购、战略联盟、品牌特许经营等手段对其上、下游企业进行整合，构建股权网络和契约网络。

"股权网络"是指旅行社通过股权关系拥有或控制的子公司、子子公司所组成的控制性网络。股权网络成员的运作直接听命于旅行社，双方是一种上下级的等级关系。

"契约网络"是指股权网络成员与供应商、合作伙伴等利益相关者签订长期的契约合同，而形成的非控制性契约网络。契约网络成员与旅行社不存在控制与被控制关系，通过双方签订的多种多样的契约，如长期供应合同、合作协议、研发计划等，形成长期的合作和依存关系。从宏观上讲，地方政府、旅游行政主管部门、行业协会、消费大众、舆论媒体和其他相关社会组织，都会对旅行社的经营决策有直接或间接的影响，都可以归为非控制性契约网络的一员。

3. 加强旅游运营商与目的地政府的合作

供应商不可能一开始就完全达到旅游运营商制定的标准，这需要旅游运营商与目的地政府共同促进旅游供应商改善其经营行为。在旅游旺季供应商数量不能满足需求时，一些水平更低的供应商也会进入旅游运营商的供应链，对此可以采取四种应对措施：

一是依据旅游者对旅游景点和饭店选择的档次水平，旅游运营商可以同那些虽然管理水平不高但仍达到最低标准的供应商签约；

二是与同业旅游运营商合作，对达不到要求的供应商封杀，对达到要求的供应商予以优惠，共同促进当地所有供应商提高供给水平和档次；

三是让旅游主管部门或协会了解旅游运营商的发展要求和行动计划，以获得更多支持；

四是可以根据供应商是否制定了切合实际的改进计划和改进的时间表，改进计划是否已实施并取得显著进展来选择供应商。

4. 制定有针对性、具有较强弹性的行为标准

结合 Mytravel、NE、TUI Nordic 等旅游运营商的实践经验，旅游运营商一般根据欧盟或国家的有关政策、法规和其他旅游运营商的有关标准，这样既保证旅游运营商及其供应商通过执行各级政策，促进旅游业可持续发展，同时又促进企业发展和利润增加。不同的目的地有不同的社会经济和环境特点，供应商的类型和规模不一样，所以旅游运营商制定的标准要有较强弹性。

首先，合同要有最低标准，这是选择供应商的最低要求。同时标准要设定足够高的上限，不但要确保能提高供应商行为水平，而且要保证这些标准切合实际，供应商通过努力能够实现这些标准。

其次，要形成有效激励机制，对表现好的供应商进行奖励。如对表现突出的供应商发放证书、组织嘉奖活动、提供优惠合同、提供促销机会、奖励和增加合作项目、将其作为旅游运营商在目的地的第一合作伙伴等。

另外，对于旅游运营商自己控制、管理的饭店或其他设施，为它们设定的标准应超越旅游运营商为外部供应商制定的标准。

5. 针对不同行业的旅游供应商实行不同策略

在供应商中推行旅游运营商的规定和标准必须有针对性，即考虑实施规定的难易程度、过程长短和结果，针对不同的旅游行业制定不同的执行标准。以欧洲旅游运营商在推行旅游供应链管理的规定和标准为例，在住宿、餐饮行业实施各种规定或标准最容易，效果也较明显，而在交通行业中最难实行；在短途旅行和旅游节庆事件中效果最明显；当旅游运营商对食品和工艺品生产商进行旅游供应链管理时，对目的地经济贡献最明显。

■ 思考与习题

1. 描述 Gunn 于 2002 年提出的旅游功能系统模型。
2. 描述以旅游批发商为核心企业的"客源支配型"旅游价值链模式。
3. 旅游价值链系统的协调机制是什么？
4. 分析欧洲旅游中介服务业纵向一体化的特征。
5. 旅游价值链系统价值增值的实现途径是什么？
6. 我国旅游价值链管理的战略思路有哪些？
7. 我国旅游供应链管理的策略选择有哪些？

第十章　旅游目的地协调系统

　　旅游可持续发展在目的地管理实践中难以实现。一是在强调旅游资源可持续性的同时，很少人注意到旅游者的需求。虽然从全球角度看存在持续的游客流，但从一个目的地角度看，持续的游客流不能视作是理所当然的。

　　二是当讨论资源可持续性的时候，经常局限于资源的保护和守恒，没有体察到资源是一个复杂和动态的概念，它随着社会的需求、偏好和技术能力变化而变化。

　　三是在强调代际平等的同时，没有注意到代内平等，即在旅游开发的相关利益主体中收益和成本贡献的公平性。尽管做了这样的尝试，也鼓励社区参与，但许多作者没有认识到，东道人口经常没有被赋权（empowerment）来控制发展过程。

　　四是在强调社区居民利益的同时，该领域的绝大多数作者认为，目的地旅游社区应该收获旅游业的经济利益但必须保持文化的原真性。许多观点认为，旅游的社会影响和文化影响主要是消极的，任何与旅游相关的社会文化改变都应该避免。

　　五是决定发展水平和速度的绝对因素也不是没有问题的。许多旅游组织和学术机构寻找办法来设置旅游增长的界限或门槛，虽然确定了旅游容量和可持续发展的指标，但取得的成功是有限的。

　　六是实现可持续旅游所鼓吹的方法和工具常常充满了过分单纯化或天真的观点。许多学者和从业者热情地促进生态旅游、替代性旅游、负责任的旅游、软旅游、低影响旅游、社区旅游等，作为旅游可持续发展的实现路径，但是，经验表明，没有一个形式可以是世界旅游业可持续并且增长的普适方法。

旅游的替代形式不能为旅游发展提供现实的一般模型。很明显，一个人找不到这样的特定区域：为几百万人建造的生态旅游工程，到2050年却要求容纳每年10亿国际旅游者。为了寻求可持续性，我们真正需要的，不是在未损害地区开发小规模旅游，而是修补早期旅游行动引起的损坏。我们的任务是可持续地开发常规的大规模旅游，并且在适当的时间、适当的地点用各种替代旅游形式补充它。旅游可持续发展本质上是宏观问题，生态旅游或替代性旅游最多是一个微观解决办法。

第一节　旅游目的地管理概述

一、文献回顾和评价

有关旅游目的地管理的研究：一是关于目的地管理战略方面的研究，如目的地管理模型（Weaver，2000）、目的地环境管理（Mihalič，2000）、目的地灾难/危机/风险管理（Speakman 和 Sharpley，2012）、目的地创新战略（Dwyer 等，2009）、学习型目的地（Schianetz 等，2007）、目的地利益相关者管理（Sheehan 和 Ritchie，2005）、目的地的需求管理（Truong 和 Foster，2006）；二是关于目的地形象（Baloglu 和 McCleary，1999）与目的地营销系统（Buhalis，2000）的研究；三是关于目的地竞争（Gomezelj 和 Mihalič，2008）与目的地跨边界合作（Lovelock 和 Boyd，2006）的研究。

利珀（Leiper）在1979年提出，并于1995年重建了旅游地理系统模型（见图10-1）。该模型包括旅游者、旅游业、客源地、旅游通道和目的地5个要素，从功能和空间两个层面讨论旅游系统。利珀在对旅游进行定义时抓住旅游者空间移动这一显著特征，将旅游视为客源地与目的地及旅游通道相连的空间系统，并找到了旅游行业和旅游部门的定位，提出了所有旅行活动本身都会涉及的地理因素。在利珀模型中，重点突出了客源地、目的地和旅游通道3个空间要素。他把旅游系统描述为旅游通道连接的客源地和目的地的组合。后来，澳大利亚旅游学者Veal总结了利珀模型的框架。人们通常把这一框架称为O-D对模型（Origin–Destination Pairs）。

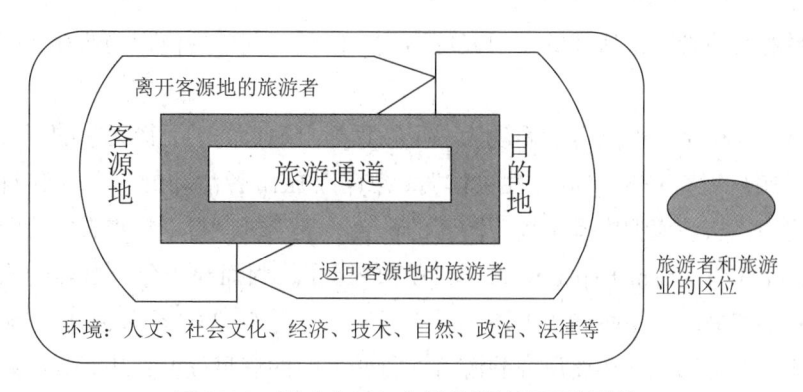

图 10-1　利珀（1995）的旅游地理系统模型

（资料来源：Leiper N. 1995. Tourism Management［M］. Collingwood，VIC：TAFE Publications.）

客源地是旅游者的惯常环境，也是旅行的出发地；目的地是吸引旅游者在此作短暂停留，进行观光、度假等活动的地方；旅游通道将客源地和目的地两个区域连接起来，不仅指那些能够帮助旅游者实现空间位移的物质载体，而且包括一些旅游者可能参观的地点。旅游通道同时也应该是一条信息的通道：一方面，市场需求信息从客源地流向目的地；另一方面，具有促销功能的目的地信息从目的地流向客源地。旅游通道的特征和效率将影响和改变旅游流的规模和方向。

利珀同时也指出了旅游系统中的另外两个要素，即旅游者和旅游业。在客源地的"推力"和目的地的"拉力"作用下，旅游者在空间上进行移动。旅游业存在的意义在于通过提供旅游产品来满足旅游者的需求。利珀模型的黑色阴影部分表示"旅游者和旅游业的区位"，从中可以看到，旅游业中的诸行业、企业、部门分布于客源地、目的地或旅游通道等不同的空间，共同为旅游者提供一个总体旅游产品。利珀重视旅游者和旅游业的空间属性，同样也强调供给与需求间的关系。比如，他认为客源地的需求方天生具有不稳定性、季节性和非理性等特点，另外，目的地的供给方是割裂的、刚性的，因此旅游业是一个在供需关系上充满矛盾的产业。

在利珀的模型中既可看到旅游功能系统模型的影子（供给与需求的相互关系），又可发现客源地和目的地的空间关系。因此可以认为，利珀对旅游系统的分析是从旅游空间结构和旅游供需两个层面着手的。应该说，这两个层面是有联系的，前者正是后者的空间表现形式。但是，利珀的模型仍然存在一些局限性：

（1）该模型中的旅游者表现为一个物理学上抽象的、无欲无求的"质点"。忽略了旅游者是一个"适应性主体"，忽略了旅游者活动的复杂性和自组织性。此外，从该模型中看不出旅游者的社会心理动机，看不到难忘的旅游体验（Memorable Tourism Experience，MTE）的影子，因而对于分析游客的旅游动机和旅游产品的全面感知服务质量没有意义。旅游心理学家不仅要研究旅游者出发前的旅游动机，还要研究旅游者旅行归来时的满足程度，从而为旅游经营管理者改善旅游服务质量提供依据。

（2）该模型中，旅游者是唯一的旅游利益相关者，旅游者似乎是在"真空"中旅行的，忽略了旅游从业人员、社区居民、旅游企业、旅游主管部门等旅游利益相关者与旅游者之间的相互作用，忽略了旅游者活动的强关联性、综合性。从该模型中看不出古代旅游、近代旅游、现代旅游与当代旅游的区别，旅游史学家和利珀都犯了同样的错误，因为"旅游史学家"常常仅仅研究旅游者活动的历史，而不研究旅游思想的演变史。对于旅游社会学家而言，该模型也没有任何意义，因为从模型中看不到目的地居民的影子，因而也无法分析"客人"（即游客）与"主人"（即目的地居民）之间的动态关系。

（3）该模型中的旅游者是一个人，有多少个旅游者就有多少个客源地，有多少个旅游者就有多少个旅游系统。"万涓成河"，无数分散的客源地对应着一个集中的目的地。所以，该模型的最大特点在于，它突出了目的地在旅游系统中的地位，可以作为目的地管理的理论依据。本书认为，由于该模型把目的地看作一个浑然一体的实体，在研究特定空间区域的目的地（如城市、乡村、海岛、生态旅游区、红色旅游区、海洋、国家公园、风情小镇）时，还需要构建其他的目的地管理的理论模型作为补充。

二、尚待研究的问题

文献回顾表明，对目的地管理的研究是零碎的、脱节的，缺乏系统性的归纳，没有形成一个成熟的理论框架。在我国，对目的地管理的理论研究才刚刚起步，现有的研究文献仅仅局限在目的地营销、目的地形象、危机管理、利益相关者管理和游客管理等领域。此外，目的地管理组织是相对而言的，它通常也肩负"客源地管理"的责任,然而没有人把"客源地管理"看作一个研究领域。

自从2003年防治"非典"、出境游出现了各种弊病和创建"中国优秀旅游城市"以来,如何有效地治理旅游目的地的问题,就成为摆在理论界和实务界面前的一个重要而紧迫的课题。2003年国家旅游局下发《关于在优秀旅游城市建立并推广使用"目的地营销系统"的通知》,引起了一些学者对目的地营销系统(DMS)的研究兴趣。旅游目的地管理(如游客教育、生态管理、目的地营销、旅游景区容量控制等)是必要的,但现行文献缺乏系统性,而且缺乏旅游目的地系统管理与旅游可持续发展关系的实证研究。

"系统哲学和系统分析可以应用于各种资源的管理"。那么,当把目的地作为系统来安排经营时,就叫目的地系统管理。目的地系统管理要求从注重实效的观点出发,采取"从空间上进行综合"的方法,强调协调目的地内部相互之间的关系。相应地,目的地系统管理的特点有:一是以区域旅游可持续发展的五个目标为中心,始终强调目的地系统的客观成就和客观效果;二是以整个目的地系统为中心,强调目的地整体的最优化而不是部分的最优化;三是以责任为中心,分配给"旅游区域链"上每个节点区域一定的任务,并且要衡量其投入和产出,例如,我国长三角、珠三角、京津冀、长江经济带、泛珠三角等成立"旅游区域联盟",进行区域旅游合作;四是以成员为中心,旅游区域链上的每个节点区域的管理部门/成员/利益主体/单元都被安排做具有挑战性的工作,并根据其业绩支付报酬,例如,"一带一路"上的各成员国要共商、共建、共享。

全域旅游是将特定区域作为完整旅游目的地进行整体规划布局、综合统筹管理、一体化营销推广,促进旅游业全区域、全要素、全产业链发展,实现旅游业全域共建、全域共融、全域共享的发展模式。具体地说,全域旅游是把一个行政区当作一个旅游景区,是旅游产业的全景化、全覆盖,是资源优化、空间有序、产品丰富、产业发达的科学的系统旅游;要求全社会参与、全民参与旅游业,通过消除城乡二元结构,实现城乡一体化,全面推动产业建设和经济提升。

本章在总结目的地系统的概念、特征和原理的基础上,提出了目的地系统管理的理论框架,概括了目的地系统管理框架的构建程序。基于目的地系统的整体性原理和综合性原理,以广州市和海南省为案例,针对特定目的地管理中存在的问题,通过建立目的地管理的途径—目标系统分析模型,提出特定类型目的地系统管理的战略和策略。旅游目的地系统的结构性改革对STD的影响机理研究,有助于提高目的地管理水平,推动区域旅游管理制度改革。

第二节 旅游目的地系统管理理论

一、目的地系统管理的概念与特征

目的地系统管理不仅为认识目的地管理的本质和方法提供了新的视角,而且它所提供的观点和方法广泛渗透到人本原理、责任原理和效益原理之中,从某种程度上说,在目的地管理的有机体系中起着统率的作用。

目的地系统是指由若干相互联系、相互作用的部分组成,在一定环境中具有特定功能的有机整体。任何目的地都可以看作一个系统,例如,城市系统、乡村系统、海岛系统、生态旅游区系统、红色旅游区系统、海洋旅游区系统等。从组成要素的性质来看,目的地系统可划分为自然旅游地系统和人造旅游地系统。自然旅游地系统,如国家森林公园系统、海岛系统、湖泊系统、山岳系统等,是由自然物组成的系统;人造旅游地系统是人们为达到某种目的而建立的系统,如主题公园系统、城市系统、特色小镇系统、观光农业系统、观光工业系统、观光军事基地系统等。

目的地是一个具有耗散结构的系统,川流不息、接踵而至的"游客流"作为外界环境的"输入",引起游客流、目的地、自然环境三者间形成一种新的均衡状态即耗散结构。

根据林福永(1998)一般系统结构模型,把某目的地作为一个系统,如图10-2所示。

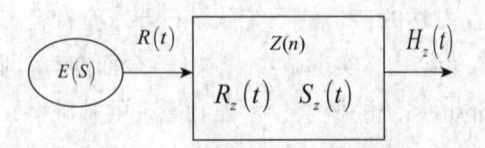

图10-2 目的地的系统结构示意图

$Z(n)$ 表示目的地系统；$R_z(t)$ 表示系统的结构；$S_z(t)$ 表示系统的状态；$H_z(t)$ 表示系统的行为；$E(S)$ 表示目的地系统的外部环境；$R(t)$ 表示环境的输入，主要是游客流的输入。目的地系统可用以下三个等式来表示：

$$\Psi_1\big(S(t), R(t), R_z(t)\big) = 0 \qquad (10-1)$$

$$\Psi_2\big(S(t), R_z(t), S_z(t)\big) = 0 \qquad (10-2)$$

$$\Psi_3\big(S(t), R_z(t), H_z(t)\big) = 0 \qquad (10-3)$$

目的地系统具有如下特征。①集合性。这是目的地系统最基本的特征。一个目的地系统由两个或两个以上的子系统构成，构成目的地系统的子系统称为要素。如一个典型的城市目的地系统通常是由城市旅游教育子系统、城市旅游工业子系统、城市郊区旅游农业子系统、城市旅游商业子系统、城市公园子系统、城市居民生活服务子系统、城市目的地管理子系统等组成的。②层次性。目的地系统的结构是有层次的，构成一个目的地系统的子系统和子子系统分别处于不同的地位。目的地系统从总体上看，都有宏观和微观之分，而微观上，还有各种层次。由于目的地系统层次的普遍性，因而目的地系统概念本身也就具有层次性，有全球、国家、区域、地区、市县、乡镇等。系统与子系统是相对而言的，而层次是客观存在的。③相关性。一方面表现为子系统同目的地系统之间的关系，目的地系统的存在和发展，是子系统存在和发展的前提，因而各子系统本身的发展就要受到目的地系统的制约。另一方面表现为目的地系统内部子系统或要素之间的关系。某要素的变化会影响另一些要素的变化，而各要素之间关系的不同结构，对子系统和整个目的地系统的发展都可能产生截然不同的结果。

二、目的地系统的原理要点

目的地的系统管理原理是对目的地管理工作的实质内容进行科学分析总结而形成的基本真理，是对各项目的地管理制度和管理方法的高度综合与概括，因而对一切目的地管理活动具有普遍的指导意义。

1. 目的地系统的整体性原理

整体性原理是指目的地系统要素之间相互关系，及其要素与系统之间的关系，以整体为主进行协调，局部服从整体，使整体效果为最优。实际上就是从整体着眼，部分着手，统筹考虑，各方协调，达到整体的最优化。首先，从目的地系统整体性来说，局部与整体存在复杂的联系和交叉效应。当局部和整体发生矛盾时，局部利益必须服从整体利益。其次，从目的地系统功能的整体性来说，目的地系统的功能不等于要素功能的简单相加，而是往往要大于各个部分功能的总和，即"整体大于各个孤立部分的总和"。目的地系统要素的功能必须服从系统整体的功能。最后，在现实情形中，经常可以看到一个目的地系统中，重局部，轻全局，特别是局部之间不协调，互相扯皮，从而损害了目的地全局的利益。在这种情况下，子系统的功能虽好，但不利于达到整体的目的，效果当然不会好；正如一个球队，每个运动员都技艺精湛，但相互协调配合不好，当然不会是一个优秀的团队。

2. 目的地系统的动态性原理

目的地系统内部的联系都是一种运动，目的地系统与系统环境的相互作用也是一种运动。目的地系统的功能是时间的函数，因为不论是目的地系统要素的状态和功能，还是系统环境的状态或联系的状态都是在变化的。运动是目的地系统的生命。例如，目的地协调系统是旅游系统中的子系统，它为了适应旅游系统的需要，必须不断地完善和改变自己的功能，而目的地协调系统内部各子系统的功能及其相互关系也必须随之相应地发展变化。目的地协调系统就是在这种不断变化的动态过程中生存和发展。

3. 目的地系统的开放性原理

任何目的地系统都是耗散结构系统，目的地系统与外界不断交流物质、能量和信息，才能维持其生命。并且只有当目的地系统从外部获得的能量大于系统内部消耗散失的能量时，目的地系统才能克服"熵"而不断发展壮大。所以，对外开放是目的地系统的生命。在目的地管理工作中，任何试图把目的地系统封闭起来与外界隔绝的做法都只会导致失败。明智的目的地管理者应当从目的地系统的开放性原理出发，充分估计到外部环境对本目的地系统的种种影响，努力从开放中扩大本目的地系统从外部环境吸入的物质、能量和信息。

4. 目的地系统的环境适应性原理

如果目的地系统与环境进行物质、能量和信息的交流能够保持最佳适应状态，则说明这是一个有活力的理想系统。否则，一个不能适应环境的目的地系统是无生命力的。目的地系统对环境的适应并不都是被动的，也有能动的，那就是改善系统环境。系统环境可以施加作用和影响于目的地系统，目的地系统也可施加作用和影响于系统环境。这种能动地适应和改造系统环境的可能性，受到一定时期人类掌握科学技术（包括组织管理）知识和经济力量的限制。

5. 目的地系统的综合性原理

所谓综合性就是把目的地系统的各部分、各方面和各种因素联系起来，考察其中的共同性和规律性。首先，目的地系统目标的多样性与综合性。目的地系统最优化目标的确定，是靠从各种复杂的甚至对立的因素中综合的结果。如果综合得不好，不适当地忽略了其中的某一个目标或因素，有时会造成极为严重的后果。其次，目的地系统实施方案选择的多样性与综合性。由于方案的多样性，必须进行综合研究，选出满意方案。最后，由综合而创造。量的综合导致质的飞跃，产生了新的事物，综合的对象越多，范围越广，所做的创造也就越多。正因为任何复杂的系统都是由许多子系统和单元综合而成的，因此，任何复杂的系统又都是可以分解的。系统整体可能看上去十分复杂，但如果将其分解到每个子系统和单元就可能变得简单而容易解决（必须保留造成系统复杂性的根源）。

三、目的地系统管理理论框架

目的地系统管理就是以系统管理理论（系统哲学观念—系统分析技术—系统管理方式）在目的地管理实践中的应用。基本思路是以目的地系统的整体性、动态性、开放性、环境适应性、综合性为指导思想，以创建目的地系统的决策→系统的设计→系统的运转和控制→系统运转结果的检查和评价四个紧密联系的阶段，以整体、责任、目标、适应性主体/利益主体为中心所构成的基本框架。此外，目的地系统管理应有利于旅游可持续发展的生态意识、公平发展、居民生活、旅游经历、环境质量五个目标的实现。从而将目的地系统原理、目的地系统管理阶段和旅游可持续发展目标有机地结合形成一个整体框架（见图10-3）。

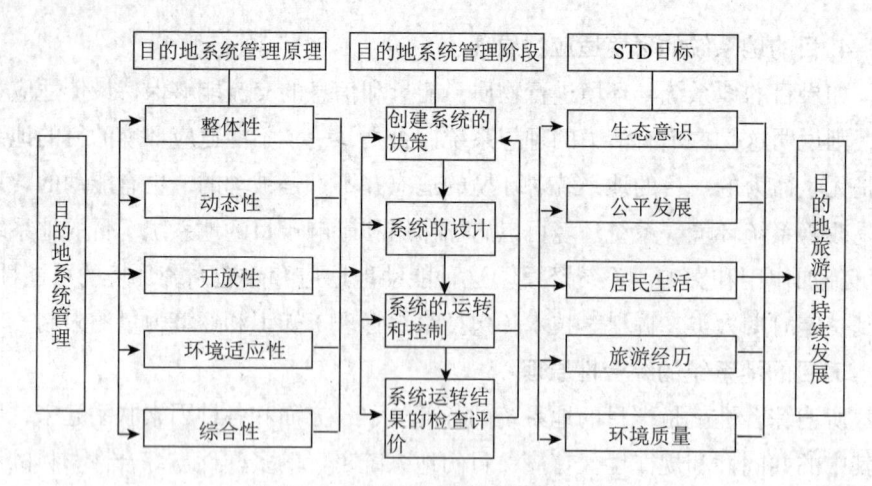

图 10-3　目的地系统管理的理论框架

余凤龙等（2005）借鉴国外学者的相关成果，从区域旅游可持续发展的角度研究管理提出了"旅游可持续发展的管理框架"，而本章着眼于旅游可持续发展研究目的地的系统管理框架，可谓"殊途同归"。所谓区域旅游可持续发展管理，就是通过运用计划、组织、控制等各种职能，协调各种资源，高效率地实现区域旅游可持续发展目标的过程。区域旅游可持续发展是以区域为空间尺度对旅游可持续发展战略进行研究的扩展和深化，区域旅游发展和旅游资源、社会经济、环境容量的相互作用关系是衡量区域旅游可持续发展的关键。

国内学者对 STD 框架的构建已有涉及，但基本停留在指标的选取和权重的确定阶段。相对而言，国外学者对此研究较深入，如 LAC（Limits of Acceptable Change）理论，它主要解决资源保护和旅游发展之间的矛盾，被运用到很多国家的区域旅游规划之中，取得了良好的效果。Prescott 和 Allen （1998）提出了可持续性气压计模型（Barometer of Sustainability Model），分别以人口指数和生态指数为 X 轴和 Y 轴，建立一个矩阵模型，划分了从"不可持续"到"可持续"5 种发展状态，使管理者能直观地看出本区域目前旅游发展的情况和今后发展的趋势。

第三节　目的地系统管理框架的构建程序

一、目的地系统的创建决策

目的地系统管理框架研究中存在的问题有：指标选择和权重确定存在争议；指标原则及度量方法不足；缺乏预警与监督机制研究。创建目的地系统管理框架应注意以下几点：

一是要体现旅游的特性。构建目的地系统管理框架必须把旅游业与其他产业之间的协调放在重要的地位予以考虑，同时旅游业应保护未来旅游开发赖以存在的环境质量，其中的关键是旅游环境容量（旅游承载力），它既可以避免宝贵的旅游资源受到破坏，又是研究游客责任的最佳点。保继刚等（1999）将旅游环境容量划分为旅游心理容量、旅游资源容量、旅游的生态容量、旅游的经济发展容量、旅游地地域社会容量五种基本容量。在具体理解环境容量状况的基础上，寻找一些合理有效的容量管理工具，从而实现容量控制的目标。例如，目前在美国林业游憩资源管理中使用的可接受改变的极限方法（Limits of Acceptable Change，LAC）和在美国国家公园管理中使用的游客体验与资源保护方法（Visitor Experience & Resource Protection，VERP）。此外，还有游客影响/冲击管理（Visitor Impact Management，VIM）；游客活动管理程序（Visitor Activity Management Process，VAMP）；游憩机会谱（Recreation Opportunity Spectrum，ROS）；旅游最优管理模型（Tourism Optimization Management Model，TOMM）等。

二是要注意动态与静态相结合。区域 STD 的评估是一个动态系统，但其切入点是基于目前发展的静态状况。因此，目的地系统管理框架所考虑的不仅是旅游业自身发展的环境（时间维度），更要注重旅游发展与其他相关产业的关系（空间维度）。旅游可持续发展必须将旅游发展能力与经济社会发展水平及生态环境的承受能力结合起来，使自然、文化和人类生态环境成为一个整体。

三是要注意理论性与实践性相统一。区域 STD 管理框架包括目标的确定、指标体系的选择、最终管理方案的执行和监督等步骤，它为实践提供了实用的理论框架，但区域 STD 管理框架的具体实施要考虑不同区域的资源特色、环境条件、经济发展水平。同时，旅游业各利益主体的态度不尽相同，因此在制定旅游发展方案时要综合考虑区域的特点和旅游业相关主体的利益，制定适合不同区域的区域 STD 管理框架和具体行动计划。

四是要注意计算机和网络技术的应用。构建区域 STD 框架应充分利用计算机技术和网络技术，以计算机为平台，网络为手段，建立系统优化控制模型，强化动态模拟，发现问题，及时调整策略。旅游可持续发展作为一个动态的系统，必须基于现在，着眼未来，把现在和未来结合起来。根据当地的情况，建立环境质量监控和效应评估系统，责成有关机构及时进行监测和评估，把数据纳入数据库，及时分析并及时调整策略，使旅游可持续发展沿着健康的轨道前进。

二、目的地系统管理的模式

余凤龙等（2005）根据目的地的经济发展水平和旅游发展水平，依据框架内容重点的不同，将目的地系统管理划分为 4 种模式，如图 10-4 所示。崔凤军等（1999）依据有关旅游可持续发展的目标及原则，建立以生态环境指标、旅游经济指标、社会文化指标和社会支持系统指标四大类一级指标为主的评价指标体系。各类评价指标并不是孤立的，彼此之间有着内在的紧密联系。

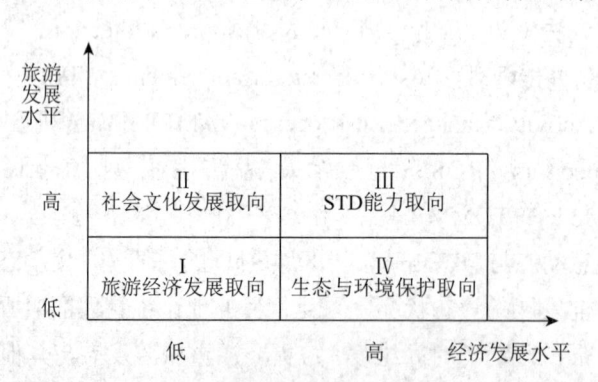

	低经济发展水平	高经济发展水平
旅游发展水平 高	II 社会文化发展取向	III STD能力取向
旅游发展水平 低	I 旅游经济发展取向	IV 生态与环境保护取向

图 10-4 目的地系统管理的模式分类

1. 旅游经济发展取向类

经济和旅游发展都比较落后，居民希望通过旅游业的发展提高生活水平，因此对旅游发展持积极态度。这种类型区域管理框架的重点是"旅游经济发展指标",一方面使居民意识到旅游资源和环境的经济利益,增强保护意识;另一方面可以获取资金,加强对旅游资源的保护和环境的改善,实现可持续发展。旅游经济发展指标是从经济学的角度出发,以"经济人"利益最大化的目标追求为评价标准,主要从经济效益的优劣和市场环境的建设等方面对区域旅游经济环境进行评价。它包括3个次级目标:旅游社区、旅游业、旅游地。

在旅游社区类中,主要有以下指标:①政府及居民收入和收入乘数,要反映出旅游发展所带来的收入构成的变化;②旅游及社会消费量,尤其要判断出旅游发展所产生的带动效益链;③物价指数变动率,主要考虑旅游旺季时由旅游者所引发的变动幅度;④投资,即旅游项目投资及其他项目投资强度;⑤其他指数。

在旅游业类中,主要有以下指标:①旅游业的投入产出值和利润/亏损指数,它是最为具体也最有价值的经营数据;②产业破产/再生指数,用以了解产业结构演化更替的区域特征;③产业生存环境,即市场发育程度,它与政府宏观政策的贯彻执行有密切关系;④旅游业带动系数,需借用经济学相关模型进行数据计算;⑤产业投资机会,反映出区域旅游发展的盈余空间;⑥其他指数。

在旅游地类中,主要有以下指标:①生命周期,对具体产业部门进行个案分析;②投入产出系数,这是较为普遍采用的经济指数;③其他指数。

2. 社会文化发展取向类

旅游发展水平高,但经济发展程度低,居民没能从旅游的发展中得到实际利益,对旅游的发展持抵触情绪,难以持续发展。这类地区应以"社会文化发展指标"作为管理框架的重点,使经济、社会、资源环境和谐共存,协调发展。社会文化发展指标从旅游发展的社会影响入手,着重反映客源变化、居民感受等主体特征,用以指旅游发展所带来的社会成员之间的互动行为及其变化态势。它分为旅游者和旅游东道社区两个次级目录。

在旅游者类中,主要有以下指标:①由旅游人数及客源市场构成,这是对旅游发展规模较为准确的数量判断;②重访率,构成了对区域旅游吸引力和市场忠诚度的间接反映,是进行旅游深度开发的依据之一;③停留时间,同"重游率"具有类似的作用,但主要反映单位旅游产品的效能;④游客满意度和游客抱怨度，是对旅游者精神享受的定量描述；⑤其他指数。

在旅游东道社区类中，主要有以下指标：①就业机会指标，包括数量、种类、变动频率及幅度，机会利用率，失业人口和失业率等；②人口迁入与迁出指数，将其与旅游业发展的相关曲线模拟比较，以求解旅游社会影响的外延效应；③当地居民的满意度与居民抱怨度，反映了社区居民对发展旅游的态度；④其他指数。

应当指出的是，社会文化指标是基于旅游开发目标的多重性而设计的，要充分考虑旅游者的旅游需要、当地政府的经济需要和社会驱动、当地居民的游憩需要和收益需要。

3. 旅游生态与环境保护取向类

经济发展水平高而旅游发展水平低，居民生活水平的改善主要是通过其他行业的发展，因而没有意识到旅游生态与环境的价值，极有可能随意破坏当地旅游生态与环境。该区域目前的任务主要是加强对生态环境的保护，通过提高居民对旅游的认识，改善社会生活环境和投资环境，促进经济发展等，逐步发展旅游。

生态与环境保护指标主要是对环境资源类"原生态"自然景观进行质量判别和客观描述，从而为区域生态结构优化调整提供背景资料和科学依据。其主要构成为：①空气质量，用大气污染指数加以表示；②水环境质量及其生态补偿作用指数，要实施动态循环检测；③固体废弃物产生量及堆存量、处理率，相关指数为地面清洁系数；④生物物种的质量及多样性维护，用生物多样性指数和生物物种生长状态指数来反映；⑤风景损害强度指数，包括风景价值贬损率、退化率；⑥旅游资源利用强度指数，以接待量占环境承载量之比率、土地利用强度（建筑密度、容积率等）为主；⑦生态系统负荷及生态系统之稳定性与抗逆性的综合指数；⑧其他指数。

4. 旅游可持续发展能力取向类

经济和旅游发展程度较高，居民认识到经济发展和旅游发展的互动关系，发展旅游的态度比较积极，但极有可能不顾当地资源和环境的承载能力而招徕大批的旅游者，因此必须着重考虑旅游的可持续发展能力。这种区域可利用较强的经济实力来加强对资源的保护，控制旅游人数或通过开拓海外客源市场，开发度假旅游等产品来改变旅游者的结构类型，从向数量要效益转变为向质量要效益，达到旅游可持续发展。旅游可持续能力指标是在区域宏观社会经济背景下对旅游发展所获得的社会整体支持力度进行评价，同时也反映出旅游发展的未来潜力。

该类型主要包括以下指标：①东道社区的政府对旅游业的认识及计划执行，它涉及旅游产业定位与发展机制的内容；②旅游发展机构建设，包括管理机构与服务机构，判断其是否促进社区旅游业的发展、是否规范旅游行为和服务行为、是否促进道德准则下的精神文明建设；③管理措施体系，是否具备相关的政策、法规、条例，投诉情况及解决措施是否得当等；④旅游行业管理与文化建设，这是目的地形象设计的主要内容；⑤其他指数。此外，旅游目的地同时也应该是客源地，该类型指标还应包括当地居民的出游情况。

三、目的地系统的运转和控制

在不同区域，由于对自然资源的游憩利用的方式、强度、时空特征都有差别，因而容量管理的精髓已经转移为设计出一些具体的行动、措施，在各利益相关者的价值判断取得妥协的情况下，通过监测并将某些特别关键的指标控制在各方面许可的范围之内，从而实现对自然资源的最有效而无害的永续利用。

余凤龙等（2005）从明确区域旅游特征、实施调查、选择指标、确定权重、制定标准、拟定并挑选最优方案、选择使用管理工具、监督反馈八个步骤构建目的地系统管理框架，它描绘区域旅游发展现状到旅游可持续发展目标的管理程序，并可以随时监督和调整偏离目标的发展方案，如表10-1所示。

表10-1 目的地系统的运转和控制

目的地系统管理框架构建程序	管理手段	管理目标	管理保障
步骤1：明确区域旅游特征	·明确管理目标（STD目标） ·明确旅游资源类型、数量、质量 ·明确旅游业在经济中扮演的角色 ·成立STD管理委员会 ·举行利益主体圆桌会议	·旅游定位——制定管理框架的主要依据 ·委员会对区域旅游特征、居民对发展旅游的态度及政府的支持力度有感性认识	委员会成员及领导人的任命由当地政府执行；确保开展工作的独立性、严肃性和权威性

续表

目的地系统管理框架构建程序	管理手段	管理目标	管理保障
步骤2：实施调查	·调查对象：利益主体（投资者、经营者、居民、旅游者等） ·调查方式：问卷、面谈、电话访谈 ·调查项目：经济、资源环境、社会方面	·委员会对该区域的认识 ·确定旅游发展类型（积极的高速发展、消极的低速发展和基于自然资源为基础的发展三种类型）	·政府机构参与调查 ·突出调查的重要性 ·调查全面
步骤3：选择指标	·借助"游憩光谱理论"评价 ·列出指标清单 ·设计STD评估体系	确定旅游资源、环境条件是否适合开发为旅游产品及开发类型	具体指标要结合当地旅游资源特色及旅游发展类型有所增减
步骤4：确定权重	相对比较法	从点位角度评价区域发展状况，重视区域差异，体现动态性、科学性和模糊性，弥补层次分析法的缺陷	技术支持力度要求较高
步骤5：制定标准	·旅游资源及环境承载力参照国家标准 ·可度量的指标，如经济方面进行量化及标准化处理 ·定性指标运用模糊理论由专家打分	·标准是旅游可持续发展的判断依据，为监督、反馈提供理论支持 ·符合标准，表示地区的资源、经济、社会可接受 ·超过标准，应修改方案，使指标重新回到标准以内	·一定时间内，保持相对稳定性 ·随着旅游业在当地经济地位的不同调整标准 ·随着科技水平的发展调整标准
步骤6：拟定并挑选最优方案	·制定多套备选方案，不同的方案满足不同的旅游发展目标及价值观 ·分析信息资源 ·执行方案	评价每一个备选方案的代价和优势，选出一个最佳方案，执行方案	某一种方案可能有利于环境保护，但它的代价是不可承受的资金压力，此方案不是最佳方案

续表

目的地系统管理框架构建程序	管理手段	管理目标	管理保障
步骤7：选择使用管理工具	·能够评价或使游客影响最小化 ·尽可能考虑到各种产生影响的潜在因素 ·有选择地协调各种管理措施 ·提出保护性的决策 ·将技术信息和价值判断分离开来 ·鼓励公众参与和相互学习 ·整合地方资源及其管理事务 ·必要的规划资金投入 ·基于经验的总体有效性	·描述一种自然资源和游客体验的"令人向往的未来状态" ·建立反映旅游体验质量和资源条件的"指标"体系 ·确立最低可接受条件的"标准" ·提出为保证相应区域的状态满足上述标准如何适时而恰当地采取管理手段的"监测技术" ·开发确保各种指标维持在特定标准内的"管理措施"	LAC：适用于自然保护区 VIM：自然保护区内的景点 VERP：主要是美国国家公园 VAMP：主要是加拿大的国家公园，也适用于其他地区 ROS：以自然景观为主的、受保护的、多用途的旅游区 TOMM：适用于以自然景观为主的旅游社区
步骤8：监督反馈	建立STD系统控制优化模型	资源和社会状况未得到改进甚至恶化或有所改善，但经济停滞不前或增长的幅度不符合经济发展的要求，应采取新的管理行动，制止这种不良趋势	·建立STD数据库 ·突出监督反馈在理论与实践上的重要性

资料来源：余凤龙，陆林，汪德根等.旅游可持续发展的管理框架［J］.资源开发与市场，2005，21（4）：351-353.张骁鸣.旅游环境容量研究：从理论框架到管理工具［J］.资源科学，2004，26（4）：78-88.

四、目的地系统运转结果的检查和评价

旅游资源特征、居民对发展旅游的态度及政府的支持力度是区域STD管理框架构建的基础，管理委员会在当地政府的支持下，对该区域的经济、资源环境及社会三个方面进行全面的调查，借助游憩光谱理论（ROS）分析调查结果，确定当地旅游的发展类型，为列出指标清单和确定指标权重提供依据。区域旅游可持续发展标准是管理者"可以接受的"每一项指标的极限值，"明确区域旅游特征"和"实施调查"是"制定标准"的重要基础，标准必须是现实的和可实现的。管理者根据前面步骤所得到的信息，特别是利益主体的态度及

当地发展旅游的目的，评价每一个备选方案的代价和优势，并根据评价的结果选出一个最佳方案。

监督是对实施方案监测，并对结果进行反馈。根据所得出的结果，借助计算机和网络技术，建立以"旅游发展协调程度"为核心的区域 STD 系统控制优化模型，其基本含义为：旅游可持续发展不断受到内外部因素的影响和作用，因此需要不断地将这些新的信息与数据库已有的信息进行对比与评价，对偏离目标的发展方案进行修正，从而使资源环境—经济—社会复合系统能朝着旅游可持续发展的目标演化。区域 STD 系统控制优化模型如图 10-5 所示。

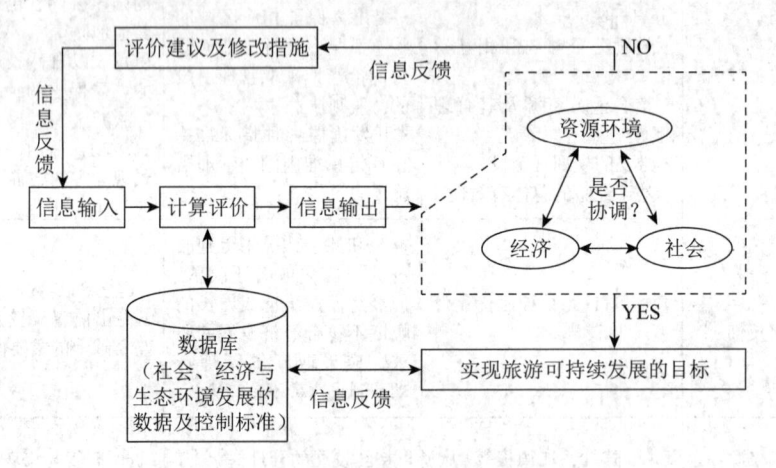

图 10-5 目的地系统运转结果的检查和评价

第四节 全域旅游实践——以广州市为例[①]

全域旅游是指各行业积极融入其中，各部门齐抓共管，全域居民共同参与，充分利用目的地全部的吸引物要素，为前来旅游的游客提供全过程、全时空的体验产品，从而全面地满足游客的全方位体验需求。"全域旅游"所追求的，不再停留在旅游人次的增长上，而是旅游质量的提升，追求的是旅游对人

---

① 资料来源：袁国宏. 旅游目的地可持续发展的途径-目标整合战略模型——以广州为例［J］. 特区经济，2014（11）：186-190.

们生活品质提升的意义，追求的是旅游在人们新财富革命中的价值。相应地，全域旅游目的地就是一个旅游相关要素配置完备、能够全面满足游客体验需求的综合性旅游目的地、开放式旅游目的地，是一个能够全面动员资源、立足全面创新产品、可以全面满足需求的旅游目的地。从实践的角度，以城市（镇）为全域旅游目的地的空间尺度最为适宜。

一、广州市旅游目的地可持续发展中存在的问题

1. 古迹旅游资源开发的不足

（1）没有做大。广州市拥有国家、省、市三级文物123处，其中全国重点文物保护单位16处。从数量上看，广州的古迹旅游资源极其丰富、繁星点点，但级别不高、规模偏小。而且大多散布在老城区中，被周围的民居紧紧包围，未能在保护好原有文物古迹陈列区的基础上，进行与旅游开发密切结合的仿古扩建区、表演娱乐区等空间拓展，甚至连停车场都无法配备。

（2）没有做强。现有的古迹旅游景点多为计划经济时代所建，长期以来管理经费由文物部门下拨，虽然经费极其有限，但在市场经济体制下，仍然没有太大的生存压力，等客上门的状态未能得到根本改观。而且表现手法单一，未能实现静态陈列形式的突破；文化内涵贫乏，未能上升到专题化、规模化、系列化的高度；市场意识淡薄，未能进行广泛的宣传推销。

（3）没有做精。广州的光孝寺、五仙观、清真贤古墓、圣心教堂等历史古迹，完全可以包装成广州市特有的标志性景观，但由于规模较小，久未修葺，未注入新的内容，吸引不了游客。"西关大屋"是广州旧城区独具岭南建筑特色的明末清初民居，据调查，"西关大屋"解放初期有800多座，现大多被拆，总计只剩下100来座，而真正有特色、周围环境保存完好的已不到10间。

2. 都市农业旅游发展的障碍明显

（1）总体规划欠缺，发展无序。目前两大类"农家乐"所占比重最大：一类是生态环境好、交通便利的地方，发展以餐饮为主，集农业观光和休闲于一体的旅游农庄；另一类是依托果园发展起来的采摘观光农园，尤其以"荔枝园"数量最大。由于政府未组织力量编制广州都市农业旅游发展总体规划，未从全局上对这类"农家乐"发展给予科学引导和严格的控制，最终导致各"农家乐"之间缺乏有机的联系和整合。

（2）项目缺乏特色，乡土气息不浓。目前大部分农家乐、田间采摘和田间美食等项目，未能充分发掘地方文化和民俗风情并有机融入产品之中，加工提炼出鲜明的文化主题。一些经营者过于偏向游乐开发，但不是开发斗蟋蟀、斗鸡、斗羊、斗牛等乡土气息浓重的游乐项目，而是照搬城市里的"人造乐园"，更多的是搞成档次不高的乡间餐饮。

（3）员工素质低，管理水平不高。农业旅游景区的经营者往往是当地的农民，当他们意识到身边的生态环境可以作为"摇钱树"时，便照搬别人的模式，没有市场调查、项目论证，也没有专家指导。从经营效果看，游客对果实的成熟度不熟悉，乱摘乱扔，不少果园规模过小，水果成熟期集中，影响游客兴致。从开发深度看，仍然停留在观光、餐饮一日游为主的层面上，度假功能不突出，旅游商品开发弱，综合效益不高。

3. 旅游区域合作机制的优势未能充分发挥

（1）以"市场联动"为目标的合作对广深珠区域旅游形象推动力度不够，产生的效益不明显。减少恶性竞争、整合投资行为、降低独立运作成本、实现产业效益最大化、创造整体品牌效应等，是广深珠三市在旅游合作中可以长期开展的工作，然而对在全国独有的"南风窗"特色资源的重视不够，广深珠三市的"南风窗"整体特色产品欠缺。入选精品旅游线路的旅游点仍然是那些传统的旅游点，如广州的长隆野生动物世界、深圳的华侨城、珠海的圆明新园等，没有突出各城市的旅游风格和特色，缺少创意和突破。从游客的角度看，这种旅游线路的设计可能给他们带来的是感觉的麻木和视觉的疲劳。

（2）广深珠三市旅游合作与各自旅游业的发展存在矛盾。从实际情况来看，很难保证各个城市独立的旅游发展计划能够与广深珠旅游区域合作计划完全吻合，例如，按照区域合作计划，三市的旅游产品规划应该避免重复建设，然而这一点是很难做到的。

（3）广深珠旅游合作还面临着与周边城市的协调问题，如广州与佛山有"广佛旅游圈"的协调问题，深圳与香港，珠海与澳门也有旅游合作的协调问题。

4. 主题公园开发现状不尽如人意

（1）由于数量扩张较快，导致潜在客源市场重叠，致使接待的游客量小于其"门槛量"。开张营业时游客较多，不久游客人数锐减。目前广州市主题公园经营状况除个别经济效益较好外，大部分并不理想，有的门可罗雀，有的因亏损太厉害而成为"僵尸景区"。

（2）主题公园缺乏个性和创新，没有鲜明的特色和高大的形象，更谈不上塑造品牌；有些停留在低层次的仿制上，忽视挖掘广州市深厚的历史文化内涵，难以吸引回头客。

（3）对本地客源市场开发重视不够，本地游客比例仅占到35.6%。这主要是因为，景区内部服务不周，态度恶劣，以及门票价格超出了休闲者的消费水准。因此，为了提高其市场占有率，应在重视团体接待的基础上，积极发展散客旅游市场，完善配套服务设施，延长游客停留时间，增加景区的旅游收入。

广州市旅游目的地可持续发展的途径—目标整合战略模型如图10-6所示。

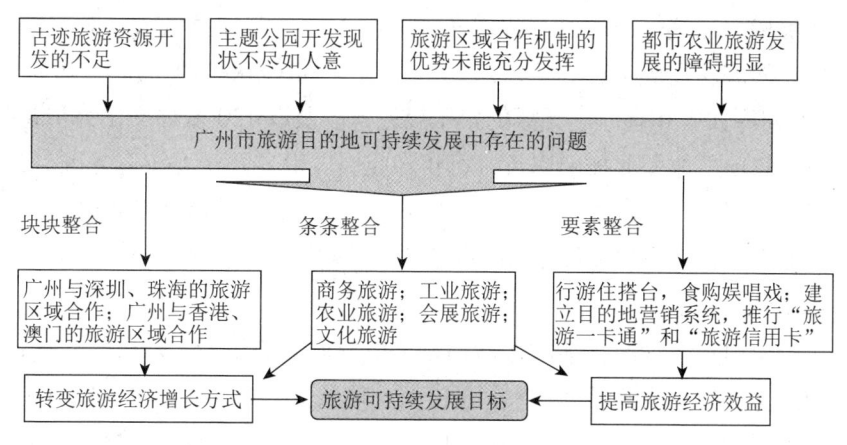

图10-6　广州市旅游目的地可持续发展的途径—目标整合战略模型

二、"条条"整合以促进广州市旅游资源系统的功能涌现

广州市的旅游吸引物包括两个层次。一是广州市作为一个整体所具有的吸引力即城市旅游整体形象。"花城"形象有利于提高广州市的生态与环境效益，"商都"形象有利于提高广州市的经济效益，"岭南文化名城"形象有利于提高广州市的社会效益。二是构成城市的各部分所具有的吸引力即广州市旅游资源。商务旅游资源，如广州的北京路、上下九步行街、白鹅潭酒吧风情街、沿江路、滨江西路等各具特色的商业街；工业旅游资源，如本田汽车、珠江钢琴、珠江啤酒、珠江钢铁厂、白云山医药、广州石化、七喜电脑、可口可乐公

司、广州日报印务中心等一批享誉海内外的名牌企业；农业旅游资源，如荔枝、龙眼、阳桃等2000多个品种的农业土特产；文化旅游资源，如南越国宫署遗址、御花园、南越王陵等为代表的南越国史迹文化资源等。在新形势下，广州市旅游业为了提高综合竞争力，改变数量型、粗放型的旅游经济增长方式，向质量型、效益型转变，关键在于全面整合旅游资源。

1. 旅游+商务

广州市拥有先进的商业设施、琳琅满目的商品、独树一帜的商业文化、活跃的商业氛围，对外地游客充满了吸引力。以天河城广场和天河体育中心为依托打造广州市的中心商业区（CBD）。并将广州市商业网点的有关信息发布到互联网上。网上的信息应包括商店的市场定位、位置、规模、经营特色、商品种类和价格等，这样游客就可以有备而来。不妨借鉴加拿大蒙特利尔的"西部商场"的成功经验：在一个统一的大屋顶下拥有800多家商店、19座电影院、110处冷饮店和餐厅、无数的娱乐设施，以及120多种文化为主题的旅馆，西部商场虽地处北极圈附近，每年却吸引着世界几千万游客光顾。此外，将"商"和"旅"有机地结合起来。"前店后厂"能够让游客游得开心、购得放心、事后称心，是被实践证明的有效的旅游购物发展模式。

2. 旅游+工业

在工业项目设计时要兼顾旅游活动，既要满足旅游者"新、奇、异、美、特"的需要，又使旅游者可进入、可停留、可欣赏、可享受、可回味；在工程项目建设时要重视园林绿化，如珠江钢厂内大草坪上，圈养了梅花鹿、孔雀和白鸽，这些珍禽瑞兽的真实身份是"环境哨兵"，他们对噪声、粉尘十分敏感，用来监测环境比仪器还灵敏；修建展览馆以陈列工业文物资料，陈列室、展览馆这类文化性的旅游设施能增加游客停留时间、介绍厂情厂况、陈列宣传资料、展销工业产品、培训新员工、传播工业知识等；兴建"工业遗址公园"，有关部门应该像保护历史建筑一样，保护一些有价值的工厂旧址，如黄埔船厂遗址、广州近代工业发展遗址等，这些"活体工业博览园"是广州重要的文化资源，也是广州开展工业旅游的基础；形成系列化的工业旅游线路产品，以时间为依据设计出广州远郊工业一日游、珠三角工业游、顺德工业企业游等，以吸引物类别为依据设计出钢铁工业游、高科技工业游、外资企业游、民营企业游等类型的工业旅游线路；设计富有工业特色的旅游纪念品。

3. 旅游+农业

进行特色农业基地的规模化建设，如荔枝基地、石硖龙眼基地、金兰柚基地、香蕉基地、岭南木瓜基地、青梅基地、黄登菠萝基地、白兰花基地、马蹄基地、吊丝丹笋基地等，实行"公司+农户"的经营管理模式。只有规模化的农场，才能成为质量高、功能完善、卫生达标、氛围浓厚的旅游点。重点建设几个多功能、多品种、规模化的示范性旅游农场，从化流溪河林场、番禺区万顷沙镇、白云区萝岗镇拥有的农业土特产项目多，距广州近，田园氛围浓厚，拥有便捷的交通条件，是建设示范性旅游农场的理想基地。

4. 旅游+会展

每年春秋两届"广交会"，吸引了大批的商务旅游者，树立了广州会展旅游地的新形象，要以"广交会"为契机带动更多的会展在广州举办，如在"广交会"期间，同时配套组织影展、画展、文物展等活动，会前配套筹办相关会展，会后立即举办技术洽谈会、投资洽谈会等；要成立广州市会展旅游组织，会展旅游组织要按照市场机制运作，形成市场主体多元化格局；还要培养"专业会议组织者（PCO）"，可以自己培养这方面的人才，也可以从国外引进，使广州市的会展旅游企业、协会走向国际市场；要加强国际联络，通过各种途径了解国际会展业的最新消息，同时让国内外更多地了解广州，加强广州与国内外的交流与合作。此外，还要营造良好的会展旅游环境，既包括整体经济实力、自然环境、基础设施等硬件环境，又包括广大市民的文化修养、好客程度、语言环境的国际化等软件环境。

5. 旅游+文化

广州拥有南越国宫署遗址、御花园、南越王陵等为代表的南越国史迹文化资源；西来初地、华林寺、南海神庙、扶胥镇、怀圣寺光塔等为代表的古代"海上丝绸之路"文化资源；林则徐禁烟局旧址、长洲炮台群、虎门要塞等为代表的近现代革命史迹文化资源；镇海楼、赤岗塔、陈家祠、沙面欧陆风格建筑群、下九路商业骑楼街等为代表的特色建筑文化资源；光孝寺、濠畔街清真寺、华林寺五百罗汉堂、五仙观、仁威庙等为代表的宗教文化资源等。目前广州市已重点推出的文化旅游线路有：广州经典一日游、珠江沿岸文化史迹游、岭南园林文化游、先烈路近代革命史迹游、广州文化艺术游。广州市应在文化传承的基础上，扩大原有历史遗迹的自然空间，在原历史遗迹所在地增加人造仿古景观，丰富禀赋资源的内容，并将这些文化旅游资源与商务、工业、农业、会展等经济形态结合起来，实现广州旅游经济的持续、快速、健康发展。

三、"块块"整合以促进广州市旅游区域系统的结构涌现

广州建立了覆盖范围不同的三大区域协作网络，即珠江三角洲旅游协作区、穗港澳大三角旅游协作区、全国主要城市旅游协作网，在信息交流、客源交流、资源和市场共享等方面都将进入一个新的阶段。

1. 广州与深圳、珠海的旅游区域合作和地区旅游一体化

"广深珠"旅游合作是在关系全局的、长远的和根本性的问题上进行战略合作，以区域内的旅游资源整合和旅游产业良性发展为目标，形成特色鲜明、运作规范、活力充沛、效益良好的区域旅游产业战略联盟。从"穗深珠旅游区域合作"的角度看，深圳旅游形象应突出滨海城市和娱乐风情，珠海突出百岛海洋和休闲度假，广州突出岭南文化和近代历史，使三市旅游具有差异化和互补性。旅游线路应开发出以商务会展、节事活动、岭南美食、购物天堂为主题的专项旅游产品，并形成"观光+度假""观光+专项""度假+专项"等组合型旅游产品。实施"穗深珠"目的地整合营销策略，如拍摄涵盖穗深珠的大型电视广告片，开通穗深珠南方快车专列，召开"中国穗深珠旅游国际论坛"，联合举办涵盖三市的节事活动等。同时，要正确处理穗深珠三市与东莞、佛山、中山等周边城市的合作关系，力争为建立"中国珠三角城市旅游紧密协作网络"做出积极的贡献。

2. 广州与港澳的旅游区域合作

"香港、澳门、'珠三角'旅游区"是目前世界上唯一跨社会制度、跨生活方式的综合性旅游区，游客在这里能体验到不同特色的文化。因此，要在旅游规划、开发、管理、营销、人才、信息等方面开展全方位的合作，优势互补，最终实现"港澳珠大三角旅游一体化"。由于香港、澳门是国际性城市，海外游客多，随着签证和交通的便利，该区域合作将为广州市带来众多的海外客源。

3. "泛珠三角"旅游区域合作

基于与珠江流域相连、与大珠三角相邻、经贸关系密切三方面因素，泛珠三角区域的范围包括福建、江西、湖南、广东、广西、海南、四川、贵州、云南九个省区以及香港、澳门两个特别行政区，简称"9+2"。粤港澳"大珠三

角"的旅游合作机制,早在 1988 年就已经启动,目前已经形成共享信息、联合促销、协调发展的格局,为"泛珠三角"旅游合作的发展积累了丰富经验,也必将成为发展"泛珠三角"旅游合作的核心和前进基地。广州市要与西部重点旅游城市协作,发挥在"泛珠三角"旅游区域合作中的"龙头作用",突出广州对西部地区旅游业的辐射带动作用。

四、"要素"整合以促进广州市旅游经济系统的效益涌现

1. 从"门票经济"向"产业经济"理念转变

在旅游者的消费支出中,购物、娱乐和非日常餐饮消费属于弹性消费。这三种类型的消费由于种类多、价格高、消费潜力大,是旅游产品的重要构成内容,也是旅游创汇创收的重要来源。在旅游业相对发达的国家,行、游、住的花费仅占总支出的 30%,其余 70% 用在吃、购、娱等花费方面。但在我国,游客的旅游消费支出结构刚好相反,行、游、住的花费占总支出的 70% 左右,这种非良性的旅游经济模式形成了对中国旅游业发展的制约。

实践表明,实现旅游经济的增长,不是靠增加景区的数量、增加门票价格而获得的,而是靠非日常餐饮、购物、娱乐等弹性消费,以及增加游客停留时间获得的。在此方面,广州市可借鉴杭州的一些做法:杭州西湖于 2002 年实行免费开放,实践了从"门票经济"向"产业经济"理念的转变,两年来门票损失每年约 0.3 亿元,相应增加的管理费和设施维护费每年约 0.3 亿元,而旅游综合收入增加了 120 亿元。旅游接待人数、人均旅游花费、饭店客房出租率均大幅增加,在过去传统的淡季月份,住宿业、购物业、餐饮业和娱乐业却是人财两旺,元旦前出现了旺盛的会务市场,春节前出现了旺盛的购物潮,杭州的旅游业因此全面"激活"。

广州市主题公园存在一个普遍的问题就是,重视"行""游""住",而"食""购""娱"则不够完善。为了适应旅游发展的需要,主题公园要逐步完善旅游服务设施:增设不同档次、不同风格的餐厅;调整旅游商品的价格,丰富种类,推出有特色的旅游商品;加强导游人员的培训工作,提高导游人员素质;增加参与性的旅游项目,丰富旅游活动内容;增开旅游公交路线、游览车等,提高旅游景区的可进入性。

2. 建立目的地营销系统

他山之石，可以攻玉。我国许多省市已整合目的地的食、厕、住、行、游、购、娱等要素，建立了目的地营销系统（DMS）。河南开通了旅游广播和旅游在线，联合新浪、搜狐等知名网站举办"网上游河南"，结合"金穗旅游一卡通""一元游河南"活动开展了最具潜力景区网络评选，网上投票旅游者心目中"十佳旅行社"等，有效提升了河南旅游的知名度和影响力。外语版的山东旅游网站在主要客源地区首尔、东京、费城开通建设，加强对外宣传。浙江旅游局信息中心与浙江电信、旅游之声共同举办网上旅交会。

信息网络技术很好地迎合了个性化、专业化和自助式的新型旅游消费观念和消费行为，而建立在信息网络基础上的旅游资讯系统，真正把旅游信息及时地送到旅游者的家里，为自助游客提供便利，使他们在出游前对旅游活动"胸有成竹"，有着光明的发展前景。

3. 针对旅游团队推行"旅游一卡通"

他山之石，可以攻玉。2004年，云南大理为根治"三角债"和各类变相旅游现象而率先实施的"旅游交易计算及管理系统"，简称"一卡通"。它的精髓就是"先付后游"，然后是"认数据不认人"，根据系统计算获得对应优惠。它把吃、住、行、游、购、娱、厕集中于一张IC卡中，实行全面的旅游接待刷卡消费。要求组团社先行付款，获得一张对应团队相关细节的IC卡后，整个系统所连接的各环节服务和优惠办法方可启动，相关旅游服务才得以确立，否则，到大理旅游就相当于一个散客，很难获得团队优惠。由于"一卡通"让消费者透明地了解自己的花费及所得服务；而且能让组团社、地接社、景区、饭店、餐饮点、车队和购物点等旅游接待单位均可从中明确自己的义务和服务内容，并确保自己所提供的服务能够及时地从系统中获得费用支付，从而杜绝了三角债的发生，切断了零负团费的来源。因而纷纷被海南、山东、陕西、重庆、河南等省市借鉴采用，"一卡通"成为各地旅游业打击零负团费的先锋。

4. 针对散客推行"旅游信用卡"

他山之石，可以攻玉。游客通过网站即可实现在线订房、订票，旅游企业则可以通过网站发布各种旅游动态信息。四川、浙江、山东、河南等省分别与农业银行合作发行了金穗旅游卡，为持卡旅游者在省内提供数量众多的签约旅游区、旅游饭店、餐馆、娱乐场所打折和金融服务。据介绍，河南"金穗旅游一卡通"虽起步较晚，但2005年年底已累计发行20万张，旅游企业签约单位逾450家，遍及吃、住、行、游、购、娱、厕各个环节，已拥有较稳定的消费者和集团用户。山东旅游信息中心于2006年制作发行了包括150个旅游区的简介、图片、导向图、游览图、样戳、交通信息指南、"金穗齐鲁旅游卡"打折信息等内容的《山东百景旅游护照》，集信息指南、收藏、纪念、奖励、门票优惠等于一身，游客可持该"护照"在全省130余家旅游景区享受折扣优惠。

第五节 全域旅游实践——以海南省为例

全域旅游是将特定区域作为完整旅游目的地进行整体规划布局、综合统筹管理、一体化营销推广，促进旅游业全区域、全要素、全产业链发展，实现旅游业全域共建、全域共融、全域共享的发展模式。具体来说，全域旅游是把一个行政区当作一个旅游景区，是旅游产业的全景化、全覆盖，是资源优化、空间有序、产品丰富、产业发达的科学的系统旅游；要求全社会参与，全民参与旅游业，通过消除城乡二元结构，实现城乡一体化，全面推动产业建设和经济提升。本节以海南省的城市、乡村、海岛、生态旅游区、红色旅游区、海洋旅游区为例，以这些特定空间区域旅游中存在的问题为出发点，通过构建途径—目标模型，对具体目的地管理进行系统分析。

一、城市旅游目的地系统管理的问题与对策

城市旅游就是为城市旅游资源所吸引并在城市内消费的旅游活动。城市是人类发展过程中形成的一种聚居形式，城市中的景观都带有人工的痕迹，因此城市旅游的吸引力大多来自人工形成的旅游资源，如城市中心区的购物消费区（Central Business District，CBD）、城市广场游憩区（Recreational Business District，RBD）、城郊的各种主题公园、度假区等。城市旅游可以划分为不同的模式，如文化型、商贸型、花园型、娱乐型城市旅游等，但从城市宏观发展而言，城市旅游似乎没有固定模式。城市旅游不是以旅游区的单体形象而是以

城市整体形象产生吸引力的，不是受制于某一旅游季节而是全年接待运作的，不是以单一产品满足市场而是以复合型旅游资源加工的多样化产品创造需求，不是让外来游客孤立地进行旅游活动而是与广大市民的休闲活动交织相融的。

城市旅游的发展依赖大规模城市景观的兴起、城市基础设施的完善和各种服务行业的繁荣，其崛起从某种程度上揭示了一个国家、一座城市宏观经济与社会发展的结构优化和国际化，标志着一个国家、一座城市旅游产业的素质提升和质量飞跃。海南省拥有全国一流的生态环境和丰富的生态旅游资源，发展生态旅游条件得天独厚，并提出了建立"生态省""生态特区"的构想。因此，必须采取相应的战略措施，把海南城市建设成为"生态示范城市"，循序渐进地推动可持续旅游在城市的实践。城市旅游目的地可持续发展的途径—目标系统分析模型如图10-7所示。

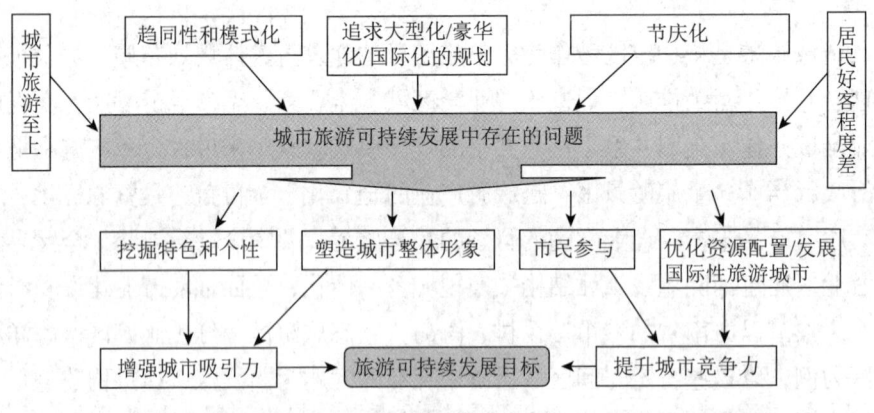

图10-7 城市旅游目的地可持续发展的途径—目标系统分析模型

1.存在的问题

（1）存在"城市旅游至上"的错误观念和行为。城市旅游在跨行业发展时，要注意保持自身的专业特长和业务优势，防止弱化淡化，丧失自己的主体吸引力和核心竞争力。

（2）存在趋同性和模式化问题。有些城市的中心地带涌现出不少雷同的现代街区、相似的高层楼宇、相似的商厦店铺、相似的饭店餐馆，原先富有地方特色的建筑风格逐渐消失，原居民文化也日渐淡薄。

（3）存在盲目追求大型化、豪华化和国际化的规划问题。地方政府编制城市旅游规划时，总给委托方提出"高起点、高标准、高品质、高效益"的"四高"目标，热衷于建设国际游乐城、星级饭店、高尔夫球场、迪士尼式游乐园等现代设施。

（4）存在"城市旅游节庆化"的问题。现有的一年一度的"海南岛欢乐节"是为了吸引外来游客而生造一个"节庆"，如果不被当地民众所接受和喜爱，那么它给予外来游客的经历也将是肤浅的、没有吸引力的。

（5）居民好客程度差，素质有待提高。许多城市的服务机构和普通市民至今未能改变对外来游客的不友好态度，甚至坑客、宰客等现象也屡见不鲜。市民乱扔垃圾、不遵守交通规则、环保意识差等坏习惯，也影响外来游客对目的地的感知形象。

2. 对策

（1）以人为本，挖掘特色，提升城市旅游的个性化和文化吸引力。不同的城市可以从观光、娱乐、度假、餐饮、历史文化、商务会展、民俗风情、购物、生态等方面，根据自己的资源特色，树立鲜明的主题形象。

（2）构建城市综合旅游吸引力系统，全面塑造和设计城市旅游整体形象。城市的现代化程度、经济水平、科技实力及其历史积淀的知名度是最重要的旅游资源和有利条件；城市风貌的地域特色、街巷的清洁卫生、环境的美丽宜人、交通的方便通达、生活的祥和有序、居民的热情好客等构成了城市的整体形象；城市旅游规划要坚持保护与开发并重，以具有鲜明个性的旅游形象为核心，形成一个功能齐备、结构合理、整体优化的城市旅游发展体系。

（3）强调市民的参与，发展"社区参与城市旅游"。当地居民在城市中长期生存发展，逐渐适应了那里的自然环境和生活条件，形成了有地方特色的生活习俗、文化艺术、风味饮食等人文景观，当地居民参与旅游发展将让游客直接感受该城市独特的民俗风情和原汁原味的文化氛围，将给旅游者留下深刻的印象；为当地市民创造就业机会，提高市民的生活水平和道德修养，促进当地的社会发展；当地居民从旅游业中获益，将自觉保护城市的传统民族文化和自然生态环境。

（4）优化城市旅游资源配置，加快旅游产品向集约化方向发展。从数量上看，需要盘活原有的城市旅游资源存量和增加新资源的投入量；从时间上看，需要不断推出生机勃勃的、吸引力强大的城市旅游新热点和新卖点；从空间上看，需要完善和调整城市旅游的基础设施和场所布局。在资源配置和资产重组的基础上，建立跨行业、跨地区、跨所有制结构的特大型城市旅游集团，进一步拓宽城市旅游的国际和国内旅游市场。

（5）把握国际性城市旅游发展方向，努力开展国际合作，培育出世界旅游组织所认可的、体现中华民族特色的世界旅游名城。根据"国际旅游城市十大标准"来发展三亚市、海口市、琼海市（博鳌镇）的城市旅游：进得来出得去的交通，方便办理的出入境手续，适合举办国际会议的现代设施，便于国际交往的活动中心，具有世界吸引力的旅游吸引物，方便的旅游信息系统，固定的节庆活动，完善的商业服务设施，良好的城市形象和不断提高的国民素质。

二、乡村旅游目的地系统管理的问题与对策

乡村旅游在一些欧美发达国家已具有相当规模，并且已走上规范化发展的道路，海南省的乡村旅游是在国内外市场需求的推动下应运而生的，由于起步较晚，目前尚处于初期阶段。乡村旅游可持续发展的核心是要保证在从事"农家乐"、旅游开发的同时不要损害后代为满足旅游需求而进行旅游开发的可能性，将满足旅游者的需求和满足当地农民的需求相统一。乡村旅游目的地可持续发展的途径—目标系统分析模型如图 10-8 所示。

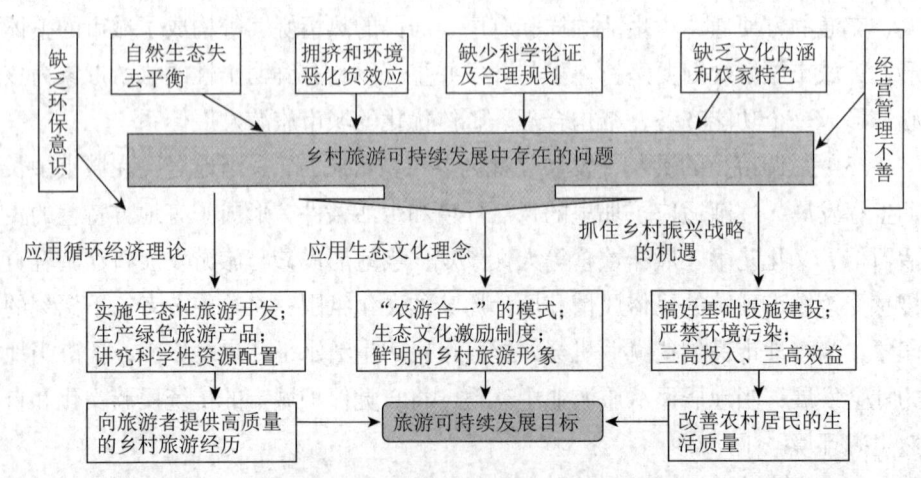

图 10-8　乡村旅游目的地可持续发展的途径—目标系统分析模型

1. 面临的问题

（1）乡村旅游的自然生态平衡遭破坏。农村环保设施比较薄弱，许多地方在缺乏有效监控的情况下，盲目开展旅游活动和开发旅游项目，导致了不可逆转的环境破坏，使生态失去平衡。

（2）乡村旅游活动产生拥挤、环境恶化等负面效应。乡村旅游活动的开展带来了拥挤的客流、车流以及噪声、废气，让当地的农民感到生活空间缩小；生活拥挤纷乱，严重的会导致当地农民对外来旅游者的敌视态度。

（3）项目建设缺少科学论证及合理规划。乡村旅游的主要经营者是农民，其思维特征缺乏理性，重模仿，经营理念雷同；乡村旅游产品、菜肴品种、娱乐项目都很类似，缺少特色；当地政府应该对当地的旅游资源、客源市场、地理位置等进行科学有效的评估、定位和市场研究后，再确定是否能够开发成独具特色的乡村旅游。

（4）旅游商品生产缺乏环保意识。个别经营者只顾眼前利益，为了使旅游商品的外表更诱人，或存放时间更长，或在生产过程中采取用硫黄熏、掺入化学防腐剂、使用食物生长激素等，不惜损害旅游者的身体健康。

（5）文化含量低，产品形式单一，缺乏农家特色。乡村旅游产品并没有深入挖掘乡村旅游资源和环境的文化内涵，产品单一，缺乏品牌效应；旅游活动也仅停留在观光、采摘等满足游客的物质欲望上；缺乏娱乐休闲项目，缺乏原汁原味的村野特色，不能满足多层次游客的需求，以至于重游率低。

（6）经营管理不善，无序竞争危害大。对不正当、无序的竞争应进行有效的管理；并督促农家乐的经营者提高管理和经营水平，以新、奇、异、美、特的乡村文化内涵来吸引旅游者。

2. 应用循环经济理论促进海南省乡村旅游的可持续发展

（1）实施生态性旅游开发。在旅游开发中，重视保护和改善农村环境质量，尽量保留原始的自然风光、宁静的生态环境和淳朴的农家生活方式，保持生态平衡，促进生态系统的良性循环；建筑材料应以土、木、石、竹等乡土材料为主，色彩、风格应与村落气氛协调一致，不能破坏乡村的整体氛围和美感；控制和减少使用有害或对环境不友好的产品，比如除草剂、杀虫剂，以及腐蚀性和感染性物品，避免使用不能生物降解的塑料容器。

（2）生产绿色旅游产品，发展绿色农业。乡村旅游设施和旅游吸引物要考虑环保的要求，开发绿色餐饮、绿色旅店、绿色商品和绿色线路；旅游设施应体现农村特色，就地取材，营造农家氛围；按照食物供应链与加工链规律，充分合理利用自然资源，尽可能达到资源利用最充分，产出最多，废物最少，环境污染最小，生产出无毒无害的天然食物；农业产品应注重原汁原味，不用化肥，不施农药，现场生产和消费。

（3）讲究科学性资源配置。对旅游资源进行综合、科学地利用，减少和避免对乡村旅游资源的破坏及废弃物的排放，做到低成本、低排放、高利用、高产出。

3. 应用生态文化的理念促进海南省乡村旅游的可持续发展

（1）坚持"农游合一"的发展模式。保持农业特性，在农业生产的基础上开发旅游功能；在农业生产的同时，兼顾旅游功能。

（2）建立生态文化激励制度。需要建立一套绿色保障制度体系，尤其是绿色激励制度，如绿色财政制度、金融制度、税收制度、投资制度等。

（3）树立鲜明而突出的乡村旅游形象。强化特色意识，树立"土著文化、民俗文化、民族文化就是资源"的思想；必须突出"农"家特色，遵循朴素、自然、和谐的基本原则，最大限度地突出和保持原汁原味的农家风味。

（4）充分挖掘少数民族文化资源。海南有黎、苗、回、壮等36个少数民族，各少数民族各有自己的质朴淳厚的民风民俗，如海南汉族琼山府城正月十五的换花（香）节、文昌元宵节的送灯会、万宁古万州的婚姻风俗、黎族的"三月三"、苗族的十月年节等。

4. 借助"乡村振兴战略"的机遇促进海南省乡村旅游的可持续发展

（1）搞好基础设施建设，营造良好的乡村旅游大环境。要从交通入手，提高旅游区的可进入性；从宣传教育入手，形成一个全社会支持、全民参与、政府重视的社会环境；从服务条件入手，创建一个高科技、高质量、高品位的服务环境；从整体入手，加强治安和卫生管理，提高从业人员的综合素质，营造一个山美、水美、人更美的乡村旅游大环境。

（2）严禁乡村旅游开发中的环境污染与资源破坏，兼顾游客体验与资源保护。乡村旅游景区特有的"农"味、"土"味、"野"味若受到破坏，就会严重影响游客的满意度和重游率；避免出现因游客过多造成的花草树木受损害、自然风光受破坏的现象，将游客数量控制在景区环境容量之内。

（3）将高经济投入、高人才投入和高科技投入的"三高投入"与高经济效益、高社会效益、高生态效益的"三高效益"紧密结合，提高乡村旅游的科技含量。搞好旅游基础设施建设，将乡村旅游资源开发成旅游产品，策划高质量的旅游项目；实现乡村旅游绿色化、旅游产品多样化、景区管理科学化和游客满足感最大化；合理开发乡村独具特色的自然景观、风格迥异的人文景观、光辉灿烂的民间艺术以及多姿多彩的民俗风情旅游资源，发展具有竞争力和生命力的现代乡村旅游（隋春花，2000）。

三、海岛旅游目的地系统管理的问题与对策

海岛能够给旅游者以远离城市喧嚣和体验回归自然的心理感受，受到越来越多游客的青睐。泰国的普吉岛、印度尼西亚的巴厘岛等海岛都是世界上著名的旅游胜地，而同属热带地区的海南西岛（以下简称"西岛"）虽拥有国内优良、独特的旅游资源，但旅游开发并未带来预期的经济效益。海岛旅游目的地可持续发展的途径—目标系统分析模型如图10-9所示。

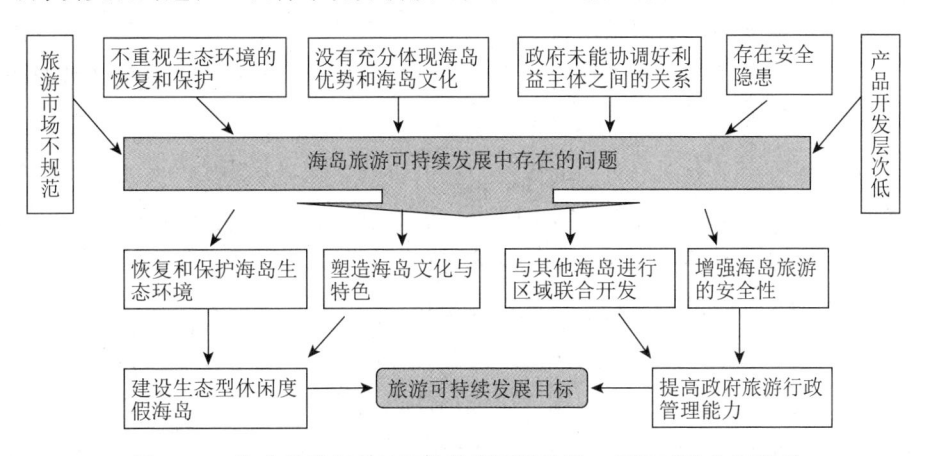

图10-9 海岛旅游目的地可持续发展的途径—目标系统分析模型

1. 海岛旅游开发存在的问题

（1）没有重视生态环境的恢复和保护，未能积极有效地开展生态旅游。由于开发商未采取积极措施，恢复西岛的生态环境，反而砍掉了原有的一些树木，修建盘山公路和游乐设施；海上旅游活动开展以来，逐渐产生许多固体垃圾，未得到及时的回收处理，造成一定程度的环境污染；目前较为普遍的体验

式潜水，由于缺乏珊瑚礁资源保护知识，在潜水过程中对珊瑚礁破坏严重，尤其是水肺潜水和海底漫步这两种潜水方式对海底生态环境的损耗很大。

（2）旅游开发没有充分体现海岛优势和海岛文化。虽然设立具有海岛特色的雕塑，如海螺、海龟等，但没有从渔业活动方面挖掘，如没有在饮食、住宿、旅游商品等方面下功夫，没有展现渔民的生产工具、生产方式和生活方式，没有让游客全方位体验渔民生活。

（3）政府在旅游开发问题上未能协调好各利益主体之间的关系。由于未能协调好旅游开发商之间的利益关系，不仅影响了旅游开发企业的利益，而且导致重复建设和掠夺性开发资源，恶化了旅游企业与当地居民的关系。

（4）海岛旅游存在安全隐患。在西岛旅游经营过程中，发生过几起因海上风浪较大，导致快艇出事、旅客落水受伤的事件，而且发生了因受伤旅客未能得到救治而引发的投诉事件。由于西岛孤悬海外，岛上的治安等安全状况不佳对西岛旅游也产生一定的不良影响。

（5）旅游产品开发层次较低。西岛目前开发的旅游产品主要是海水浴、阳光浴、水上运动和水上游乐项目，如潜水、海上垂钓、空中跳伞、海底观光以及一些陆地娱乐活动，缺乏深度开发的休闲度假产品，游客在西岛逗留的时间短，在当地消费低。

（6）旅游市场不规范对西岛旅游市场的影响。随着零团费乃至负团费现象的出现，导游高额回扣现象越来越严重，不但经常发生侵害游客利益的事情，而且对旅游景区的正常发展造成不好的影响。

2. 实现海岛旅游可持续发展的具体措施

（1）恢复和保护海岛的生态环境。海域方面，增强游客及管理人员的生态环境保护意识，逐步淘汰对珊瑚资源破坏性较大的体验式潜水，利用美国国际潜水教练协会（NAUI）与三亚西岛海上游乐世界开展合作建立潜水培训中心的机会，培养专业持证潜水者，大力开展包括深海潜水、远海潜水、漂潜、水下狩猎等多种形式的深海潜水，同时积极发展远洋捕捞，禁止近海滥捕，保护近海鱼类资源；陆域方面，大力种植生长迅速的木麻黄、苦楝树、南洋楹等树种；继续增加猕猴或其他动物，招引各类鸟群来繁殖，以逐步恢复西岛生态平衡；多渠道解决能源问题，铺设西岛至东岛的海底电缆，把三亚市的电输送到西岛；大力发展沼气能源，间接地减少岛上居民的毁林行为。

（2）塑造海岛文化与海岛特色，建立海岛休闲度假中心。建立海岛餐厅、风情演艺厅、海岛酒吧等陆上休闲区，开设游艇、骑士、垂钓、潜水、航空滑翔等为"卖点"的俱乐部等；建立热带雨林疗养区和猕猴观赏区，丰富游客夜间生活。

（3）把西岛建设成"生态型热带休闲度假海岛"。利用海岛生态环境的原生性，产品开发应从目前单一的海上娱乐活动向"娱乐+休闲度假"的活动转变；道路不宜太宽，要避免劈山、砍树；饭店的建筑材料尽量采用当地的天然的材料，功能上追求舒适，例如饭店大堂的地面可以用沙滩铺设；在景区管理方面，游客游泳必须在特定的专门海域，不能踩、采珊瑚礁；海岸边两公里内禁用渔网捕鱼；建立一个独立的水循环系统，禁止任何废弃物排入大海；旅游用品和旅游商品自然化、当地化；让当地居民参与旅游业的实施和管理工作，使他们分享到发展生态旅游业带来的利益。

（4）与蜈支洲岛、分界洲岛等其他海岛进行区域联合开发，发挥协同效应。海岛旅游核心资源"4S"（Sun、Sand、Sea、Seafood）的同一性使得海岛目的地替代性强，竞争激烈，应打破行政区划界线，根据旅游资源的内在联系和地理空间的邻近性等，加强区域旅游业的联合与协作；在统一规划的基础上，统筹开发优势资源，统筹建设旅游设施，统筹开发旅游市场，树立区域旅游整体形象，实现"资源共享""市场共享"，提升区域旅游竞争力。

（5）抓紧基础设施建设，增强西岛旅游的安全性。应采取多种措施，加强管理，保障快艇运输的安全性；必须解决好用油、用电等能源供给问题，保证快艇燃油的正常供应；多渠道解决淡水资源问题。

（6）提高政府旅游行政管理能力。协调各利益主体之间的关系，促进旅游企业公平竞争；借鉴国际著名海岛发展旅游业的经验，制定海岛旅游的专项政策法规。

四、生态旅游目的地系统管理的问题与对策

海南自 1960 年建立第一个保护区——尖峰岭自然保护区以来，至 2000 年已建立各级各类保护区 78 个，占全省陆地面积 4.28%。保护对象有热带雨林、珍稀濒危动植物物种及生态系统、热带季雨林、红树林、珊瑚礁、热带海岛海岸等自然景观，这些都充分体现了海南特有的生态旅游特色，开发利用潜力极

大。生态旅游目的地可持续发展的途径—目标系统分析模型如图10-10所示。

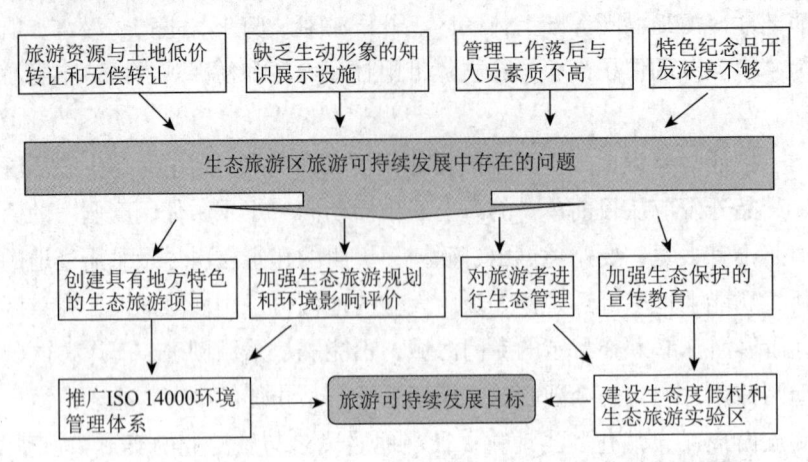

图 10-10　生态旅游目的地可持续发展的途径—目标系统分析模型

1. 存在的问题

（1）很多自然保护区存在低估旅游资源的潜在价值，存在旅游资源和土地的低价转让和无偿转让现象。一些贫困地区急于通过旅游业带动经济发展，廉价出让旅游黄金地段的土地，致使地方旅游业失去发展空间，地方得到的是微薄的土地转让费和受污染的环境；一些地区旅游开发缺少市场观念，投入与产出不成比例。

（2）自然保护区缺乏生动形象的知识展示设施，如自然博物馆或展厅、知识讲解标牌等。现有设施许多已经陈旧，野外的知识性标牌数量稀少，同时设施所提供的知识内容也残缺不全，挂一漏万，远不能反映保护区内极为丰富的科学知识内涵，展示手段更是保守落后，形式单调，无法满足游人的需要。

（3）一些保护区的研究和管理工作相当落后，工作人员素质不高。经过专门训练的讲解员不足，使游客无法在景观优美的自然环境中感受大自然与人类的和谐关系。

（4）以生态旅游特色为标识性的旅游纪念品开发深度不够。

2. 对策

（1）创建具有海南地方特色的生态旅游项目。要根据海南本地的生态资源，围绕农、林、海洋生态系统发展生态旅游项目，将丰富的动植物资源、自然景观及人工生态景观和谐地配置在一起，创建具有热带或亚热带特色的花卉园、热带植物园、生态农业观光园、珍珠养殖园、热带海洋动物园、海底观光园、热带森林公园、蝴蝶谷等；重点开发海底观光、热带雨林探奇、热带动植物园和生态农业旅游；同时，注意文化渗透，提高文化品位，争创海南省生态旅游名牌和精品，海岛旅游要在诸如热带海滨游、原始森林游、热带动植物观赏游中融入深厚的文化底蕴。

（2）加强生态旅游规划和环境影响评价。对海南岛整体环境容量和景点环境容量进行测算，对岛内所有的旅游景点进行生态旅游规划，进行环境影响评价；保证生态旅游规划与海南省社会经济持续发展目标相一致，不仅要提出当前旅游活动的场地安排，而且应为未来的旅游发展指明方向，留出空间；应注意统一规划，科学布局，适度发展，做到保护、净化、美化环境与项目建设同步进行；注意适度开发，控制接待人数，合理划分功能区，拟定适合动物栖息、植物生长、旅游者观光游览和居民居住的各种规划方案。树立"居民第一、游客第二"的思想，充分考虑当地居民的各种愿望，为他们提供参与旅游决策的机会，甚至行政上赋权当地社区管理。

（3）推广 ISO 14000 环境管理体系。依据"国际标准组织"颁布的 ISO 14000 标准，在全市主要旅游景点建立环境管理体系认证，建立高层次的环境管理模式；按照 ISO 14000 体系的要求，严格规范旅游开发商的行为，确保其把各项标准全面落实到项目建设、运营和管理的全过程中。

（4）对旅游者进行生态管理。通过科学分流和疏导游客，合理确定与控制生态容量和经济容量，避免生态旅游区超负荷接待游客；注意维护"生态潜力"，把经济增长限制在环境生态允许的限度内，使"生态潜力"的增长速度超过经济增长速度，使自然生产增长的速度超过消费增长的速度，增进生态潜力。

（5）加强生态保护的宣传教育。以各种形式对旅游者和旅游从业人员进行生态科普教育和生态道德教育，如在旅游区内设置生态教育的宣传栏，在导游词中增加生态教育的内容，提高旅游从业人员的生态知识和生态道德；要充实旅游从业人员特别是导游人员的科技知识，并使他们成为生态保护的积极宣传者；要对广大市民特别是青少年学生进行生态保护的宣传教育，使他们自觉地成为海南生态环境的保护使者；要让导游在旅游过程中联系眼前景物，对旅游者进行生动活泼的生态教育。

（6）建立生态度假村和生态旅游实验区。海南生态旅游区开发的基本思路可确定为：以生态度假为目标，辅之以生态观光游；建立生态旅游实验区，包括生态环境敏感区、海岛区、典型少数民族文化区三类地区（牛亚菲，1999）。

五、红色旅游目的地系统管理的问题与对策

"红色旅游"是指以中国共产党领导人民在革命战争时期形成的纪念地、标志物为载体，以其所承载的革命历史、事迹和精神为内涵，组织接待旅游者开展缅怀学习、参观游览的主题性旅游活动。红色旅游不仅是一项经济工程，更是文化工程、政治工程。目前，红色旅游备受旅游各界人士的重视，但与较为成熟的旅游产品相比，红色旅游产品仍然存在许多不足，缺乏竞争优势。红色旅游目的地可持续发展的途径—目标系统分析模型如图10-11所示。

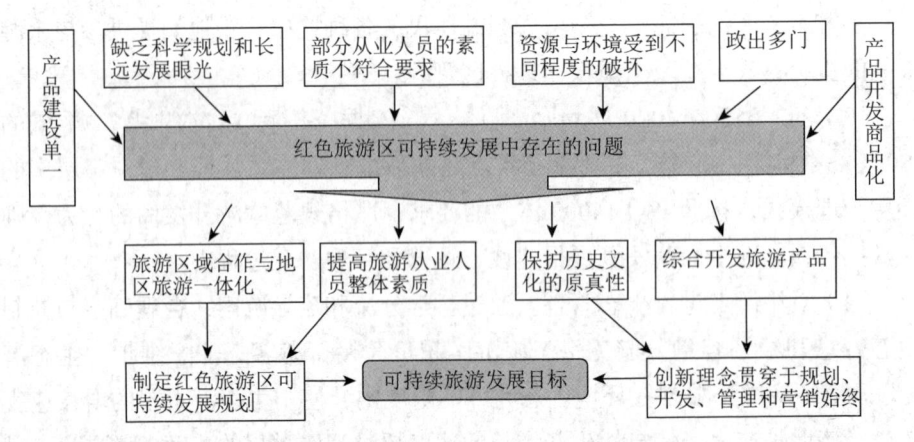

图10-11 红色旅游目的地可持续发展的途径—目标系统分析模型

1. 存在的问题

（1）缺乏科学规划和长远发展眼光。大部分琼崖革命老区地处偏僻，具备良好的生态环境、淳朴的乡土人情、鲜明的地域特色及民族风情等，但由于观念和认识不足，很多地区只是简单地把红色旅游资源当作经济产业来对待，对资源保护和管理不力，缺乏全局观和长远眼光，片面强调经济效益，急功近利，短期行为突出，导致资源和环境遭到破坏。

（2）部分从业人员的素质不适应红色旅游发展的要求。有些导游在讲解的过程中不了解历史，不能把握红色旅游的本质，不了解红色旅游的背景及文化内涵，没有规范的讲解词，没有使用标准普通话，而是使用一些外地游客难以听懂的方言俚语和道听途说的一些传闻逸事来讲解。

（3）政出多门，多头管理。由于历史原因，许多红色旅游景点的管理部门并不统一，园林局、旅游局、文物局、环保局、安全局、卫生局等部门管理职能交义，政出多门，致使红色旅游产品的开发受到多重制约，缺乏统一性和整体性，多方牵制不利于个性化和创新化产品的推出。

（4）产品建设单一。各景区对革命遗址类旅游资源的依赖性较强，主打产品以参观游览为主，游客只是走马观花地在革命博物馆或者纪念地走一圈；可参与性、娱乐性项目开发极少，游客体验不足，致使游客停留时间短，消费不足，经济效益不高；对于景区内的自然风光、淳朴的乡土人情、鲜明的地域特色及民族情调等进行了一些粗放的低层次开发，没有形成系列的旅游产品。

（5）红色旅游产品开发的商品化、庸俗化。在开发过程中由于受到外来文化和商潮的巨大冲击，一些革命老区的旅游开发常常忽视资源特有的文化价值和精神价值，对特有的人文资源和革命遗址缺乏有效的保护和继承，游客面对这样的旅游产品感受不到有益的教育和熏陶。

2. 对策

（1）制定红色旅游区可持续发展规划。要加大旅游资源的调查和评价工作力度，做好红色旅游区近、中、远期发展规划和开发规划，突出重点，提高档次，形成合力，避免重复性建设和破坏性开发，确保可持续发展战略的实施。

（2）旅游区域合作与地区旅游一体化。某一主题的红色旅游资源往往遍及几个市县，因此，区域合作是红色旅游产品开发及经营的前提；资源的跨区域性要求不同地区的旅游主管部门必须做好沟通工作，发挥政府主导作用，政策上大力支持，做到区域间信息畅通无阻，相互协调，合理整合资源，设计经典线路，推动不同区域的红色旅游产品"捆绑销售"，形成系列产品。

（3）大力开发人力资源，提高旅游从业人员整体素质。红色旅游景点的讲解不能像自然景观和一般的人文景点那样人为地尽情发挥，要尊重历史，尊重事实，否则只会适得其反。

（4）保护历史文化的原真性。红色旅游应在革命文物、文献、建筑等"红色文化遗存"保护的基础上,将历史文脉的人文精神融入不同的地域文化中,保证其独特的品牌优势;通过采用现代景观设计的手法,强化对重大战役、重大事件以及在民间留存的红色文化等遗存真实性和完整性保护,重点保护景点所呈现的原生态的历史感、沧桑感,突出红色旅游资源的地域性,打造蕴含特定文化和特定历史的品牌。

（5）综合开发旅游产品。红色旅游产品的开发要注意红色、绿色、古迹、民俗等旅游资源相结合,注重参与性、趣味性、探险性相结合,变红色旅游区单一观光型旅游产品结构为以生态观光、休闲度假等为主流的产品结构;将红色旅游资源与自然山水资源相结合,大力发展生态旅游;将红色旅游资源与深厚的地域文化底蕴相结合,形成具有地方特色的文化旅游线路;将红色旅游资源与丰富的民俗风情相结合,增加趣味性、参与性和娱乐性;将红色旅游资源与爱国主义教育相结合,加强青少年道德修养;将红色旅游与统一战线相结合,增强民族凝聚力和政治认同感。

（6）将创新理念贯穿于规划、开发、管理、营销过程的始终。将红色旅游资源转变为旅游产品,需要围绕"独特性卖点（Unique Selling Point, USP）"来策划、包装,如开辟"绿色通道",对学生集体实行免票参观、个人实行半票参观;充分利用重大历史事件、历史人物纪念日和节假日,以及入学、入队、入团、入党、成人宣誓等有特殊意义的日子,为学生开展户外活动、接受爱国教育提供方便。

六、海洋旅游目的地系统管理的问题与对策[1]

海洋旅游是指在一定社会经济条件下,以海洋为依托,以阳光、沙滩、海水为主要内容,以满足人们的精神和物质需求为目的而进行的海洋游览、娱乐、体育活动和疗养活动等所产生的现象和关系的总和。按其活动范围划分,海洋旅游可分为海滨游、海上游、海底游、远洋旅游、海岛游;按其活动内容划分,海洋旅游主要有海洋风光游、海洋生态游、海洋文化游、海洋度假休闲游、海洋运动娱乐游、海洋健康疗养游、海洋购物游等。总之,海洋旅游活动不仅涉及在海洋水体的旅游活动,也包括在海洋旅游区域进行的其他旅游主体

---

[1] 资料来源:张月芳,袁国宏. 海南省海洋旅游发展现状与对策[J]. 商场现代化,2007(2): 344-345.

活动。海洋旅游目的地可持续发展的途径—目标系统分析模型如图10-12所示。

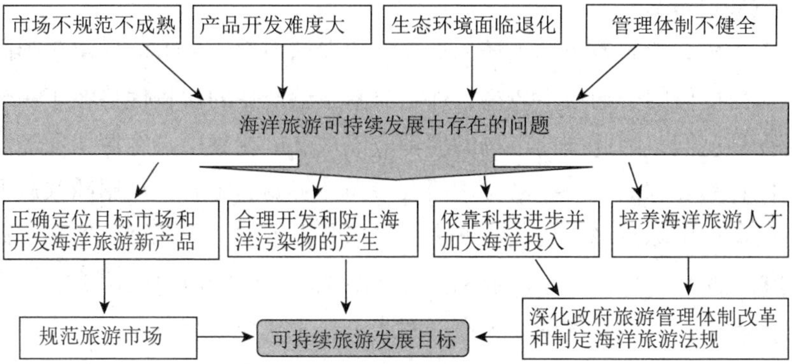

```
市场不规范不成熟   产品开发难度大   生态环境面临退化   管理体制不健全
              ↓         ↓         ↓         ↓
              海洋旅游可持续发展中存在的问题
         ↓         ↓         ↓         ↓
  正确定位目标市场和  合理开发和防止海  依靠科技进步并   培养海洋旅游人才
  开发海洋旅游新产品  洋污染物的产生   加大海洋投入
         ↓         ↓              ↓
                                深化政府旅游管理体制改革
      规范旅游市场 → 可持续旅游发展目标 ← 和制定海洋旅游法规
```

图10-12　海洋旅游目的地可持续发展的途径—目标系统分析模型

1. 存在的问题

（1）旅游产业发展迅速，旅游市场有待规范。一方面，旅行社、饭店削价竞争，许多时候接待游客只是为了维系"人气"，经营微利甚至无利可言；另一方面，一些旅游购物点和民族风情表演点利用高回扣争夺客源。

（2）旅游产品结构单一，产品开发困难。海南省旅游主管部门精心设计、花大力在国内外宣传促销的度假休闲总体旅游产品，缺乏旅游企业方便操作、游客容易接受的单项旅游产品相呼应；市场不成熟、不规范，导致运营模式的扭曲，最后直接影响到新产品的产生和发展，很多旅行社老总表示，包装一个新线路十分容易，也可以迅速推出，但与之配套的食、住、购、娱等旅游要素跟不上。

（3）海洋旅游资源不合理开发，海洋生态环境面临退化。一些海滨景区项目缺乏科学的评估体系、盲目开发和重复建设问题日益突出，导致了不可再生资源的消失；旅游者生态环保意识淡薄，一些海滨旅游地超容量接待游客造成垃圾、水体的污染、植被的破坏；虽然海南省政府和各景区都在强调景区生态环境的规划与保护，但由于大部分生态系统的生态阈值尚不清楚，导致科学利用与保护措施在政府、企业及旅游者三个层面上明显脱节，利益驱动的短期旅游开发行为已严重危及海洋生态环境的良性循环。

（4）海洋旅游管理体制不健全，旅游规划缺乏透明度和社会参与度。传统的海洋旅游资源及其管理工作涉及林业、土地、农业、地矿、建筑、文物管理、海洋管理等多个部门，这种政出多门、条块分割、各自为战的现状导致宏观管理不力。

2. 发展对策

（1）正确定位旅游目标市场，加大宣传促销力度。一方面，由于国内游客来海南旅游度假的交通成本较高，加上海南旅游产品的比较优势在于一流生态的热带海岛度假，因此国内市场的促销应该重点放在高中端客源层和经济较发达的地区；另一方面，海南岛位于西太平洋经济圈的中心，利用国家赋予的多种优惠政策，国际市场开发大有潜力，市场开发可定位于地理位置和文化渊源较近的港、澳、台地区，东南亚和日本客源市场，同时应以经济发达、国民收入较高的欧美，特别是气候较为寒冷的北美、北欧国家为主。

（2）开发海洋旅游新产品，满足旅游者多元化需求。在传统的观光产品中增加可参与性的休闲活动内容，以"三线两点①"的专线游取代传统的环岛三日游，如海洋渔业旅游、海洋盐业旅游、海洋文化旅游、热带海岛生态旅游、海洋体育竞技旅游、海洋夜生活旅游、温泉康乐度假旅游、高尔夫休闲旅游等；建立"三亚旅游圈"和"海口旅游圈"，做到中心城市和周边地区资源共享，优势互补，形成南北两大旅游基地；在此基础上，开发"海南岛东海岸旅游度假带"，建设一条可以和法国的蓝色海岸、西班牙的太阳海岸、澳大利亚的黄金海岸相媲美的海南岛"椰树海岸"，并以此辐射和带动海南中线、西线地区旅游产品的开发兴旺。

（3）调整产品结构与客源结构，规范旅游市场，实现产业转型增效。可以借鉴一些国际著名的海岛海滨度假地如印度尼西亚的巴厘岛、马尔代夫共和国、马来西亚的蓝卡威岛、泰国的普吉岛的旅游开发的许多成功经验。

（4）合理开发海洋旅游资源，防止海洋环境污染物的发生。研究海洋环境与资源的承载力以及对其容量实行限制，保持海南岛的地方特色，按照预防为主、防治结合、谁污染谁治理的原则，加强对海洋环境的监测和执法管理，重点应加强对陆源污染物的管理，实行污染物总量控制制度。

（5）依靠科技进步，加大海洋旅游投入。积极引进、采用当今先进的科学技术，促进海洋旅游的科技化、信息化和现代化，如充分利用计算机信息技术来开发、监测和保护旅游资源，销售旅游产品；在各旅游区、宾馆、饭店采用

---

① "三线两点"的专线游是指海南目前的三亚市和海口市构成的"两点"，东线、中线、西线高速公路构成的"三线"。

绿色环保清洁卫生技术，对各种能源采用节约技术等。

（6）加强公众教育，培养海洋旅游人才。在全社会进行多方位宣传，普及海洋知识和环保意识，提高游客、管理者可持续发展的意识，逐步形成文明、科学、健康旅游的社会氛围；对从业人员进行专门培训，使他们能把观赏与教育融会于海洋旅游之中，使游客能认识海洋、欣赏海洋、保护海洋，维护海洋生态平衡；利用旅游院校、培训班、专题讲座、学术会议等各种形式及请进人才、派出学习等办法培养一大批海洋旅游专业人才，为海南实现可持续发展旅游提供人才保障。

（7）深化管理体制改革，加快制定海洋旅游法规制度。建立市场调节和政府宏观调控相结合的"政府主导型"旅游管理体制，探索出一套以法律、经济、行政手段并行，行业自律、企业自救等方法并用的旅游产业调控办法，将对旅游业的干预和协调从部门行为上升为政府的综合行为，真正做到"大旅游、大产业、大管理"；在严格管理的前提下，充分考虑国际通行的做法和国际惯例，坚持政策创新，调整和建立旅游发展保障体系，通过开放性政策推进海南旅游国际化进程；在执行与海洋旅游相关的《环境保护法》《资源法》《海洋法》《大气法》《野生动植物保护法》等法律法规的同时，需要积极修订地方的旅游行业管理条例和制度，真正做到有法可依、有法必依、执法必严、违法必究。

■ 思考与习题

1. 描述利珀在1979年提出并于1995年重建的旅游地理系统模型。
2. 旅游目的地系统管理的概念和特征是什么？
3. 目的地系统的原理要点有哪些？
4. 目的地系统管理的模式有哪些？
5. 简述目的地系统管理框架构建的程序。
6. 什么叫全域旅游？
7. 试述广州市如何创建全域旅游？
8. 请结合你的家乡所在区域的空间类型和旅游特色（城市旅游/乡村旅游/特色小镇旅游/海岛旅游/生态旅游区/红色旅游区/海洋旅游/国家公园等），论述你的家乡如何创建全域旅游？

思考与习题
答案

可持续发展篇

　　旅游可持续发展的核心思想是五个目标，即生态意识、公平发展、居民生活、旅游经历、环境质量。旅游可持续发展的实现路径是旅游动力系统、旅游产品供给系统、旅游价值链协调系统、旅游目的地协调系统四个子系统的协同发力。单纯地做好某一个方面，并不能取得应有的效果，协同可以产生更大的价值。实证研究的结果表明，旅游系统管理是旅游可持续发展战略的重要组成部分，是实现旅游可持续发展的首要路径。

第十一章 旅游可持续发展

2009年12月《国务院关于加快发展旅游业的意见》指出:"要把旅游业培育成国民经济的战略性支柱产业和人民群众更加满意的现代服务业……支持节能环保,合理利用资源,实现旅游业可持续发展。"仅仅一个月后,国务院再发布《国务院关于推进海南国际旅游岛建设发展的若干意见》,要求海南"到2020年……初步建成世界一流的海岛休闲度假旅游胜地……综合生态环境质量继续保持全国领先水平,可持续发展能力进一步增强"。国家对旅游业之重视,前所未有;国家对旅游业可持续发展之厚望,前所未有。然而,长期以来旅游可持续发展存在实现路径的理论困境。

本书的研究可以将旅游可持续发展的实现路径研究引向深入。目前,旅游可持续发展管理研究领域,很少或没有将系统哲学、系统分析和系统管理纳入实现路径的研究中去。在旅游可持续发展的实现路径可能成为国际上学术研究的热点之时,立足中国旅游管理情景,深入研究旅游系统管理理论对旅游可持续发展管理的影响,可以从一个新颖而恰当的视角去理解旅游可持续发展的实现路径问题,对传统的旅游管理研究和可持续旅游研究均做出新的贡献。

第一节 可持续旅游产生的背景

可持续性概念起源于20世纪70年代兴起的环保主义,可持续发展的思想首次被"自然和自然资源保护国际联合会"在它的《世界保护战略》中被提到显要位置。1987年,布伦特兰就职报告给可持续发展下定义为,"满足当代人的发展需要，而不削弱未来代人满足他们自己需要的能力"。就职报告进一步强调，可持续发展不是一个固定的和谐状态，而是一个变化的动态过程，这些变化"都处于和谐状态，并且增进现在和未来的潜力以满足人类的需要和欲望"。1990年，在加拿大温哥华召开的"可持续发展国际大会"上，旅游组行动策划委员会在《旅游可持续发展行动战略》草案中，明确提出了"可持续旅游"的概念，构筑了该理论的基本框架和主要目标：

（1）增进人们对旅游所产生的环境效应和经济效应的理解，强化人们的生态意识（缩写成"生态意识"）；

（2）促进旅游的公平发展（缩写成"公平发展"）；

（3）改善旅游接待地区居民的生活质量（缩写成"居民生活"）；

（4）向旅游者提供高质量的旅游经历（缩写成"旅游经历"）；

（5）保护未来旅游开发赖以存在的环境质量（缩写成"环境质量"）。

1995年联合国教科文组织（UNESCO）、环境规划署（NUEPP）及世界旅游组织（WTO）等，在西班牙召开了"旅游可持续发展世界会议"，制定并通过了《旅游可持续发展宪章》及其行动计划，为可持续旅游的发展规划提供了一整套行为规范和具体操作程序。《旅游可持续发展宪章》通过了18条原则和目标，大致可归纳为：旅游发展必须建立在生态环境的承受能力之上，符合当地经济发展状况和社会道德规范，与自然、文化和人类生存环境成为一个整体，对旅游发展负有责任的政府机构、协会与环境方面的非政府组织应通力合作，加强可行性研究，拟定发展框架，完善旅游规则，实现地区乃至全世界旅游可持续发展。

作为对联合国《里约环境与发展宣言》（即21世纪议程）的一个反应，世界旅游组织（WTO）、世界旅游理事会（WTTC）与地球理事会（Earth Council）联合制订了《关于旅游业的21世纪议程》，正式文本在1997年6月联合国大会第九次特别会议上散发；该文本对旅游可持续发展作了如下定义：旅游可持续发展在保持和增进未来发展机会的同时，满足旅游者和东道地区当前的各种需要。这被正视为导致对所有的资源进行管理，以满足经济、社会和审美需要，同时保持文化完整性、基本生态过程、生物多样性和生命支持系统。

1997年由国家科委、中国科学院、国家旅游局组织制定的《中国旅游业可持续发展的若干问题与对策》中提出：旅游发展要以不破坏其赖以生存的自然资源、文化资源及其他资源为前提，并能对生态环境保护给予资金支持，使其得到可持续利用；旅游资源应能承载日益增长的旅游者数量，动态满足旅游者日益增加的多样性需求，并能保持对未来旅游者的吸引力；旅游业必须能满足当地居民长期发展经济、提高生活水平的需要。

因为在英文期刊文献中多使用"Sustainable Tourism Development""Sustainable Tourism""Tourism Sustainbility"，在世界旅游组织的网站上使用"Sustainable Development of Tourism"，所以在本书中出现的"旅游可持续发展""旅游业可持续发展""可持续旅游发展""旅游可持续性""可持续旅游"可以相互替换，有时缩写成"STD"。

第二节 可持续旅游概述

作者收集起来的国内外可持续旅游文献多达数百篇，当以旅游可持续发展的五个目标为纲进行梳理时，发现几乎每篇文献资料都能找到相应的位置。关于STD的概念和理论方面的文献涉及6个主题：概念和内涵、理论研究、可持续旅游与生态旅游的关系、旅游可持续发展的实现途径、旅游可持续发展评价指标体系、介绍国外的旅游可持续发展经验。关于STD目标之一"生态意识"的文献涉及2个主题：旅游所产生的环境效应和经济效应的关系、可持续旅游管理教育。关于STD目标之二"公平发展"的文献涉及4个主题：旅游公平发展的含义、通过具体案例确定利益相关者、从企业角度明确利益相关者的责任、从政府角度明确利益相关者的责任。关于STD目标之三"居民生活"的文献涉及4个主题：旅游对地方经济增长的贡献、社区驱动旅游发展、将旅游业作为消除贫困的发展战略、发展中国家旅游可持续发展的问题。关于STD目标之四"旅游经历"的文献比较少，涉及1个主题。关于STD目标之五"环境质量"的文献涉及6个主题：生态旅游与可持续旅游认证、从环境保护角度看待可持续旅游、总结自然目的地的可持续管理策略和经验、对生态旅游地和企业进行环境管理、文化的可持续性、特定空间区域旅游可持续发展。

关于旅游可持续发展实现路径方面的文献有：Farrell（2005）在复杂系统

动力学的背景下，展示给读者7个通向可持续旅游的步骤；陈冬捷等（2009）综述了第六届旅游前沿国际学术研讨会——"可持续与可替代性旅游"国际会议，这次会议于2009年7月在桂林阳朔成功举办，200多名专家学者围绕可持续旅游、可替代性旅游、社区旅游、旅游影响等主题的热点议题和前沿问题展开全面而深入的思想碰撞；Waligo等（2013）提出了实现可持续旅游的多主体参与管理框架，这个框架包括三个战略层次：吸引力、整合和利益相关者参与管理。

（1）将国内外可持续旅游文献进行定量与定性对比分析，至少可以发现以下几点。其一，无论是国外还是国内，可持续旅游都是一个越来越热门的研究领域，具体表现在可持续旅游的文献数量稳步增加。其二，国外研究案例区主要选择英国、美国等经济发达并且旅游发达的国家，而国内研究案例区主要集中在四川、云南、贵州等经济欠发达但对旅游发展寄予厚望的省份。其三，国外研究主题词集中于环境、发展和管理，利益相关者管理、社区驱动旅游发展、自然旅游目的地的管理，是当前最受关注的研究方向；国内研究主题词集中于发展、生态和开发，生态旅游、特定空间区域旅游是研究热点，为目的地规划、开发服务。其四，在Scopus数据库的可持续旅游文献篇名中，"管理"一词出现的频次占检索词总频次的3.73%，而在CNKI数据库中该比例只有0.83%，这既反映了中外可持续旅游研究的差别，也反映了我国可持续旅游研究的发展趋势。其五，可持续旅游研究主要集中在旅游目的地管理领域，很少或者没有将旅游动力系统、旅游产品/体验/经历供给系统优化、旅游价值链/供应链系统管理纳入可持续旅游研究范畴。

（2）要将可持续发展思想转变为行动，需要发展理论上可靠、实践上可行的政策和方法。许多学者和从业者热情地促进生态旅游、替代性旅游等作为旅游可持续发展的路线。但是，经验表明，没有一个形式可以被依赖为世界旅游业可持续并且增长的方法。所以，我们应该研究出方法，将可持续发展原则应用于主流的、常规的大规模旅游，而不是专注于发明或者重新贴标签于大规模旅游的各种各样的"边缘形式（side-shoots）"。也应该通过鉴定机构，如世界旅游组织和可持续旅游工作委员会，更加努力促进可持续旅游的全球性准则、标准和最佳实践。

（3）为了将可持续旅游研究转变到更加科学的水平，系统哲学是必要的。

为了增进我们理解旅游的特征和变化模式，以及旅游与自然、技术、社会和经济环境的动态相互作用，系统观点是必要的。系统方法不仅是"我们看世界的方式"和"思想框架"，而且"不可否认是一种精神态度或哲学"；它从全面的角度，使分析、描述和综合不同的观点成为可能。例如："从企业角度确定利益相关者的责任"研究与旅游价值链系统管理研究在内容上有很大的交叉和重叠，可以将这部分文献纳入旅游价值链系统管理；"从政府角度确定利益相关者的责任"研究与目的地系统管理研究在内容上有很大的重叠；"改善接待地区居民的生活质量"可以纳入目的地系统管理研究范畴；"向旅游者提供高质量的旅游经历"与旅游产品供给系统优化、旅游价值链系统管理之间都有很大的关联性。

（4）为了使不同教育和知识背景的研究者，以一种更加和谐、有效的方式一起工作，在可持续旅游研究中应该采取跨学科的方法，这样不同学科之间的协同作用得到发展，并产生一个更加集成的合成物。一些有识之士注意到系统科学和系统学对旅游可持续发展研究的重要性，如 Liu（2003）在《可持续旅游发展：一个批判》中认为：可持续旅游理论是补缀的、脱节的，并且因为错误的假设和论点而存在缺陷，表现在概念误解、错误测量和不适当方式上；为了将可持续旅游研究转变到更加科学的水平，系统观点和跨学科方法是必要的。

第三节 旅游系统管理框架的构建 [①]

一、旅游可持续发展的实践困惑与出路

生态旅游、替代性旅游是实现 STD 的方式吗？STD 本质上是宏观问题，生态旅游或替代性旅游最多是一个微观解决办法。一些有识之士注意到系统科学和系统学对旅游研究的重要性。例如，Liu（2003）在对可持续旅游文献进行回顾后认为，系统方法将可持续性视为一道练习题（exercise），对发展系统中的所有要素进行条件优化和调整，使系统作为一个整体保持它的意义，而不

[①] 资料来源：袁国宏. 旅游系统管理及其与旅游可持续发展的关系研究 [D]. 暨南大学，2008.

是其中一个要素汹涌向前并损害其他要素。王大悟（2005）等人提出了"大众旅游生态化""生态化旅游"的概念，强调将生态学的基本观点、基本概念和基本方法移植和延伸到旅游领域，将旅游发展、环境保护及当地经济发展紧密结合。

谢彦君（1999）认为，旅游容量控制是旅游可持续发展的实现途径；李天元（2003）认为，旅游承载力控制是实现旅游可持续发展的关键。那么，什么是旅游容量、旅游承载力呢？旅游承载力或旅游容量是指一个旅游目的地在不至于导致当地环境质量和到访游客旅游经历的质量出现不可接受的下降这一前提下，所能吸纳外来游客的最大能力。旅游承载力包括：

（1）旅游设施用地的承载力，即适合用于建造旅游设施的土地数量以及这些旅游设施的最大综合接待能力；

（2）物质环境承载力，即在不至于导致当地旅游环境的对外吸引力出现下降的前提下，所能接待来访游客的最大数量；

（3）生态环境承载力，即在不至于导致当地的生态环境和生态体系发生不可接受的变化这一前提下，所能吸纳来访游客的最大数量；

（4）社会承载力，也称社会心理承载力，即在不至于导致当地社会公众的生活和活动受到不可接受的影响这一前提下，所能接待到访游客的最大数量。

本书认为：旅游承载力控制不能兼顾旅游可持续发展的五个目标；旅游承载力控制不能兼顾旅游者、旅游企业、旅游社区、目的地政府、客源地政府五个适应性主体的利益。旅游可持续发展本质上是一项系统工程，其实现路径应该是旅游动力系统、旅游产品供给系统、旅游价值链协调系统、旅游目的地协调系统协同发力；单纯地做好某一个方面，并不能取得应有的效果，协同可以产生更大的价值。

二、旅游系统管理概念的提出与启示

一般系统理论建立以后，西方有些学者把它应用于工商企业的管理，形成系统管理学派。约翰逊（Johnson）、卡斯特（Kast）和罗森茨韦克（Rosenzweig）于1963年撰写了《系统理论和管理》一书，比较全面地阐述了系统管理理论。1970年，卡斯特和罗森茨韦克又合著了《组织与管理——系统方法与权变方法》一书，进一步充实了这一理论。系统管理学派是运用系统科学的理论、范畴及一般原理，全面分析组织管理活动的理论。该学派的主要理论要点是：

1. 企业系统

组织是一个由相互联系的若干要素组成的人造系统；组织是一个为环境所影响，并反过来影响环境的开放系统。组织不仅本身是一个系统，同时又是一个社会系统的分系统，它在与环境的相互影响中取得动态平衡。组织同时要从外界接受物质、能量、信息等各种输入，经过转换，再向外界输出产品。

工商企业是一个由相互联系而共同工作的各个子系统所组成的以便达到一定目标（既有组织的目标，又有其成员的个人目标）的系统。工商企业的子系统包括目标和价值子系统、技术子系统、社会心理子系统、组织结构子系统、管理子系统。工商企业又是一个开放的系统，它同周围环境（供货商、竞争者、顾客、工会、政府等）之间存在动态的相互作用，并具有内部和外部的信息反馈网络，能够不断地自动调节，以适应环境和自身的需要。

2. 系统哲学观念、系统分析技术和系统管理方式

系统哲学观念、系统分析技术和系统管理方式是既有联系又有区别的三个方面：它们都是以系统理论为指导，但在子系统、观点、方法和任务上又有区别。系统管理理论认为，一个复杂的管理制度中存在执行不同法律任务的3个子系统，即战略子系统、作业子系统和协调子系统；要把系统哲学观念、系统分析技术和系统管理方式运用于上述3个子系统，才能取得应有的效果；在应用时应该考虑3个子系统的特点。

系统哲学主要适用于战略子系统，即从系统的观念出发，采用理性的方法，设计全面的计划，将组织和环境一体化；系统分析主要适用于作业子系统，即根据优化准则，采用制定模式，以有效地利用资源，完成规定的目标；系统管理主要适用于协调子系统，即从注重实效的观点出发，采用综合的方法，强调协调组织内部相互之间的关系。

系统哲学观念、系统分析技术和系统管理方式都是以一般系统理论为指导，它们之间的关系如表11-1、图11-1所示。

表 11-1　系统哲学观念、系统分析技术与系统管理方式的关系

	系统哲学观念	系统分析技术	系统管理方式
子系统	战略子系统	作业子系统	协调子系统
观点	概念性或观念性	优化性	实践性或实效性
方法	思考或理性	建立模型或模式	综合或整合
任务	使组织和环境一体化	有效利用资源和完成目标	协调组织内部相互之间的关系

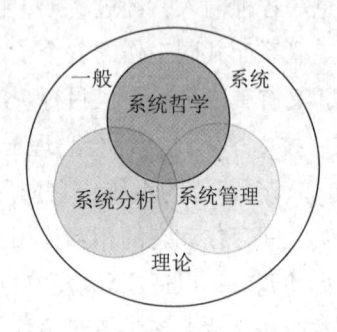

图 11-1　系统哲学观念、系统分析技术与系统管理方式关系

（1）系统哲学观念。所谓系统就是由两个以上的有机联系、相互作用的部分所组成的、具有特定结构和功能的整体。其原理是：整体是主要的，而其各个部分是次要的；系统中许多部分的结合是它们相互联系的条件；系统中的各个部分组成一个不可分割的整体；各个部分围绕着实现整个系统的目标而发挥作用；系统中各个部分的性质和职能由它们在整体中的地位所决定，其行为则受到整体的制约；整体是一种力的系统、结构和综合体，是作为一个单元来行事的；一切都应以整体作为前提条件，然后演变出各个部分之间的相互关系；整体通过新陈代谢而使自己不断地更新；整体保持不变和统一，而其组成部分则不断改变。

（2）系统分析技术。所谓系统分析就是对一个系统内的基本问题，用逻辑思维推理、科学分析计算的方法，在确定条件与不确定条件下找出各种可行的方案。或者说，系统分析就是以系统的整体最优为目标，对系统的各个主要方面进行定性和定量的分析，是一个有目的、有步骤的探索性分析过程，以便给决策者提供直接判断和决定最优方案所需要的信息和资料。系统分析要求有严格的逻辑性。也就是说，在拟订方案以前，先要确定方案的目的、实现的场

所、人员和方法等，然后搜集资料，拟定对比方案，最后对于建立的各种分析模型进行分析比较，选出可实施的方案。系统分析的准则：其一，对各种备选方案进行分析和选择，应紧密围绕建立系统的目标；其二，要从系统的整体利益出发，使局部利益服从整体利益；其三，在进行系统分析时，既要考虑到当前利益又要考虑到长远利益；其四，定量分析和定性分析相结合；其五，抓关键，不要限于细枝末节。

（3）系统管理方式。全面应用系统理论于企业组织管理实践的是开放组织系统理论，该理论特别强调开放性、整体性和层次性观念。其创始人卡斯特认为，企业是相对开放的系统，边界是可渗透的，可以有选择地输入和有选择地吸收，不仅要适应环境，还要影响环境。更重要的是，企业应有意识地去改造环境。系统管理方式有四个特点：第一，以目标为中心，始终强调系统的客观成就和客观效果；第二，以整个系统为中心，强调整个系统的最优化而不是子系统的最优化；第三，以责任为中心，分配给每个管理人员一定的任务，而且要能衡量其投入和产出；第四，以人为中心，每个员工都被安排做具有挑战性的工作，并根据其业绩支付报酬。同时，在系统管理中，有四个紧密联系的阶段：创建系统的决策、系统的设计、系统的运转和控制以及系统运转结果的检查和评价。

3. 系统动力学

福莱斯特等人创立的系统动力学是系统管理学说的进一步发展，并且把系统管理的范围扩大到社会和全球问题。系统动力学强调政策，而且通过计算，把政策和其他系统因素结合起来构成实际模型，并分析系统的管理过程，进而说明管理对于系统动力特性的影响，但其与原来的系统管理学派已有所区别。具体来说，它主要解决以下问题：①系统结构、管理政策和时间滞延之间的相互作用如何影响系统的动力特征；②与"系统结构及所取政策"有关的系统增长性预测定量化和实践问题；③如何确定一个基本结构以有利于各种管理职能的有机结合；④在企业、公司、国家经济部门或其他系统内，信息、货币、订货、材料、人员和设备等各种流程之间如何相互影响；⑤如何更有效地设计工业和经济等复杂的大系统；⑥如何把人的判断力、经验和严密的逻辑推导结合起来。

系统管理理论的理论基础是系统科学，而系统科学在进入 20 世纪 90 年代后有长足发展。尤其是在老三论（系统论、信息论、控制论）的基础上发展起来的新三论，即耗散结构理论、协同学和突变论，以及超循环理论和混沌理论，这些理论的新进展对系统管理理论的发展产生了新的促进作用。

4. 旅游系统管理概念

所谓管理，就是为了实现一定目标，管理者对一个系统及其构成要素（在目标达成前）的安排。这个定义的要点如下。第一，管理都是有目标的。不明确目标就实施管理是常见错误之一。第二，管理的对象可以是一个系统，也可以是系统的构成要素。例如系统中的信息要素。被管理的系统，通常由人、财、物、信息等要素及其构成的"事"组成。第三，安排具有时间特征，是在目标达成前。第四，对构成要素的安排，可以是"计划、规划、组织、指挥、激励、协调、监控"的任何部分，也可以是需要反复执行的"法规、条例、政策、规定"等任何部分。第五，管理者必须是有权力对相应系统及其构成要素实施安排的人。管理者的素质、经验和知识的差异会导致安排方案的差异。第六，安排的方案不同，达成目标的效率不同。有人类活动就有管理，但并不是所有的管理都会促成目标的达成，管理不恰当，会远离目标。这样，管理学就是管理者通过恰当安排对象系统及其要素，高效达成目标的科学。为此，管理学就必须研究管理对象的特征及其演变规律，研究在不同条件下高效达成目标的理论与方法（马庆国，2004）。

1963年卡斯特等人创立了系统管理理论，标志着管理理论出现统一化趋势。本节将系统管理理论应用于旅游，初步提出了旅游系统管理理论。这是一种把旅游视为一个系统整体而进行的研究。在旅游这个系统中，系统哲学、系统分析和系统管理各有特色，且在不同的子系统中的地位和作用不完全一致。

借鉴企业系统管理理论，本节把旅游分成了战略子系统、作业子系统、价值链协调子系统、目的地协调子系统。系统哲学主要适用于战略子系统（旅游动力系统），即从系统的观念出发，采用理性的方法，设计全面的计划，将旅游和环境一体化；系统分析主要适用于作业子系统（旅游产品供给系统），即根据优化准则，采用制定模式，以有效地利用资源，完成规定的目标；系统管理主要适用于协调子系统（旅游价值链协调系统和旅游目的地协调系统），即从注重实效的观点出发，采用综合的方法，强调协调旅游内部相互之间的关系。系统哲学观念、系统分析技术和系统管理方式都是以一般系统理论为指导。

本节将系统管理定义为：管理者运用系统哲学观念、系统分析技术和系统管理方式对一个系统及其构成要素（在目标达成前）的安排，以实现一定的目标。相应地，所谓旅游系统管理，是指管理者运用系统哲学观念、系统分析技术和系统管理方式对旅游系统及其构成要素（在目标达成前）的安排，以实现旅游可持续发展的目标。

三、旅游动力系统与 STD 的关系

旅游系统是一个开放的复杂巨系统，使用经典还原论的方法难以奏效。由于唯物辩证法反对以孤立、静止、片面的观点看待问题，强调事物之间的普遍联系，强调以运动的观点、整体的观点来看待事物，所以我们要以唯物辩证法的世界观和方法论研究旅游，学习与借鉴钱学森关于系统科学与系统学的论述以及所做的工作。

如果以矛盾论和对立统一规律为理论指导研究旅游动力系统，可以通过严密的逻辑推演，从理论上论证旅游系统管理与 STD 的必然联系，还可以揭示旅游系统演化的一般特征，对新中国成立以来的旅游发展历程进行合理解释，提供我国 STD 的管理政策，树立超前观念，制定未来旅游发展战略。

四、旅游产品供给系统优化与 STD 的关系

如何将众多的旅游产品定义统一起来，避免犯"盲人摸象"式的错误，形成一个旅游产品供给系统的理论框架，从而为旅游产品供给的质量提高和系统优化奠定基础，这需要使用非常规的研究方法。旅游产品供给系统优化可以使用哪些技术？这需要了解价值工程、大规模定制、价值链、投入产出分析等理论的优化机理。旅游产品供给系统的内在构成是什么？它们与"旅游经历质量"是什么关系？这需要进行实证检验。

正如 Liu（2003）所言，在强调旅游资源可持续性的同时，没有人注意到旅游者的需求。虽然从全球层面看存在持续的游客流，但从一个目的地层面看，持续的游客流不能视作是理所当然的。可持续旅游只是一个供给问题吗？可持续旅游既需要旅游对经济和社会贡献的可持续增长，又需要资源和环境的可持续利用。如果没有对旅游需求的充分理解和正确管理，两个愿望都无法实现。

1. 需求变化会影响供给变化

当人类社会摆脱了短缺经济以后，最需要的不是无穷的物欲，而是可持续发展。人的个体行为也从追求物质条件，转向相互交流和自我实现。在从事体验经济的旅游业中，作为体验策划者的企业将不再仅仅提供商品和服务，而是为消费者创造体验的舞台；在这个舞台上，消费者开始自己的、唯一的表演，即消费；当表演结束时，这种体验将给消费者留下难忘的愉悦记忆。基于这种体验的美好、唯一、独特、不可复制和值得回忆，企业可以根据其所提供的特殊价值向消费者收取更高的费用。体验经济凸显了消费者的个性化消费和生产者据此采取的量身定制生产法则。

旅游发展既是供给导向，又是需求驱动的。旅游设施及服务的提供可能产生于对需求增长的响应，或者着眼于刺激旅游需求。无论最初的动力是什么，从长远看，成功的发展需要在范围、质量、数量和价格方面保持供需平衡。供需方程式中一边的演化总是随着另一方的变动而变动，无论这种演化表示增长、停滞、衰退或者一些性质上的改变。而且，需求的种类和程度、提供的相关设施和服务将直接影响发展的各个方面。总的来说，当供给因素把旅游者拉向一个特定目的地的时候，需求因素把旅游者推向一个旅游决定。

2. 旅游流的空间分布受到各种各样目的地竞争的影响

全球旅游需求的规模和偏好是由客源国的变量决定的，而就全球来说，在20世纪后半叶旅游业快速增长，从1950年0.25亿国际到访旅游者到2000年6.98亿，从2000年到2020年以4.3%的年平均增长率速度增长。然而，没有目的地能够把旅游业的这种增长看作理所当然，因为持续增加的旅游流将被许多竞争性的目的地分享，并分配给这些目的地。

即使世界旅游需求的总规模在一个可见的未来都是增长的，但旅游者所寻求的产品的类型和质量是持续变化的。除了让"钱花得值"以外，旅游者变得更加有经验、更加挑剔、更有质量意识，并且寻求新的体验。而且，除了旅游者的口味和行为持续变化外，世界上的目的地都面临着其他休闲产业和其他目的地日益激烈的竞争。

3. 需求管理比资源管理更重要

首先，旅游需求比旅游资源通常波动更加频繁、更加突然。例如，1997年全球国际旅游过夜人数上升了2.4%，但1/5的WTO成员国的海外游客数量有所下降。

其次，旅游者的动机、偏好和感知影响旅游资源自身，意味着这些因素能够决定什么对象、什么场地能变成旅游吸引物以及在市场上的相对价值，旅游者从来不购买"资源"，他们去目的地，访问吸引物，并且使用各种设施。

最后，各种各样旅游资源的性质是动态的，其价值是变化的，这在很大程度上能用旅游需求的变化来解释。例如，在18世纪中期以前，自然现象通常不能看作旅游吸引物。阿尔卑斯山现在是较流行的风景和滑雪胜地，但在"大巡游"时代却不是。

五、旅游价值链系统管理与 STD 的关系

很少文献将旅游价值链管理与旅游可持续发展的目标结合起来研究。随着旅游者消费观念的日益成熟和可持续发展观念的深入人心，一些欧洲旅游经营商在经营实践中认识到，要对产品的质量、产品的环境效应和社会效应进行控制，就必须同供应链上的企业紧密合作。TOI 就是在这些背景下成立的，由此在短短几年时间内掀起了对旅游供应链研究的热潮（主要是我国）。旅游价值链系统管理的内部构成是什么，它们与 STD 是什么关系，这需要实证检验。

1. STD 呼唤旅游价值链系统管理的出现

旅游业带来巨大经济效益的同时，也对环境产生一定程度的破坏，人们开始对旅游业可持续发展模式进行探讨，从健全旅游环境保护的法律制度和管理制度、加强城市规划和景区开发规划管理、健全景区管理、加强旅游者的环境教育与管理，以及征收旅游税、风景区资源税、保证金与押金、排污收费、国家旅游发展基金、政府补贴的经济手段等角度提出了许多对策。

对国内旅游可持续发展的文献回顾表明，对于旅行社在旅游可持续发展中扮演何种角色，旅行社如何实施可持续发展行为、如何发挥其产业组织作用促使合作企业改善其行为、如何将旅游产业发展与旅游可持续发展有机结合起来的研究非常少。而近年来，国外旅行商（即旅游经营商、旅游批发商、旅游零售商、旅行代理商）通过旅游供应链管理把企业自身发展与旅游可持续发展很好地结合起来，并且已经取得了实效。

2. STD 的代内公平性原则需要有企业执行力

可持续发展理论的原则包括公平性、发展性、共同性原则。旅游公平发展

不仅包括旅游企业的代际公平，更包括行业／企业／当事人相互之间的代内公平，代内公平应该是代际公平的前提和基础。总的来说，可持续发展主要是由利益相关者的愿望决定的。一系列参与者有权利并且有能力对旅游系统作出改变，影响发展的过程和结果；这些参与者或者利益相关者包括旅游者（国内和国外），旅游活动项目组（游客、导游和旅游车司机），旅游企业（投资商、开发商、经营商、股东、主管部门、雇员），东道社区及其政府。总之，为了成功和可持续，旅游发展的参与者或者利益相关者应该包括各种各样的政府部门、公共部门、私人企业、社区团体和专家，尽管这些群体通常对旅游发展有利益冲突和理解差异。

3. STD 的代际公平原则需要有企业执行力

旅游可持续发展需要同时满足旅游者、旅游企业、东道社区的需要，并满足环境保护的要求。在旅游发展的过程中，需要各种各样利益相关者的伙伴关系，需要有效的、协作的规划和实施。通过整合、协调这些需要和关注点，社区的生活质量就能得到改善，同时旅游者得到满意的体验，旅游业得到公平合理的利润，环境得到保护以供未来连续使用。虽然在许多目的地，这些不同的利益得到完全整合是不可能的；但是，为了实现旅游发展与经济、社会和生态条件相兼容，"东道社区参与的、旨在整合的真诚努力"比"什么也不做"更可能是可持续的。

六、旅游目的地系统管理与 STD 的关系

我国许多地理学者在区域旅游规划与管理的案例研究中，已经认识到目的地管理与旅游可持续发展之间的必然联系，但他们都是就案例谈案例，没有上升到理论高度，归纳出目的地系统管理的一般模式。国外一些学者提出了"可持续目的地"的概念，但局限于从清洁生产、环境管理、需求管理、竞争战略角度进行的初步探索。目的地系统管理的内部构成是什么，它们与 STD 是什么关系，这也需要实证检验。

1. STD 的实现路径选择要认识到目的地系统的整体性并以资源保护为中心

（1）旅游的替代形式不能为旅游发展提供现实的一般模型。生态旅游者寻求的那些很偏远和质朴的地区，恰恰对于人类的冲击是极度脆弱和敏感的。无论生态旅游者践踏得多么轻，大多数这类地区易受冲击，造成文化破坏和环境

退化。从全球来说，所有非常规的或替代的旅游形式最好在旅游发展中起补充作用。因为他们"基本上是小规模、低密度、分散在非城市地区，并且他们迎合特殊兴趣人群"。例如，即使在形象高大的生态目的地，如哥斯达黎加、肯尼亚和泰国，生态旅游在规模上也是可以忽略不计的，并且直接依赖于发展良好的大众旅游部门的存在。

（2）引导需求指向耐冲击的城市和海边人造环境。人造吸引物如主题公园、美国奥兰多和 Las Vegas 度假城镇，每年能吸引几百万旅游者，能够减少旅游对自然环境的压力。然而，为了接待未来 20 年时间里新增加的 10 亿国际旅游者，国家公园和遗产地面临着巨大的压力。游客管理技术也能被应用于"选择"或"取消选择"旅游者，控制旅游流，以及通过促销和教育影响游客的行为（Liu，2003）。

2. STD 的可持续性监测要认识到目的地系统的动态性并以目标为中心

（1）旅游容量管理要有动态观念。承载容量概念意味着存在固定的和可决定的发展极限，通常定义为，在没有过分恶化环境和降低游客满意度的前提下，一个地区能够容纳的最大游客数量。这个极限是难以确定的，因为它依赖于目的地的性质、提供的产品类型、吸引的游客类型和生命周期阶段。承载容量的多维度（自然的、生态的、心理的、社会的和经济的）使这项任务更加复杂。每个维度的承载容量都有旅游发展的不同门槛和不同含义。①自然承载容量指的是，一个地方或目的地能自然容纳的游客最大数，它基于游客需要的最小空间，比如说，一个拥挤的海滩上几平方米（即基本空间标准）。②生态承载容量与旅游对自然环境的影响及自然资源的长期发育能力有关。③心理承载容量涉及游客的感知和满意度，它随着旅游者、假日和目的地的不同类型而发生变化。④社会承载容量包括旅游的社会文化冲击，它将影响东道社区对待旅游的态度。⑤经济承载容量与旅游发展的收益性和机会成本高度相关。承载容量与游客冲击也受到旅游者行为、开发商做法、目的地的"社会—经济—自然环境复合系统恢复力"的影响。

（2）对可持续性进行监测需要新的工具。很少有单一明确的数字能实际描述，一个特定时期到访某场所的游客的最大数。而且，即使极限容量能够确定和接受，也没有一个清晰、有效的方法执行那些极限容量，这是因为旅游业是一个分散琐碎的产业，它的许多资源和设施都被私人拥有。所以，成为承载容量基础的首要问题不应该"多少是太多了",而应该是,在给定一个目的地发展目标的前提下,决定环境条件的多少改变是可以接受的。最终,冲击是不可避免的,但在建立目标或者理解"想得到的生物、物理或社会条件"的基础上,冲击能够被监控。为了定义重要的价值观、特定议题、可接受的条件,一些学者进一步提倡采纳几个成熟的决策框架,如可接受改变的极限(Limits of Acceptable Change,LAC)、游客影响/冲击管理(Visitor Impact Management,VIM)、游客体验和资源保护(Visitor Experience and Resource Protection,VERP)、游客活动管理程序(Visitor Activity Management Process,VAMP),以及旅游最优管理模型(Tourism Optimization Management Model,TOMM)。

3. STD 的文化完整性保持要认识到目的地系统的开放性并以责任为中心

(1)旅游对文化冲击会带来负效应也会带来正效应。保护文化遗产、维持传统价值观、为旅游者提供真实体验常常被认为是可持续旅游的重要因素。事实上,由旅游发展带来的社会文化变化大部分是有利的,旅游在促进现代价值观、社会进步和文化演进方面的独特作用应该受到重视。发展是一个多维的过程,除了加速经济增长、减少不平等和消除贫穷外,还包括社会结构、流行态度和国家制度方面的重大变化。通过主人与游客之间面对面接触和"示范效应",旅游常常引进新的思想、价值观和生活方式,以及为经济和社会进步提供新的刺激物。哪些变革是消极的并且损害目的地文化的完整性是一个主观判断,判断的基础是"发展目标"和"公共价值观"。此外,全球化和文化的同质性,常常以诸如"可口可乐化""麦当劳化""好莱坞化"这样的词汇来概括,这些不能仅仅归因于旅游业。大众传媒利用现代通信和信息技术,常常参与塑造风靡全球的价值观念、看法、生活方式和时尚。

(2)保持文化完整性要以目的地责任为中心。原始、传统社会的独特性在很大程度上,与其说是一个特定的种族群体,还不如说是一个特定历史时期的文化。因为旅游者希望看到异域的、真实的体验,期望欠发达地区保持他们传统文化的做法也许是不公平的。虽然对于许多欠发达目的地来说,吸引旅游者的是他们的异域性和原始性,以质朴的环境、原始的生活方式、手工制品和传统工艺品的形式来表现,但并非所有的旅游者都始终寻求真实的文化吸引物。主流的旅游体验将"舞台真实性"作为一般规则,大多数大众包价度假者喜欢享受东道社区商业化的、制造出来的"伪文化"。旅游者自身常常是混合的度假文化的一部分，例如，在一些流行的西班牙海滨度假地，许多旅游者对与其他旅游者交往，而不是与东道社区混合在一起感兴趣，甚至当旅游者和旅游企业都强调"真实性"的时候。

4. STD的自然资产库存稳定性维持要认识到目的地系统的环境适应性并以整体为中心

（1）不同类型的自然资产应有不同的管理方式。自然资产或资源能够根据可用性分为四组：普遍存在型（每个地方都有）、公共型（许多地方有）、稀少型（非常少的地方有）、独一无二型（只有一处存在）。保护并促进稀少的和独一无二的旅游资产，而不是所有资源，是实现旅游业竞争性和可持续性的关键。基于自然资源的效用，下列资源类型也容易被看到：①旅游者专用资源，仅仅适用于旅游目的，如沙滩和雪坡；②共享型旅游资源，主要用于旅游业，也用于类似渔业、农业和少数几种其他产业，如海洋和森林；③公共型资源，可以用于大多数产业和日常生活，如土地和水。各种类型的资源是否、怎样以及何种程度上被用于旅游业，依赖于与其他经济部门相比旅游业的相对价值和机会成本。

（2）促进所有旅游供给构成部分的平衡发展比保护自然资源更重要。总的来说，旅游吸引物的数量、质量和规模决定了一个目的地的最大潜在旅游容量（吸引容量），基础设施和专门设施决定了实际或有效的旅游容量（承载容量），而代理机构和管理部门通常设置了特定时段的现实容量水平。旅游业的容量是由最薄弱的构成部分（瓶颈）来决定。作为自然资源，虽然天生是有限的，但在许多目的地仍然被视作丰富的，而且经常是免费获取的；常常是其他的资源类型决定旅游发展的效果。资源概念自身既是功能型的，又是文化型的。从人类角度看，什么构成一个旅游吸引物？这依赖于一个社会获得的知识和技术类型，依赖于人类口味、价值观和生活方式。

（3）使自然资产的库存保持动态平衡。取得可持续发展至少需要"自然资产库存的稳定性"，它具有几个不同的意思：①稳定的自然资产库存；②库存物具有稳定的经济价值；③包括人造和自然在内的所有资产库存的稳定价值。将稳定的资产规则应用于旅游业，存在通向可持续旅游的宏观途径和微观途径，宏观途径包括使用"环境资产负债表（Environmental Balance Sheet）"以测量可持续性条件；而微观途径必须在个体旅游开发项目层面上使用社会成本—收益分析。"强"可持续性在考虑自然资产的某些关键方面，强调不可逆的重要性，然而"弱"可持续性允许在人造的和自然的构成部分之间相互替代。旅游资源的研究应该认识到它的复杂性和动态本质，并且超越"为旅游资源保存进行辩护"的阶段，到达"旅游资源的消费、转换和创造保持平衡"的阶段。

5. STD 的代内公平性促进要认识到目的地系统的综合性并以利益主体为中心

（1）改善当地居民生活条件的必要性。经验表明，旅游业的潜力很少充分发挥；尤其在欠发达国家，贫穷和社会绝望需要东道社区从旅游发展中获益，但是，由于东道人口的能力欠缺，未能充分参与旅游发展过程，结果导致旅游收入被强势人群拿走或者从目的地"漏出"。因此，更大程度的社区参与旅游规划和开发是可持续旅游必不可少的先决条件。当地居民从旅游业中得到越多，他们将越有积极性保护地区的自然和文化遗产并支持旅游活动；如果他们没有从旅游发展中获益，他们可能变得充满憎恨，这可能驱使旅游者离开该目的地，因为旅游者并不喜欢拜访"他们不受欢迎的地方"。

（2）不能忽视旅游社区利益分配的公平性。当"地方社区"的需要和利益受到重视，许多学者没有认识到"地方社区"并不是某种同质的人群，而是包含着阶级、地位和权力差别。社区参与旅游发展通常难以贯彻实施，尤其在发展中国家。很难看到当地人和社区的愿望如何能够充分统一起来，以对旅游开发提供实践指导。这里有一系列社区参与的模型，理想的情况是"自我动员"并积极参与旅游规划和管理，但在现实中，大多数案例中的社区参与是"相关（利益相关者）"的而不是"供人参与分享"的。因此，需要做出明显的努力，从经济、心理、社会和政治上赋权给当地人口。明显地，在发展决策中，一个团体的需要可以优先于其他团体，这要依据每一个目的地的具体情况来决定，如发展阶段、经济条件或市场状况。然而，旅游发展的历史表明，所有这些团体都同等重要，如果一个团体继续从属于其他团体，就不能实现长期目标和可持续性（Liu，2003）。

第四节　旅游系统管理与旅游可持续发展的关系[①]

旅游系统管理与 STD 的研究对象都是旅游系统，因而都涉及人脑系统、人体系统、社会系统和地理系统，都以向旅游者提供高质量的完整旅游经历为中心，都服从和服务于旅游系统。旅游系统管理与 STD 的研究重点不同：旅游系统管理的重点是协调旅游系统内部诸要素之间的矛盾；而 STD 的重点是协调旅游系统与系统环境之间的矛盾。如表 11-2，旅游系统管理与 STD 的区别表现在概念、主要矛盾、主要理论基础、宗旨、分系统、观点、方法、功能和实质等方面。

表 11-2　旅游系统管理与旅游可持续发展的关系

比较事项	旅游系统管理（管理观）	旅游可持续发展（发展观）
概念	系统哲学和系统分析可以应用于各种资源的管理，当把旅游作为系统来安排经营时，就叫旅游系统管理	对各种资源进行管理以满足经济、社会和美学需要，同时须保持文化的完整性、基本的生态过程、生物多样性和生命维持系统
主要矛盾	旅游系统内部诸要素之间的矛盾	旅游系统与系统环境之间的矛盾
主要理论基础	系统哲学、系统分析、系统管理	可持续发展理论、系统哲学
宗旨	有效利用资源和完成规定目标（旅游产品供给系统）；协调旅游内部相互之间的关系（旅游价值链协调系统和旅游目的地协调系统）	使旅游与自然、文化和人类生存环境成为一个整体（旅游动力系统）
分系统	旅游产品供给系统（操作层）；旅游价值链协调系统与旅游目的地协调系统（控制层）	旅游动力系统（决策层）
观点	实践性（优化性和实效性）	观念性
方法	建立模式（旅游产品供给系统）和进行整合（旅游价值链协调系统和旅游目的地协调系统）	思考或理性（旅游动力系统）

[①] 资料来源：袁国宏，陈纲. 我国饭店业可持续发展探讨［J］. 旅游学刊，2000（4）：351-354.

续表

比较事项	旅游系统管理（管理观）	旅游可持续发展（发展观）
功能	促进系统运转、表现系统特质、参与系统竞争、实现系统价值增值	顺应旅游系统的整体性、动态性、开放性、环境适应性、综合性原理
实质	提高旅游系统运转的效率和效益	使旅游系统与系统环境一体化

作为现代管理新观念的旅游系统管理，不仅与作为现代发展新观念的旅游可持续发展观产生的时代背景相同（20世纪90年代），而且旅游系统管理是实施STD战略的重要部分，也是实现STD目标的首要途径。这是因为：

1. 旅游系统哲学观念是STD目标的主要部分

旅游系统哲学观念追求的目标完全从属于STD目标，它是建立在系统科学上的一种观念，主要强调旅游系统本身是一种有组织的、综合的整体，并强调其各个组成部分之间的关系。这与STD目标中"增进人们对旅游所产生的环境效应和经济效应的理解、强化人们的生态意识"是一致的。

2. 旅游系统分析技术与STD的实现途径相似

旅游作业子系统的四套系统分析技术是：基于价值工程理论的功能成本分析技术、基于大规模定制理论的旅游线路规划技术、基于旅游价值链理论的旅游日程安排技术、基于投入产出分析的旅游卫星账户技术。应用这些技术可以创造游客价值，节约资源利用，促进旅游产品供给系统的优化。实证研究表明，旅游产品供给系统的内部构成对STD目标之"旅游经历质量"都有显著的正向影响。

3. 旅游系统管理方式是STD内容的主要方面

旅游系统管理方式的目的是，建立一种使旅游价值链内部各节点企业及各种产业资源，旅游目的地内部各利益主体及各种区域资源，按照系统的要求进行正常和有效的运转，具有良好的投入和产出关系，从而提高经济效益和社会效益。实证研究表明，旅游价值链系统管理的内部构成对STD目标之环境质量、公平发展和旅游经历都有显著的正向影响；目的地系统管理的内部构成对STD目标之环境质量、居民生活、公平发展和生态意识都有显著的正向影响（袁国宏，2014）。

4. 旅游系统管理的主体是 STD 战略的主体因素之一

真正具体实施旅游价值链系统管理的主体是旅游企业。旅游企业是社会经济最基本的细胞，因而它们是实现 STD 战略最基本、最关键的因素。真正具体实施旅游目的地系统管理的主体是目的地政府（DMO）。各级目的地政府是旅游目的地最基本的公共管理机构，因而它们是实现区域 STD 战略最基本、最关键的因素。

STD 除了研究"对所有的资源进行管理"外，还研究"保持文化的完整性、基本的生态过程、生物多样性和生命维持系统"等内容。所以，旅游系统管理与 STD 在层次和范围上是不同的，它们是一种包容关系：

（1）从宏观与微观的相对性讲，STD 是属宏观的，主要表现在制定总的目标、方针、政策、法律、法规和全社会的协调等方面；而旅游系统管理则是微观的，它要求旅游价值链内部各节点企业的生产经营活动的全过程，以及旅游目的地内部各利益主体的行为，要体现 STD 的总目标、方针、政策、法律、法规，即要求保护资源和环境。

（2）从战略与战术的相对性讲，STD 是属战略方面的，主要是制定总的战略目标；而旅游系统管理则是战术方面的，它通过具体的生产实践活动和目的地管理组织活动实现 STD 的战略目标。

（3）从系统与子系统的相对性讲，STD 是一个大系统，旅游系统管理则是这个大系统中的一个重要的子系统；之所以说它重要，是因为 STD 目标主要由旅游系统管理来实现。由此可见，旅游可持续发展是"纲"，它起着导向的作用；而旅游系统管理是"目"，它起着条件和基础的作用。

综上所述，旅游系统管理与 STD 之间是一种包容关系，旅游系统管理是实施 STD 战略的重要部分，是实现 STD 目标的首要途径，但是，旅游系统管理与 STD 在层次和范围上是不同的，旅游系统管理起着条件与基础的作用，STD 起着导向的作用。它们的关系可用图 11-2 来表示：

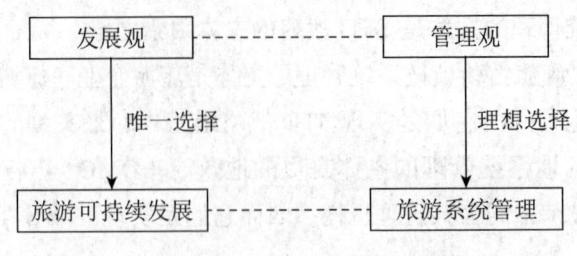

```
发展观 - - - - - - - 管理观
  |                    |
唯一选择              理想选择
  ↓                    ↓
旅游可持续发展 - - - 旅游系统管理
```

图 11-2　旅游系统管理与旅游可持续发展的关系

第五节　旅游系统管理对实现旅游可持续发展的作用[①]

（1）旅游系统哲学观念的兴起与发展可进一步强化旅游者的生态意识。通过旅游系统哲学观念的教育，促进旅游者自觉加入维护生态环境，减少资源消耗与环境污染的行列，进而形成保护环境的全民意识与社会公德。例如，生态旅游区、生态省的建设，不仅改善了旅游接待地区居民的生活条件，也唤起了人们保护环境、防止污染的强烈意识；优秀旅游城市、最佳休闲城市的宣传及评定，强烈地影响着人们的生态意识；大量绿色饭店的出现，已掀起了热爱绿色饭店产品的浪潮，促进了绿色消费意识的形成；生态标签的应用也大大促进了人们节约资源、回收废物的观念；等等。而旅游者生态意识的进一步培育与加强又直接推动了 STD 的进程。

（2）旅游系统分析技术是降低资源消费、实现资源永续利用的重要途径。以往旅游企业不注重控制生产中的资源利用，这种方式纵容了生产过程中对资源的浪费，消耗了大量物力、财力。应用旅游系统分析技术可提高单位产品或产值的资源利用率，从而为 STD 奠定扎实的物质基础。

（3）旅游价值链/供应链系统管理方式通过规范旅游供应商行为，促进旅游产业走上可持续发展的道路。实行旅游价值链系统管理要求旅游供应商不仅要满足游客的需求并由此获得利润，而且要符合环境保护的长远利益，在经营战略上将链条节点企业利益、游客需求和环境保护三方面合理并且科学地统一

[①] 资料来源：袁国宏. 论我国饭店实施绿色营销的现状、任务和发展趋势 [J]. 旅游学刊，1999（5）：31—35.

起来；要求旅游供应商在产品开发、生产、定价、促销、分销等各个环节都要注入环保因素，注重采取新的、符合环保要求的、促进可持续发展的绿色策略。

（4）旅游价值链／供应链系统管理方式是减少环境污染，实现 STD 的关键环节。旅游供应商通过开发绿色产品，减少或消除污染，开展绿色营销，并由此引导可持续的消费模式，可大幅度降低环境污染，缓解人类的环境生态压力，促进人类社会的可持续发展。例如，绿色饭店实施清洁生产，将燃煤炉改为燃气炉、有氟冰箱改为无氟冰箱、酒精炉改为电磁炉等措施，就有利于大大改善大气的环境，减少空气中的有害物质，从而保护了人类的生存空间。

（5）旅游价值链／供应链系统管理方式是旅游产业从粗放经营向集约经营转变，从而实现旅游经济可持续发展的重要途径。旅游价值链系统管理的宗旨之一是通过提高消费质量（吸取型体验和浸入型体验）来减少消费数量，从而使旅游供应商注重可持续投资，提高产品质量与管理效率。通过技术创新，可以使旅游供应商在追求内部经济的同时解决一些外部不够经济的问题。

（6）旅游目的地系统管理方式的兴起与推进，可促进各级目的地政府加大环境保护和资源合理利用的监管力度。各级目的地政府为顺应生态管理和资源整合的要求而制定出一系列鼓励环境保护和资源合理利用的政策，加大了环境保护和资源合理利用的监管力度，同时改善了接待地区居民的生活质量，推动了整个社会的可持续发展。

（7）旅游目的地系统管理方式还有利于弥补我国环境保护投资的不足，为实现 STD 创造条件。根据发达国家的经验，一个国家在经济高速增长时期，环保投入要占到 GDP 的 1%~1.5%，才能有效控制住环境污染和实现可持续发展。中国在 2005 年用于环境保护的资金达到 8388 亿元，占 GDP 的 1.3%，但是美国、英国和德国等国家的环保投资占 GDP 的比例都高于 2%。即使与俄罗斯等国家相比，中国的环保投资仍然较少，俄罗斯在 2000 年的环保投资就已经占 GDP 的 1.6%（张泽远等，2006）。目前，资金不足成了治理污染的主要障碍，而旅游目的地系统管理通过旅游联盟、全域旅游、空间综合、跨界融合、采用区域 STD 管理工具等办法能在一定程度上弥补这一缺陷。

■ 思考与习题

1. 1997年联合国大会发布的《关于旅游业的21世纪议程》中，什么叫旅游可持续发展？它有哪五个目标？
2. 什么是旅游承载力？它包括哪些内容？
3. 什么叫旅游系统管理？它包括哪些内容？
4. 试述旅游产品供给系统优化与旅游可持续发展的关系。
5. 试述旅游价值链系统管理与旅游可持续发展的关系。
6. 试述旅游目的地系统管理与旅游可持续发展的关系。
7. 旅游系统管理与旅游可持续发展的区别表现在哪些方面？
8. 为什么说旅游系统管理既是实施STD战略的重要部分，又是实现STD目标的首要途径？
9. 试述旅游系统管理对实现旅游可持续发展的作用。

参考文献

[1] 阿拉斯塔·莫里森（Morrison A.）. 旅游服务营销 [M]. 朱虹，等，译. 北京：电子工业出版社，2004.

[2] 保继刚，楚义芳. 旅游地理学（修订版）[M]. 北京：高等教育出版社，1999.

[3] 查尔斯·戈尔德耐，等. 旅游业教程 [M]. 8版. 贾秀海，译. 大连：大连理工大学出版社，2003.

[4] 德佛郎科（DeFranco A. L.），诺列加（Noriega P.B.M.）. 旅游业成本控制 [M]. 程尽能，王向宁，等，译. 北京：旅游教育出版社，2002.

[5] 郭强，董骏峰，董林峰. 资源保护型旅游供应链协调机制与精益化研究 [M]. 北京：科学出版社，2011.

[6] 科特勒（Kotler P），等. 旅游市场营销 [M]. 2版. 谢彦君，译. 北京：旅游教育出版社，2002.

[7] 劳本信，杨路明，李小花，等. 电子商务环境下的旅游价值链重构 [J]. 商业时代，2005，23（9）：78-79.

[8] 李会琴，侯林春，杨树旺，等. 国外旅游扶贫研究进展 [J]. 人文地理，2015，30（1）：26-32.

[9] 李天元. 旅游学概论 [M]. 5版. 天津：南开大学出版社，2003.

[10] 李永文，陈扬乐，范士陈. 旅游经济学 [M]. 北京：中国旅游出版社，2007.

[11] 林福永. 一般系统结构理论 [M]. 广州：暨南大学出版社，1998.

[12] 刘纬华. 关于社区参与旅游发展的若干理论思考 [J]. 旅游学刊，

2000（1）：47-52.

　　［13］伦纳德·利克里什，卡森·詹金斯. 旅游学通论［M］. 程尽能，等，译. 北京：中国旅游出版社，2002.

　　［14］罗明义. 旅游经济学原理［M］. 上海：复旦大学出版社，2004.

　　［15］朴松爱. 教育旅游、旅游教育与旅游可持续发展［J］. 旅游科学，2001（4）：40-43.

　　［16］申葆嘉. 旅游学原理［M］. 上海：学林出版社，1999.

　　［17］史蒂芬·佩吉（Page S.），等. 现代旅游管理导论［M］. 刘吉莉，等，译. 北京：电子工业出版社，2004.

　　［18］孙东川，林福永. 系统工程引论［M］. 北京：清华大学出版社，2004.

　　［19］孙钢. 旅游经济新论［M］. 北京：中国旅游出版社，1997.

　　［20］孙钢. 新世纪中国区域旅游发展大思路［M］. 北京：中国旅游出版社，2001.

　　［21］孙钢. 中国旅游业：世纪之交的登攀与思考［M］. 北京：中国旅游出版社，2003.

　　［22］王红. 我国旅游业发展中的政府角色变迁研究［M］. 天津：南开大学出版社，2014.

　　［23］王洪滨. 旅游学概论［M］. 北京：中国旅游出版社，2002.

　　［24］威廉·瑟厄波德. 全球旅游新论［M］. 张广瑞，译. 北京：中国旅游出版社，2001.

　　［25］魏小安. 旅游热点问题实说［M］. 北京：中国旅游出版社，2001.

　　［26］魏小安. 旅游纵横——产业发展新论［M］. 北京：中国旅游出版社，2002.

　　［27］文彤. 从极核到集群：旅游目的地标志景区发展研究［M］. 北京：经济科学出版社，2010.

　　［28］吴必虎. 区域旅游规划原理［M］. 北京：中国旅游出版社，2001.

　　［29］吴德庆，马月才. 管理经济学［M］. 4版. 北京：中国人民大学出版社，2006.

　　［30］吴广孝. 旅游商品开发实务［M］. 上海：复旦大学出版社，2000.

[31] 谢彦君. 基础旅游学[M]. 北京：中国旅游出版社，1999.

[32] 邢以群. 管理学[M]. 3 版. 杭州：浙江大学出版社，2012.

[33] 喻晓航，齐善鸿. 管理学原理[M]. 天津：南开大学出版社，1997.

[34] 袁国宏，何丽芳. 旅游学概论[M]. 长沙：湖南大学出版社，2019.

[35] 袁国宏，谢祥项. 管理学原理[M]. 合肥：合肥工业大学出版社，2018.

[36] 袁国宏. 旅游管理知识题解[M]. 北京：中国旅游出版社，2003.

[37] 袁国宏. 旅游可持续发展管理研究[M]. 北京：科学出版社，2014.

[38] 约瑟夫·派恩，詹姆斯·吉尔摩. 体验经济[M]. 夏业良，等，译. 北京：机械工业出版社，2002.

[39] 张辉. 旅游经济论[M]. 北京：旅游教育出版社，2002.

[40] 赵晓燕. 旅游经济学[M]. 北京：经济管理出版社，2001.

项目策划：孙妍峰
责任编辑：孙妍峰
责任印制：钱　宬
封面设计：武爱听

图书在版编目（CIP）数据

当代旅游管理导论 / 袁国宏著. -- 2版. -- 北京：中国旅游出版社，2024.8. -- （中国高等院校旅游管理专业研究生系列教材）. -- ISBN 978-7-5032-7392-6

Ⅰ．F590

中国国家版本馆CIP数据核字第2024HN5743号

书　　名：	当代旅游管理导论（第二版）
作　　者：	袁国宏
出版发行：	中国旅游出版社
	（北京静安东里6号　邮编：100028）
	https://www.cttp.net.cn　E-mail:cttp@mct.gov.cn
	营销中心电话：010-57377103，010-57377106
	读者服务部电话：010-57377107
排　　版：	北京旅教文化传播有限公司
经　　销：	全国各地新华书店
印　　刷：	北京明恒达印务有限公司
版　　次：	2021年2月第1版　2024年8月第2版
印　　次：	2024年8月第1次印刷
开　　本：	720毫米×970毫米　1/16
印　　张：	20.75
字　　数：	332千
定　　价：	59.80元
ISBN	978-7-5032-7392-6

版权所有　翻印必究
如发现质量问题，请直接与营销中心联系调换